Dr. phil. David Richo

Versöhnung mit der Vergangenheit

Lösungen für eine glückliche Zukunft

Aus dem amerikanischen Englisch übersetzt von Maike und Stephan Schuhmacher

WINDPFERD

Titel der amerikanischen Originalausgabe *When the Past is Present*
Erschienen bei *Shambhala Publications, Inc., Boston, MA, USA*
www.shambhala.com

Aus dem amerikanischen Englisch übersetzt von
Maike und Stephan Schuhmacher

Weitere Titel von David Richo:
Fünf Dinge, die wir nicht verändern können
Reif werden füreinander
Vertrauen wagen
Der gute Kern in uns

Windpferd Taschenbuch
10054

2. Auflage 2013

Die Erstausgabe ist unter dem Titel *Wenn die Vergangenheit allgegenwärtig ist*
im Windpferd Verlag erschienen

Umschlagkonzeption: Guter Punkt, München
Umschlaggestaltung: KplusH, Agentur für Kommunikation und Design, CH-Amden
unter Verwendung einer Illustration von GettyImages
Satz und Layout: Marx Grafik & ArtWork,
Lektorat: Silke Kleemann
Gesetzt aus der Adobe Garamond
Druck: Himmer AG, Augsburg

FSC www.fsc.org
MIX
Papier aus verantwortungsvollen Quellen
FSC® C095359

Printed in Germany
ISBN 978-3-86410-054-3
www.windpferd.de

Der gesamten Slubowski-Familie
in Dankbarkeit und Wertschätzung
für die liebende Güte, die im Jahre 1942 begann
und mich bis heute beglückt und trägt.

Inhalt

Einführung

Die Vergangenheit ist nicht tot;
sie ist nicht einmal vergangen.

–William Faulkner–

Eine der auffälligen Eigenschaften von uns Menschen ist, dass wir darauf programmiert zu sein scheinen, die Vergangenheit immer wieder abzuspielen, besonders wenn unsere Vergangenheit emotionale Schmerzen oder Enttäuschungen enthält. Als Psychotherapeut besteht ein Großteil meiner Arbeit darin, mit Menschen zusammen herauszufinden, auf welche Art und Weise ihre Vergangenheit in ihren gegenwärtigen Beziehungen noch ziemlich lebendig ist. Auch wenn die meisten von uns die Vergangenheit hinter sich lassen wollen, neigen wir doch dazu, durch unser Leben zu gehen, indem wir Menschen, denen wir neu begegnen, einfach mit Schlüsselrollen wie etwa der unserer Eltern oder irgendeiner anderen für uns wichtigen Person, mit der wir noch eine Rechnung offen haben, besetzen. Freud nennt dieses Phänomen „Übertragung".

Bei der Übertragung tauchen Gefühle und Überzeugungen aus unserer Vergangenheit in einer gegenwärtigen Beziehung wieder auf. Übertragung erfolgt unbewusst; wir realisieren nicht, dass uns eine falsche Identitätszuschreibung unterläuft, indem wir einen Menschen in der Gegenwart für jemanden aus unserer Vergangenheit halten. Der Begriff Übertragung wird gewöhnlich im Kontext der Psychotherapie verwendet, um auf die Tendenz des Klienten hinzuweisen, in dem Therapeuten einen Verwandten oder eine andere wichtige Person zu sehen und auf der Grundlage dieser Verwechslung zu empfinden und zu handeln. (Es gibt auch das Phänomen der „Gegenübertragung", die eine Reaktion des Therapeuten auf einen Klienten ist, besonders wenn dieser einem Menschen aus seiner Vergangenheit ähnelt.)

Doch Übertragung und Gegenübertragung sind nicht auf den Bereich der Therapie beschränkt. Übertragung von uns und auf uns geschieht jeden Tag. Ohne es zu wissen, sehen wir wichtige Menschen aus unserer Vergangenheit in unseren Partnern, Freunden, Verbündeten, Feinden und sogar Fremden. Was wir übertragen, sind Gefühle, Bedürfnisse, Erwartungen, Vorlieben, Fantasien, Überzeugungen und Haltungen. Übertragung ist eine unreife Weise, das Unsichtbare, das unausgesprochene Drama in unserem Inneren zu sehen oder, um den bestechenden Ausdruck Ernst Beckers zu verwenden, „eine Fehlgeburt plumper Lügen über die Wirklichkeit".

Ein Beispiel für Übertragung ist eine Patientin, die sich in ihren Arzt verliebt. Er ist freundlich, verständnisvoll, zuverlässig und tatsächlich um sie besorgt. Dies sind die Eigenschaften, die sie sich bei ihrem Vater gewünscht hätte. Die Patientin hat diesen Arzt vielleicht später geheiratet und mit der Zeit festgestellt, dass er gar nicht so ist, wie sie sich ihn vorgestellt hatte. Ihr bewusster Verstand und ihr Herz hatten geglaubt, einen Vaterersatz gefunden zu haben, da der Bereich ihrer Psyche, ihr Unbewusstes, ihr sehr geschickt vorgespiegelt hatte, er sei ein solcher Ersatz. Doch später in der Beziehung zeigt sich, dass der Arzt-Ehemann unzugänglich ist sowie unfähig, zuzuhören – genau wie ihr Papa. Die Bindung begann mit einer übertragenen Hoffnung, wurde jedoch zu einer übertragenen Wiederholung.

Der bleibende Eindruck, den wichtige Beziehungen in uns hinterlassen haben, stellt eine Matrize dar, die wir unser Leben lang auf andere anwenden. Unser Leben besteht aus einem Thema und dann aus Variationen dieses Themas, die niemals sehr weit von der ursprünglichen Melodie entfernt sind. Welche Chance haben Menschen, für uns einfach nur sie selbst sein zu können, wenn wir sie mit anderen vergleichen, ohne dass sie oder wir realisieren, dass dies geschieht? Welche Chance haben wir, von anderen so gesehen zu werden, wie wir sind, wenn sie auf uns projizieren?

Aufgrund unserer natürlichen Neigung, unsere Sicht anderer entsprechend den längst überholten Matrizen zu verzerren, geschieht es nur in seltenen Augenblicken, dass wir einander so erkennen „wie wir innerlich sind", wie Ralph Waldo Emerson es ausdrückte. Die meiste Zeit sehen wir einander durch die Brille unserer eigenen Geschichte.

Dies kann auf zweierlei Weise geschehen: 1. Wir können unsere eigenen Glaubensvorstellungen, Urteile, Ängste, Wünsche oder Hoffnungen aufeinander projizieren; 2. wir können die Züge oder Erwartungen, die eigentlich zu jemand anderem gehören, aufeinander übertragen.

In diesem Buch geht es um unseren natürlichen Hang, der zeitweilig auch zwanghaft wird, zur Übertragung; und es geht darum, wie wir lernen können, einander ohne Hemmnisse oder Folgerungen aus unserer eigenen Geschichte zu sehen, und sei es auch nur für einen Augenblick. Eine solche Klarheit ist ein Triumph der Achtsamkeit – reine Aufmerksamkeit auf das reine Hier. Unbewusste Übertragung schenkt dem Damaligen Kraft; werden wir uns unserer Übertragung bewusst, so verleiht dies dem Jetzigen Kraft.

Achtsamkeit ist Aufmerksamkeit auf den Augenblick. Doch der Augenblick ist *per definitionem* vergänglich. Insofern ist Achtsamkeit tatsächlich Aufmerksamkeit auf ein Fließen. In einem achtsamen Leben geht es nicht darum, die Realität so zu sehen, als sei sie für uns angehalten worden, sondern vielmehr mit der Realität zu fließen, die niemals aufhört, sich zu verändern und zu bewegen. Durch Übertragung halten wir uns davon ab, mit den gegenwärtigen Möglichkeiten zu fließen, und starren stattdessen auf ein Poster mit einem Gesicht aus der Vergangenheit. Wir können uns selbst dabei ertappen, dass wir das Gesicht unserer Mutter auf das der Ehefrau setzen oder das unserer früheren Ehefrau auf das unserer neuen Partnerin. Wir können außerdem darauf achten, wie andere auf uns übertragen, und wir können Wege erforschen, wie wir damit umgehen können, wenn wir fälschlicherweise für jemand anderen gehalten werden.

Wenn Übertragung wirksam ist, fühlen wir uns von anderen angezogen, abgestoßen, erregt oder verärgert. Unsere heftige Reaktion der Annäherung oder Vermeidung kann uns einen Hinweis auf etwas noch Unausgegorenes, noch Unausgereiftes in uns geben. Vielleicht hat uns dieser Mensch, auf den wir so vehement reagieren, an jemand anderen erinnert, der ihm körperlich oder in seiner Persönlichkeit ähnelte. Vielleicht hat er ein nicht gänzlich ausgedrücktes Gefühl, einen noch nicht befriedigten Wunsch, eine nicht erfüllte Erwartung oder eine im Stillen gehegte Sehnsucht ausgelöst. Man spricht von „Übertragung", weil wir jemandem in der Gegenwart etwas aufpfropfen, das aus einer vergangenen Welt stammt. Wenn wir uns irgendeine gegenwärtige Reaktion genau anschauen, werden wir tatsächlich unausweichlich eine Verbindung zur Vergangenheit entdecken. „Introspektion ist immer Retrospektion", schrieb Jean-Paul Sartre. Wenn wir unsere Übertragungen im Lichte unserer Vergangenheit betrachten, verstehen wir unser Verhalten in Beziehungen.

Jeder Mensch, der für uns besonders wichtig wird, spielt eben deshalb eine Schlüsselrolle aus unserer Vergangenheit. Genau *aus diesem Grund* werden Menschen wichtig für uns. Sie werden uns von der zentralen Casting-Agentur geschickt und wir sind dann die Besetzungsdirektoren, die sie vorsprechen lassen. Wenn sie zu passen scheinen, machen wir sie zu den Stars unserer persönlichen Dramen. Wir nennen sie zwar nicht „Stars", aber bezeichnen sie vielleicht als „Seelenverwandte" oder „Erzfeinde". Wir sind uns häufig sicher, „dass wir uns bereits in einem früheren Leben begegnet sind". Das ist gar nicht so weit hergeholt; wir sind uns tatsächlich bereits begegnet, nur dass es nicht vor Hunderten von Jahren war, sondern nur vor einigen Jahren oder Jahrzehnten. Synchronizität, also der so genannte „sinnvolle Zufall", führt uns genau die richtigen Schauspieler zu, die wir für unser Projekt brauchen. Unsere Partner werden dann als Darsteller unter Vertrag genommen, die allmählich die Drehbücher unserer lebenslangen Bedürfnisse oder Ängste auswendig lernen, und wir sind vielleicht eifrig bemüht, dasselbe für sie zu tun. *Lebe ich also in meinem eigenen Zuhause oder in einer Filmkulisse?*

Wir mögen der Ansicht sein, dass wir zusammen unser Karma abarbeiten. Es stimmt schon, dass unsere Bindung in einer engen Beziehung oft aus den alten und verdrehten Nachwirkungen unserer Kindheit oder früheren Beziehungen geschmiedet wird. Welch eine Ironie, dass die Menschen, die uns lieb geworden sind, zum Double geworden sind für diejenigen, von denen wir fälschlicherweise annehmen, sie hätten keine Bedeutung mehr für uns. Wenn jedoch jemand wirklich nicht mehr wichtig für uns ist, dann verschwindet sein Gesicht von unserem emotionalen Bildschirm und wir beziehen ihn nicht mehr in unsere Übertragungen ein.

Wir müssen Übertragung nicht als etwas Pathologisches ansehen; sie ist vielmehr ein Warnsystem der Psyche, das uns auf etwas hinweist, das ein Update nötig hat. Unsere Arbeit besteht darin, dies zu bemerken und uns der jeweiligen Aufgabe zu stellen, ohne irgendwelche Gehilfen oder Ersatzfiguren ohne deren Wissen zu verwenden. Unbewusste Übertragung ist ein Balken aus unserer Vergangenheit in unserem Auge; wenn wir sie bewusst machen, wird der Balken zu einem Wegweiser. Wir befassen uns aus guten Gründen mit der Übertragung. Wir suchen nach Heilung für etwas, das noch eine offene Wunde darstellt. Wir sehnen uns danach, dass etwas, das lange zerrissen und zerlumpt war, wieder geflickt wird. Wir versuchen, unsere rätselhafte Vergangenheit durch unsere Beziehungen mit neuen Partnern oder Kollegen zu vervollständigen. In diesem Sinne kann uns Übertragung eine nützliche Abkürzung zur Aufarbeitung unserer Vergangenheit sein. Dies ist gesund, wenn Übertragung erkannt, aus ihrem Versteck hervorgeholt und dazu benutzt wird, etwas zu erkennen, für das wir jetzt die Verantwortung übernehmen wollen. Herauszufinden, worin unsere Arbeit besteht, kann ein genauso wichtiges Ziel in einer Beziehung sein wie persönliches Glück.

Übertragung ist dann ungesund für uns, wenn sie uns nicht bewusst ist und wir von anderen Menschen erwarten, dass sie die problematischen Beziehungen aus unserer Vergangenheit reparieren. Wir entwickeln uns, wenn wir direktere und bewusstere Wege für diese Vergangenheit finden, zu einem Abschluss zu gelangen. Dann werden die anderen eher zu Souffleuren, die uns helfen, in unserer Geschichte voranzukommen, als zu Schauspielern, die uns in dieser Geschichte gefangen halten.

Manchmal brechen wir in unseren Beziehungen aus unserer alten Geschichte aus, ohne dass es eines Souffleurs bedarf. Wir nähern uns einer Person nicht, weil sie uns Zugang zu unserer eigenen bisher verschlossenen Vergangenheit verschafft oder weil sie uns hilft, diese zu vergessen, sondern weil die Person wirklich brandneu und nur sie selbst ist. Dies ist die Erfahrung einer echten Du-Ich-Beziehung. Wir nähern uns einer echten Person, nicht jemandem, der mit Klamotten aus den Koffern auf unserem Speicher kostümiert ist. Wir werden dann auf ehrlichere Weise präsent für eine Person, so wie sie ist. Dies führt zu der befreienden Möglichkeit, die sich in authentischer Intimität bietet: gegenseitige Erfüllung der Bedürfnisse und Offenheit für die Gefühle des anderen. Unsere Definition einer erwachsenen Beziehung vertieft sich im Vergleich zu der unausgegorenen Version des Jugendlichen: eine Bindung, die sich gut anfühlt.

Übertragungsprobleme können eine Last sein, oder sie können fruchtbare Wachstumsmöglichkeiten bilden. Ist es nicht bedauerlich, dass das, was uns geformt hat, zu einer Last und auch zu einem Geheimnis geworden ist! Bewusstheit in unsere Übertragungen zu bringen, macht alles leichter erträglich. Es führt kein Weg an der Vergangenheit vorbei, aber es gibt Wege, mit ihr zu arbeiten, sodass sie sich nicht so negativ auf uns und auf andere auswirkt. Die unerkannten Winkelzüge unserer Psyche können aufgedeckt werden. Die Missdeutungen, die Übertragungen darstellen, können bedeutungsvoll werden. Dann kann es zur der lang ersehnten Wiederherstellung unseres vollständigen Ichs kommen.

Übertragung ist im Grunde ein Zwang, in unsere Vergangenheit zurückzukehren, um zur längst überfälligen Klärung emotionaler Probleme zu kommen. Wir kehren wie ruhelose Gespenster in das Haus zurück, in dem sich bestimmte machtvolle Dinge ereignet haben – oder sich vielleicht nicht ganz so ereignet haben, wie wir es uns gewünscht hätten. Doch das Haus, in dem wir spuken, ist nicht unser ehemaliges Heim, sondern das, in dem wir jetzt leben. Die Menschen, die wir heimsuchen, auf dass sie unsere frühesten Bedürfnisse verfolgen, sind nicht unsere Eltern, sondern Partner, Mitarbeiter, Freunde oder Fremde in unserem gegenwärtigen Leben. Da alles, was wir haben, die Gegenwart ist, benutzen wir diese, um die Vergangenheit wettzumachen. Das ist nicht falsch, sondern nur unangemessen. Es ist keine Krankheit, nur eine Fehlsteuerung.

Wir können unser Repertoire im Umgang mit der Vergangenheit erweitern. Dies beginnt damit, dass wir die Übertragung achtsam wahrnehmen und dies zur Übung machen. Wir können dann Einblick in die wahre Natur unbefriedigender Geschehnisse in der Vergangenheit gewinnen, die heute so verzweifelt und vergeblich nach Erfüllung verlangen. Diese Art von Achtsamkeit macht das Unbewusste bewusst, das Implizite explizit. Sie ist einfach eine Technik, die mentale Bewusstheit erleichtert, die psychologische Variante spiritueller Erleuchtung.

Achtsamkeit ist eine unbedingte Bewusstheit des Gegenwärtigen, ohne den Müll, die Konditionierungen oder die Einmischungen aus der Vergangenheit. Wir können mit Übertragung achtsam umgehen, indem wir sie in eine Gegenwart bringen, die nicht mehr von der Vergangenheit konditioniert ist. Im Buddhismus ist das Hier und Jetzt, wenn es wahrhaftig erfahren wird, die letzte Wirklichkeit. Unsere Arbeit an der Übertragung verpflichtet uns zu einem hohen spirituellen Bewusstsein.

Übertragung schmuggelt die Vergangenheit an Bord der Gegenwart, und Achtsamkeit eskortiert uns sicher in den Hafen der Gegenwart, nachdem wir unsere verbotene und bedrückende Fracht über Bord geworfen haben. Übertragung ist ein Anhaften an einer Erfindung, einer Illusion über andere und sich selbst. Achtsamkeit bildet das Gegenmittel dazu, weil sie eine genaue neue Sicht ist, eine Sicht der anderen, der Ereignisse unseres Lebens und unserer selbst, wie diese in diesem Augenblick gerade sind.

Dennoch müssen wir einräumen, dass die Gegenwart immer einige Überreste der Vergangenheit enthält. Achtsam und präsent zu sein bedeutet nicht, ganz ohne Geschichte zu leben – das wäre eine unmögliche, unnütze und gefährliche Aufgabe. Wir sind achtsam, wenn wir unsere Vergangenheit als einen blinden Passagier in unserem Leben anerkennen. Dann sind wir in der besten Position, das Ladungsverzeichnis unseres Schiffes zu aktualisieren. Dies bedarf der psychologischen Arbeit, indem wir uns mit vergangenen Ereignissen, die noch immer an uns nagen, befassen, sie durcharbeiten, auflösen und integrieren. Das kann bedeuten, dass wir um Kindheitsbeziehungen trauern oder einige unerledigte emotionale Angelegenheiten mit einem neuen Partner erledigen. Gewiss bedarf es der Bereitschaft zur Erforschung unserer selbst und unserer Geschichte. Diese Aufgaben – die in diesem Buch alle in Form von Übungen auftreten – können uns zu einem spirituellen Bewusstsein geleiten. Dann können wir achtsam in der Gegenwart sitzen und endlich frei vom Ego und den Geschichten sein, die uns hemmen oder antreiben.

Der Übertragung entgeht niemand. Sie ist in gleichem Maße ein Teil von Beziehungen, wie Äpfel Teil eines Apfelkuchens sind. In diesem Buch finden wir heraus, wie und weshalb uns allen Übertragungen unterlaufen, was wir daraus über uns selbst lernen können und wie wir als erwachte Erwachsene Übertragungen überwinden können. Wir halten ein Auge auf die Vergangenheit, zwinkern unserem Hang zu Fantasiegebilden zu und werden hoffentlich der Gegenwart gegenüber immer loyaler. Wir suchen gelegentlich Trost im Wunschdenken, einer falschen Spielart der Hoffnung, die uns nicht gut tut. Wahre Hoffnung basiert auf einem sichtbaren Potenzial für Wandel, auf der Realität. Wunschdenken gründet sich auf Projektion, also auf ein Konzept.

Tätowierungen werden sorgfältig und bewusst ausgewählt und dann mit Nadeln auf den Körper übertragen. Unsere Annahmen über Beziehungen, unsere Erwartungen von und unsere Projektionen auf Beziehungen, die nicht bewusst ausgewählt sind, sind in die Zellen unseres Körpers eintätowiert. Je mehr eine neue Situation der Vergangenheit gleicht, desto mehr körperlichen Stress empfinden wir und desto schwerer fällt es uns, uns zu entspannen. Doch wir können darauf vertrauen, dass unsere psychologische Arbeit und unsere spirituelle Praxis physische Ergebnisse zeitigen werden. Wir spüren, wie sich unser Körper entspannt, unser Atem ruhiger wird und unsere Tattoos ausbleichen. Übertragung erweist sich letzten Endes, wie alle schmerzlichen Ereignisse, als eine Gelegenheit zur Heilung.

In den folgenden Kapiteln werden wir überrascht feststellen, wie viele unserer Entscheidungen im Leben und in den Beziehungen von unserer Vergangenheit bestimmt sind – wie vieles von dem, was wir Zuhause nennen, eine archäologische Ausgrabungsstätte ist. Unser Ziel ist, die Umklammerung durch unsere Geschichte zu durchbrechen. Wir sind herausgefordert, das für uns Nützliche aus unserer Geschichte zu behalten, uns jedoch mit dem auseinanderzusetzen, was unsere Fähigkeit, uns selbst und unsere Beziehungen auf neue Weise zu sehen, einschränken könnte. Dann können wir uns tapfer dem Dichter Rainer Maria Rilke anschließen, in dem „grenzenlosen, nirgends mehr einschränkbaren Entschluss eines Menschen zu seiner reinsten inneren Möglichkeit"[1].

Was für eine aufregende Aussicht: Eine waghalsige Flucht aus unserem karmischen Gefängnis in den Garten Eden des „nur dies" anzutreten, einen beherzten Sprung über die uns gefangen haltende Mauer unserer Vergangenheit in das Paradies des „nur jetzt" zu wagen.

1

WAS IST ÜBERTRAGUNG?

Als ich Lesen lernte, buchstabierte ich zögernd: „Ich sehe Paul! Ich sehe Anna!" Damals in der Grundschule habe ich nicht geahnt, dass es mich weitere fünfzig Jahre kosten würde, bevor ich fähig sein würde, genau das zu tun. Es war für mich harte Arbeit, wirklich die rosigen Gesichter der Pauls und Annas, mit denen ich es im Leben zu tun bekam, zu sehen. Es bedurfte einer stetigen Bereitschaft, sich um eine nicht redigierte Sicht der Wirklichkeit der anderen zu bemühen, statt zwanghaft meine eigenen Bedürfnisse und Überzeugungen auf sie zu projizieren. Es bedurfte bewusster Erkenntnis der Präsenz dieser Person hier und jetzt, frei von meinen ständigen unbewussten Übertragungen von anderen Menschen, besonders von jenen, die schon lange in die Vergangenheit entrückt sind. Hilfe fand ich dabei in der psychologischen Arbeit und den spirituellen Praktiken, die ich in diesem Buch beschreibe. Seither ist meine Sicht von Paul und Anna etwas klarer geworden – wenigstens so weit, dass ich heute bemerke, wenn ihre Gesichter zu verschwimmen beginnen.

Der psychologische Terminus „Übertragung" sagt bereits deutlich, was er bedeutet: nämlich dass wir etwas aus der Vergangenheit in die Gegenwart hinübertragen. Wir stülpen unbewusst das Gesicht von Vater oder Mutter oder das eines früheren Partners oder einer anderen für uns wichtigen Person über das eines anderen Menschen. Auf diese Weise erschaffen wir unsere Kindheit oder ein Kapitel aus einer Beziehung aus der jüngeren Vergangenheit aufs Neue. Übertragung ist insofern eine Fortsetzung alter Szenarien, ein Versuch, die Vergangenheit wieder auferstehen zu lassen.

„Übertragung" bedeutet aber auch „Übersetzung". Der Zusammenhang ist offensichtlich, denn in der Übertragung übersetzen wir ständig die Handlungsstränge unserer Vergangenheit in unser gegenwärtiges Tun. Sehr oft übersetzen wir unseren Kummer oder unsere Erwartungen aus der Kindheit, seien sie erfüllt oder unerfüllt, in neu auftretende Erfahrungen mit anderen. Letztlich ist es aber dasselbe Buch, nur in einer anderen Sprache. Es gibt jedoch, wie wir sehen werden, auch besondere Augenblicke mit anderen Menschen, in denen keine Übertragung am Werk ist.

Das englische Wort für „wichtig", *important,* kommt vom Lateinischen *portare,* was wiederum „tragen" heißt. Wenn wir etwas für „wichtig" halten, bedeutet dies, dass wir Bedeutung in unsere Erfahrung hinein- *(in-)* tragen *(portare).* Ein Mensch wird für uns „wichtig", weil er für uns bedeutsam geworden ist, weil er einen Eindruck gemacht oder Einfluss auf uns gehabt hat. Ursprünglich wurden Menschen für uns wichtig, weil sie Einfluss auf unsere Entwicklung hatten. Unsere Eltern und Geschwister waren beispielsweise wichtig für unser Aufwachsen zu Erwachsenen. Unser erster Ehepartner oder Beziehungspartner war wichtig für die Entwicklung von Vertrautheit und reifer Liebe. Bei der Übertragung werden neue Menschen für uns wichtig, weil sie die Originale nachahmen.

Wir können jetzt also eine etwas umfassendere Definition wagen. Übertragung ist eine unbewusste Verlagerung von Gefühlen, Haltungen, Erwartungen, Wahrnehmungen, Reaktionen, Überzeugungen und Urteilen, die wir früheren Menschen in unserem Leben, meistens den Eltern, entgegengebracht haben, auf Menschen in der Gegenwart.

Freud schrieb, Übertragung sei ein universelles Phänomen des menschlichen Geistes, das unsere Beziehung zu unserer Umgebung bestimme. Er stimmte darin mit Shakespeare überein, der bemerkte, dass die Welt eine Bühne sei und wir alle „bloße Schauspieler" darauf seien. Menschen, die für uns wichtig werden, spielen tragende Rollen in unserem täglichen Drama. Vielleicht liegt ihre Bedeutung genau darin, dass sie dies zu leisten vermögen. Ist es nicht paradox, dass persönliche Bedeutung vielleicht gar nichts mit einer authentischen Du-Ich-Erfahrung zu tun hat, sondern eher mit einer Inszenierung?

Freud beschreibt Übertragungserfahrungen weiter als „eine besondere Klasse von mentalen Strukturen … Neufassungen oder Kopien, die … frühere Personen ersetzen". Bei der Übertragung verstricken wir uns in einen Anachronismus, da wir unsere emotionale Erfahrung aus der Kindheit mit jemandem wiederholen, mit dem wir es in der Gegenwart zu tun haben. *Das Wort* Gegenwart *hat in der Tat eher symbolische Bedeutung, sobald wir begreifen, dass die Vergangenheit daran so großen Anteil hat.*

Da Übertragung dermaßen häufig ist, stellt sich uns natürlich die Frage, ob nur die Originalcharaktere in unserem Leben von wirklicher Bedeutung waren, und ob andere später nur deshalb für uns bedeutsam werden, *weil* sie diese verkörpern. „Du bist etwas ganz Besonderes für mich" kann bedeuten, „Du kannst diesen Part spielen, und wenn du es nicht kannst, kann ich es dir beibringen." Der Satz „Ich habe meine Mutter geheiratet" ist gleichbedeutend mit „Ich habe jemanden gefunden, der meine Übertragungsbedürfnisse befriedigt, die noch aus dem Leben mit meiner Mutter stammen."

Das Rätsel in der Therapie ist nicht,
wie ich so geworden bin, wie ich bin,
sondern was mein Engel mit mir vorhat?

–James Hillman–

Wie wir uns verteidigen

Um unser Thema besser zu verstehen, sollten wir drei Begriffe aus der Psychologie unterscheiden: *Übertragung, Verschiebung* und *Projektion.* Sie sind unbewusste Mechanismen, die unser Ego verwendet, um sich gegen Stress zu verteidigen. Sie können gesund sein, wenn sie nur gelegentlich verwendet werden, um uns über Angst hinwegzuhelfen oder uns zu stabilisieren oder uns zu behaupten. Sie werden zu einer Störung, wenn wir von ihnen besessen sind oder wenn wir sie benutzen, um zu vermeiden, der Wahrheit über uns selbst oder der Realität ins Auge zu sehen. Das sind die Unterschiede:

C. G. Jung sagte, *Projektion* mache die ganze Welt zu einer Kopie unseres eigenen unbekannten Gesichts. Ich projiziere dabei auf einen anderen Menschen positive oder negative Eigenschaften, über die ich mir bei mir selbst nicht bewusst bin; ich verlagere Züge, Gefühle und Motivationen, die zu mir selbst gehören, auf andere. Ich sehe zum Beispiel dich als kontrollierend an, während ich die ganze Zeit nicht bemerke, wie kontrollierend ich selbst bin. Ich kann auch meine Überzeugungen über jemanden oder darüber, was jemand empfindet, projizieren. Projektion hält eine innere Erfahrung für eine äußere, ein „ich hier drinnen" für ein „du da draußen". *Bei Projektion verbringe ich jeden Tag mit mir allein.*

Ich *verschiebe* auf eine Person B die Gefühle, die zu der Person A gehören. Ich bin zum Beispiel ärgerlich auf jemanden an meinem Arbeitsplatz, aber ich lasse es an meinem Partner aus. Verschiebung verwechselt eine Person mit der anderen, nimmt häufig einen unschuldigen Außenstehenden als Protagonisten. *Bei Verschiebung verbringe ich jeden Tag mit dem falschen Menschen.*

Bei *Übertragung* verschiebe ich die Gefühle und Erwartungen, die eigentlich zu meinen Eltern, der Familie, früheren Partnern oder anderen für mich wichtigen Menschen gehören, auf andere. Übertragung bringt die Vergangenheit fälschlicherweise in die Gegenwart. *Bei Übertragung findet jeden Tag ein Familientreffen statt.*

Übertragung ist daher eine Art von Verschiebung, in der Erlebnisse im Rahmen der Familie mit anderen Erwachsenen wiedererlebt werden. Jene andere sind gewöhnlich durch unser Verhalten ihnen gegenüber verwirrt, weil sie nicht erkennen, dass wir sie in eine Zeitmaschine gesetzt haben. Würden sie unsere Übertragung erkennen, dann würden sie vielleicht innehalten, sich in Mitgefühl für uns öffnen und unsere Gefühle sanft auf uns zurücklenken, statt sich von ihnen treffen zu lassen. Dann würde unsere Übertragung zu einem Hilfsmittel für unser persönliches Wachstum werden, denn wir würden aus den heutigen Reaktionen anderer auf uns erkennen, was uns in der Vergangenheit gefehlt hat.

Bei der Projektion glauben wir, der andere würde das denken oder empfinden, was wir denken oder empfinden. Die extreme Form von Projektion ist *Identifikation.* Du erzählst mir zum Beispiel, du seiest einsam, nun da deine Beziehung zu Ende ist. Ich verstehe sowohl aufgrund meiner eigenen vergangenen Erfahrung als auch durch die Beobachtung deines Schmerzes, wie sich das anfühlt. Also stelle ich mir vor, du würdest genauso fühlen/denken, wie ich es getan habe, als ich einsam war. In diesem Augenblick fühle ich mit dir, aber ich projiziere und identifiziere mich auch und bin so nicht ganz bei dir, sondern eher bei meiner eigenen Mischung aus dir und mir.

Kann es ohne Projektion und Identifikation überhaupt zu Empathie und Mitgefühl kommen? Freud bezog sich auf die Benutzung von Verteidigungsmechanismen zum Erreichen positiver Ziele als eine Regression zugunsten eines gesunden Egos. In dem beschriebenen Fall erkennen wir, wie mentale Konstrukte auf eine Weise genutzt werden, die die spirituelle Tugend, Mitgefühl zu zeigen, fördern.

Übertragung, Projektion, Identifikation und Verschiebung unterbrechen immer wieder den Du-Ich-Moment und präsentieren die dringend zu begleichenden Rechnungen, die sich in unserer Lebensgeschichte angesammelt haben. Das Gegenmittel gegen solche Fehlleistungen ist Bewusstheit, weil sie durch die Fantasien hindurchschneidet, um bei der puren Realität anzukommen, wie verstörend oder verführerisch sie auch sein mag. Es verlangt Mut und Integrität, rückhaltlos als bloßer Zeuge in den gegenwärtigen Augenblick einzutreten, doch wir dürfen uns einfach nicht von Vorlieben oder Abneigungen, Ähnlichkeit oder Unterschiedlichkeit, unserer eigenen Geschichte oder der von jemand anderem auf Gedeih und Verderb abhängig machen.

Wie erkennen wir, ob wir einfach nur Zeuge von Ereignissen sind oder in sie verstrickt sind? Wir sitzen am Strand während Wolken am Himmel vorüberziehen. Wenn wir einfach nur dasitzen und sie wahrnehmen, *ohne uns zu bewegen,* sind wir Zeugen. Wenn wir ihnen mit den

Augen folgen, den Hals nach ihnen recken und vielleicht Bilder in ihnen sehen, dann haften wir an ihnen und sind nicht mehr bloße Zeugen. Ein Zeuge ist jemand, der sieht, ohne durch Übertragung, Projektion oder Verschiebung beeinflusst oder bestimmt zu werden. Er sieht einfach die nackte Tatsache, ohne jeglichen redaktionellen Kommentar. Seine Hände sind in den Schoß gelegt und kleben nicht im Leimtopf seines Egos oder seiner Geschichte fest. *Wer feststeckt, der weigert sich, zur Realität, wie sie jetzt ist, ja zu sagen, und geht von dieser Einstellung aus.*

Dich dazu bringen, für mich zu fühlen

Wir können Übertragung besser verstehen, wenn wir uns einen anderen unbewussten Verteidigungsmechanismus anschauen, die *projektive Identifizierung.* Eine Form projektiver Identifizierung ist, wenn ein Mensch einige seiner eigenen Gefühle nicht ausstehen kann, weil sie zu grob, zu bedrohlich oder für sein Selbstbild zu untypisch erscheinen, um sie anerkennen oder zeigen zu können. Also tut er etwas, das sein eigenes ungewolltes oder unerträgliches Gefühl in der anderen Person hervorruft, die es dann tatsächlich für ihn fühlt. Wir können mögliche Ursprünge von Empathie und Intuition in diesem Verhalten erkennen.

Hier ist ein Beispiel: Ich bin auf dich sauer, hatte aber immer Angst, das zu zeigen. Also komme ich zu spät zu unserer Verabredung im Kino und treffe erst ein, nachdem der Film schon begonnen hat. Du siehst mich an und bist sauer und verärgert, also sehe ich meinen Zorn auf deinem Gesicht! Ich erkenne meine eigenen Gefühle, aber dadurch, dass ich sie auf dich projiziert habe. Diese Handlungsweise kann auch durch ein Bedürfnis nach Übertragung motiviert sein, also dadurch, dass ich die Reaktionen meiner Eltern auf mich wieder neu hervorrufen möchte. Vielleicht möchte ich, dass du mir gegenüber so empfindest und handelst, wie es meine Mutter oder mein Vater getan haben. Dieses Mal kann ich vielleicht damit umgehen. Vielleicht siehst du ja auch, was mir widerfahren ist und wirst endlich Mitgefühl mit mir haben.

Man kann auch am Arbeitsplatz Reaktionen in einem anderen Menschen erzeugen, die einer Übertragungsvorstellung dienlich sind. Ich sehe

Sie, meinen Chef, als meinen kritischen Vater, und ich tue Dinge bei der Arbeit, die Sie dazu veranlassen, mich zu kritisieren. Jetzt erlebe ich erneut meine Beziehung zu meinem kritischen Papa oder ehemaligen Ehepartner, an den Sie mich erinnern. Und ich glaube nun noch fester daran, dass ich es verdiene, kritisiert zu werden, weil Sie es mir sagen.

Projektion und projektive Identifizierung können sowohl positiv als auch negativ sein. Sportfans stellen sich vor, dass die Athleten ihre Ideale von Können und Meisterschaft ausleben. Dies ist eine positive Projektion. Die negative Seite sehen wir, wenn Fans jubeln und stellvertretende Gefühle der Gewalt genießen, wenn etwa ein Eishockeyspiel außer Kontrolle gerät. Sie sehen, wie die Spieler die Wut herauslassen, die sie selbst empfinden. Welch eine wirre und verquere Suche nach Spiegelung. All diese fehlgeleitete Identifikation zeigt uns, dass das, was zu integrieren uns nicht gelingt, später durch etwas anderes repräsentiert werden kann und wir dann noch mehr in die Irre geführt werden. Genau hierum geht es bei der Übertragung.

Wir bedienen uns nicht deshalb der projektiven Identifizierung, weil wir hinterlistig sind, sondern weil bestimmte Gefühle für uns inakzeptabel sind und wir nach einem sicheren Weg suchen, sie zu entschärfen. Wir laden nicht einfach unsere unannehmbaren oder uneingestandenen Gefühle bei jemand anderem ab. Es gibt einen positiven – das heißt unsere Entwicklung fördernden – Grund. Wir suchen nach einem *Modell* für das Zeigen unserer Gefühle. Daran können wir lernen, uns sicher zu fühlen, wenn wir unsere eigenen Gefühle zum Ausdruck bringen. Wenn ich also im Kino den finsteren Blick auf deinem Gesicht gesehen habe – und festgestellt habe, dass wir trotzdem befreundet bleiben –, kann ich lernen, meinen Zorn auf angemessene Weise zum Ausdruck zu bringen.

Die Person, die auf der Empfängerseite steht, kann *Tonglen* praktizieren. Bei dieser buddhistischen Praxis nehmen wir den Schmerz, den der andere unerträglich findet, in uns auf, bewegen ihn – aufgrund unserer Übungen in Achtsamkeit und Liebender Güte auf gelassene und transformative Weise – durch unseren Herz-Geist hindurch und geben ihn in Form von heilendem Mitgefühl wieder zurück. Dies ist praktizierte

Alchemie, denn wir nehmen etwas Inakzeptables und wandeln es in etwas Wertvolles um.

In einem gewissen Sinne praktizieren wir immer dann Tonglen, wenn wir einem Freund zuhören, der uns seine Sorgen erzählt, und dabei mit achtsamer Präsenz und Liebender Güte reagieren. Wir könnten auch sagen, dass eine gute Therapie Tonglen ist, da der Therapeut den Schmerz und die negativen Emotionen des Klienten aufnimmt und heilende Antworten zurückgibt. Auf diese Weise bestätigt Therapie, dass jedes unserer Gefühle oder jede unserer Einstellungen, wie negativ sie auch sein mögen, Mitgefühl hervorrufen und zu Transformation führen kann. Wir erkennen dann mit Freude, dass jede negative Erfahrung ein positives, unser Wachstum förderndes Potenzial besitzt, dass jede Pflicht eine Ressource darstellt, dass jeder Schatten einen wertvollen Kern besitzt und dass jede Störung oder jeder Fehler unser spirituelles Bewusstsein vertiefen kann. Je deutlicher wir diese Wahrheit erkennen, desto weniger müssen wir projizieren, verschieben oder übertragen. Erstarrt in unserer Verwirrung liegt eine lichte Energie, ein inneres Leuchten, das wir freisetzen können, wenn wir nicht aufhören zu graben.

Eine unserer Gewohnheiten

Unsere Gefühle über unsere momentane Beziehung mögen uns bewusst sein: „Ich weiß, dass ich ärgerlich auf meinen Partner bin." Aber der Ursprung und die Bedeutung unserer Gefühle sind uns oft nicht bewusst, ebenso wenig wie die Einstellungen und Erwartungen hinter ihnen: „Ich will, dass er sich für mich einsetzt." Unbewusst kann dies heißen: „Ich möchte, dass er so für mich da ist, wie Papa es für mich war." Unsere Ängste oder Erwartungen erwachsen oft aus unseren Erinnerungen. Beachten Sie, dass Übertragung auch auf positiven Erinnerungen beruhen kann, nicht nur auf negativen.

Übertragung ist eine Gewohnheit aller Menschen, ungeachtet ihrer Erfahrungen mit ihren Eltern. Wir übertragen, ganz gleich, ob der Einfluss der Vergangenheit auf uns positiv oder negativ war. Der Umstand, dass unsere psychische Entwicklung das Ergebnis eines lebenslangen

Kontinuums an Übertragungsbeziehungen ist, kann eine Weise sein, unser Gefühl von persönlicher Kontinuität aufrechtzuerhalten: „Ich bin noch immer mit den Menschen zusammen, an die ich mich aus meiner Vergangenheit erinnere, solange ich sie auf diesen neuen Partner übertragen kann. Er lässt meine Geschichte wieder aufleben."

Übertragung ist ein Heimkehrinstinkt der Psyche. Wir empfinden einen Drang, in die Vergangenheit zurückzukehren. Doch warum ist dem so? Wir suchen nach einer Weise, die unerledigten Geschäfte aus unserer Kindheit oder aus früheren Erwachsenenbeziehungen zu reproduzieren und wieder in Szene zu setzen. Wenn das klappt, kann diese Neigung uns helfen, die Vergangenheit wiederherzustellen, damit wir erforschen können, was unsere verborgenen Probleme sind und wie man sie zu den Akten legen kann. So etwas geschieht in der Psychotherapie oder in jedem Augenblick, in dem wir wieder in die Vergangenheit reisen und herausarbeiten, was davon noch in der Gegenwart aktuell ist. Es bedarf bewusster Aufmerksamkeit, um uns beim Akt der Übertragung zu ertappen, dem Griff der Vergangenheit zu entkommen und möglicherweise einen Feuerlauf in die reale Gegenwart zu absolvieren. Psychologisch gesehen entsteht Freiheit, wenn wir den Mut finden, bar aller Dekorationen und aller Überbleibsel aus unserer Geschichte in die Hier-und-Jetzt-Realität unserer selbst und anderer einzutreten.

Unsere Übertragungen wahrzunehmen, muss nicht unbedingt schwer sein, da wir Menschen zur Übertragung auswählen, die unseren Eltern oder anderen wichtigen Personen in unserer Lebensgeschichte wirklich ähneln. Wie es auch andere bei uns erkennen können, vermögen wir allmählich die Ähnlichkeiten zu erkennen, die bestimmte Menschen zu solchen gut geeigneten Kandidaten für unsere Übertragung machen.

Wir können tatsächlich unsere Kindheitsgeschichte aus den im Keller unseres Unbewussten aufbewahrten Teilen zusammensetzen. Dies geschieht, indem wir uns unsere Bedürfnisse und Erwartungen in Beziehungen und die Partner, die wir wählen oder immer wieder auswählen, genau ansehen. Außerdem erfahren wir durch unsere Muster in Beziehungen einiges über unsere Kindheit. Wenn wir zum Beispiel früh von der Mutter verlassen wurden, haben wir dann geglaubt, wir hätten sie zum Gehen veranlasst, weil wir nicht genug für sie waren? Bringen wir heute Partner dazu, uns zu verlassen, um dieses Szenario zu wiederholen und in dem Irrtum, dass Wiederholung Vollendung sei? Hoffen wir, dass sie zurückkommen, wenn Mama es nicht getan hat? Und wenn sie zurückkommen, wird dies dann bedeuten, dass Mamas Verschwinden schließlich endlich annulliert wurde?

Übertragung ist eine Umleitung ungelöster Energie hin auf ein sichereres Objekt. Wir suchen vielleicht deshalb nach einer solchen Zuflucht, weil wir gespürt haben, dass es zu gefährlich für uns ist, uns direkt mit der Energie der Vergangenheit zu konfrontieren. Wenn wir Übertragung also dazu benutzen, unsere persönlichen Probleme zu erkennen, kann sie uns als freundlicher Pfadfinder dienen, der uns sanft in ein Gebiet führt, vor dem wir uns vielleicht fürchten. Diesem Ehepartner können wir vielleicht sicherer gegenübertreten als einer verschlingenden Mutter. Unser Zorn, den auszudrücken uns in unserer Kindheit solche Angst machte, kann nun in einer Ehe, in der wir uns gegenseitig unterstützen, sicher freigesetzt werden.

Das sicherere Objekt kann ein Fremder sein, der uns nervt, ein Kollege, der uns vor den Kopf stößt, jemand, für den wir uns zu interessieren beginnen, eine alte Flamme, ein Familienmitglied oder ein Freund. Alles, was nötig ist, damit eine Übertragung in Gang kommt, ist eine momentane Geste, ein Wort, eine Tat oder eine Verhaltensweise, die uns unbewusst an einen Menschen aus unserer Vergangenheit erinnert, mit dem wir noch nicht im Reinen sind. Dies kann erklären, warum wir uns von jemandem unmittelbar angezogen oder abgestoßen fühlen. Wenn wir jemanden einfach nicht mögen oder sehr mögen und nicht wissen, warum, dann kann Übertragung am Werke sein.

Übertragung verzerrt nicht nur, wer andere sind, sondern sie verzerrt auch unsere Auffassung davon, wer wir sind. Und so ist das ganze Buch unseres Lebens in Übertragung falsch übersetzt. Bewusstsein ist die neu überarbeitete Fassung, die mehr der Wirklichkeit entspricht als die älteren Texte. Wenn wir uns dem verpflichten, was hier und jetzt real ist, öffnet und erweitert sich unser Verständnis für uns selbst und für andere auf radikale Weise. Wir sehen das Neue auf neue Weise und erkennen andere deutlich – vielleicht zum ersten Mal. Wir brauchen so lange, um wirklich zu sehen. Aber dafür müssen wir uns nicht schämen. So funktioniert die Psyche eben. All unsere Weisen, die Welt zu sehen, wurden von unserer Vergangenheit in Szene gesetzt und aufgeführt, bis zu dem Augenblick, da die Öffnung geschieht. Dann öffnet sich eine neue innere Landschaft und wir finden unseren Platz darin.

Gleichzeitig geht es nicht einfach nur um eine Wahl zwischen authentischer Realität und falsch darstellender Übertragung. Wir sind meistens in beide gleichzeitig verwickelt, da unsere vergangenen und gegenwärtigen Beziehungen sich tatsächlich ähneln. Eine Übertragung muss daher keine totale Verzerrung sein, da es wirklich so viele Vieldeutigkeiten in den Beziehungen mit Menschen aus unserer Vergangenheit gegeben hat und heute so viele Ähnlichkeiten zu den gegenwärtigen Beziehungen bestehen. Es ist nicht leicht, präzise zu bestimmen, wer jemand wirklich ist und was er an sich für uns bedeutet. Deshalb sehen wir die Übertragung vielleicht nur aus objektiver Sicht als eine Verzerrung. Subjektiv gesehen ist sie weniger eine Verzerrung als ein Beinahetreffer, eine Näherung, eine grobe Schätzung, ein Pi-mal-Daumen-Wert – wie so viele Überzeugungen und Meinungen, von denen wir glauben, sie stellten ein Evangelium dar.

In der traditionellen Sichtweise liegt eine Verzerrung vor, wenn eine Wahrnehmung nicht der Realität entspricht. In Hinsicht auf andere erkennen wir dann nicht die Person, wie sie ist, sondern nur unsere subjektive Version von ihr. Unsere Arbeit besteht dann darin, unsere Wahrnehmung der Realität anzugleichen. Aber dies mag eher einem anstrengenden Sammeln von Informationen gleichen als einem unmittelbaren Zugriff. Wir mögen einen Menschen dadurch allmählich kennenlernen, dass wir ihm auf zunehmend tieferen Ebenen begegnen. Wir können immer mehr darüber herausfinden, wer er ist, obgleich wir ihn niemals gänzlich kennen. Wir brauchen nur so empfänglich wie möglich für das zu sein, was dieser Mensch ist, und so geduldig wie möglich, da sich das Timing unserem Einfluss entzieht.

Unsere Geschichte und unsere Übertragungen fügen der Wirkung, die Ereignisse auf uns haben, noch etwas hinzu. Wenn sich jemand beispielsweise keine Zeit für uns nimmt, können wir dies einfach nur zur Kenntnis nehmen und darum herum arbeiten; es kann sich aber auch auf unsere Gefühle auswirken. Erinnert es uns nämlich daran, wie unerreichbar unsere Mutter in unserer Kindheit für uns war, dann spüren wir den Schlag stärker. Wir werden dann zorniger, als es der Sache angemessen wäre. Ein Teil des Zorns ist Bestandteil des Kummers über das, was uns vor langer Zeit entgangen ist. Wenn wir eine Verbindung zu unserer Vergangenheit bemerken, erkennen wir, wie das jüngste Ereignis uns helfen kann, ein lange unbemerktes Problem zu lokalisieren. Vielleicht begreifen wir am Ende, dass die Aufdeckung dieser unerledigten Angelegenheit mehr wert ist, als dass man sich jetzt gerade Zeit für uns genommen hätte! Auf jeden Fall ist die Tatsache, dass wir immer noch auf der Suche nach etwas sind, was uns in der Kindheit gefehlt hat, besser, als wenn wir die Hoffnung gänzlich aufgegeben hätten. Wenn diese andauernde Suche in der Tat das ist, was uns auf die Übertragung aufmerksam macht, dann besitzt sie einen großen Wert.

Haben wir unser Problem erst einmal durchgearbeitet, dann werden die Welt und die anderen genau zu dem, was sie sind. Dann können wir jene Menschen schätzen, die sich Zeit für uns nehmen, und gleichzeitig Ja zu der Gegebenheit des Lebens sagen, dass dies eben nicht jeder tut. Wir erkennen vielleicht auch, wie wir im Laufe der Jahre andere manipuliert haben, damit sie sich Zeit für uns nehmen. Auch das geben wir auf.

Wir eliminieren die Übertragung nicht, wir gehen nur anders mit ihr um. Wir töten sie nicht, wie David es mit Goliath tat, sondern wir ringen respektvoll mit ihr, wie Jakob mit dem Engel, bis er dessen Segen erhielt. Der Segen ist die Offenbarung dessen, was wir versäumt oder verloren haben, sowie die Gnade, darum trauern zu können, statt es übertragen zu müssen. Wir spüren einen Impuls, über alle Momente zu trauern, in denen sich jemand keine Zeit für uns genommen hat, die Wichtigkeit dieser Menschen für uns loszulassen und in einem Leben voranzuschreiten, das nicht mehr von dem, was andere getan haben, bestimmt oder über Gebühr beeinflusst ist. Dann finden wir ergiebige Quellen der Bedürfniserfüllung in uns selbst und in anderen Menschen, die häufig Zeit für uns haben, aber manchmal eben auch nicht. Und wenn wir zu all dem Ja sagen können, haben wir alles, was wir brauchen.

Im Kummer ist immer ein Element der Untröstlichkeit und in unseren Bedürfnissen gibt es stets ein Element der Unersättlichkeit. In Hinsicht auf die tiefsten Fragen des Lebens gibt es immer etwas, das wir nicht verstehen können. Dies erinnert an das Werk von Kurt Gödel, dem tschechischen Mathematiker, der den „Unvollständigkeitssatz" formulierte, der besagt, dass es in jedem widerspruchsfreien mathematischen System Sätze gibt, die weder bewiesen noch widerlegt werden können. Diese natürliche Unvollständigkeit spiegelt die Erste Edle Wahrheit des Buddhismus wider, nach der aller menschlichen Erfahrung unausweichlich etwas Unbefriedigendes innewohnt. Dies ist nicht nur die Wahrheit Buddhas, sie wird auch von einigen unserer Kinder und von Punk Rockern verkündet.

Doch das Ganze hat auch eine positive Seite. Untröstlichkeit bedeutet, dass wir die Menschen, die wir einmal geliebt haben, nicht vergessen können und immer wertschätzen werden. Unbefriedigtsein bedeutet, dass wir motiviert sind, unsere unmittelbaren Wünsche zu transzendieren. Unverständlichkeit bedeutet, dass unser Staunen und unsere Vorstellungskraft zunehmen. Antworten verschließen uns tatsächlich, während Fragen uns offener machen. Indem wir die Gegebenheit der Ersten Edlen Wahrheit ohne Protest, Schuldzuweisung oder Ausfluchtmöglichkeit, an die wir uns klammern können, akzeptieren, gewinnen wir auf der ganzen Linie.

Die Erkenntnis der letztlich unbefriedigten Qualität des Lebens muss kein Grund für Leiden sein. Wir können die Vergänglichkeit als etwas Natürliches sehen und uns in sie hinein entspannen. Wir können anerkennen, dass wir häufig leicht zu erfreuen, aber nur schwer zufriedenzustellen sind. Wir können mit *Momenten* der Befriedigung, Momenten der Erfüllung, Momenten der Vollständigkeit zufrieden sein. Wir können erkennen, dass Zufriedensein mit dem, was ist – in all seiner Vergänglichkeit und seiner letztendlich unbefriedigenden Qualität –, uns eine befreiende Gelassenheit beschert.

Die Essenz der Unwissenheit des Egos ist seine fortlaufende Fehde mit den Gegebenheiten des Lebens. Unser bedingungsloses Ja zu diesen Gegebenheiten lässt die Augenblicke genug sein. Dann können wir das Leben ansehen wie die Bilder eines Kaleidoskops: freudig erstaunt über das Auftreten neuer Muster und gelassen, wenn sie Platz machen für andere Muster, selbst wenn diese nicht besonders aufregend sein mögen. Wir erinnern uns an die Worte des alten griechischen Philosophen Pindar, der bereits sagte, wir sollten nicht versuchen, Zeus zu werden, wir besäßen bereits alles, wenn uns nur ein wenig Schönheit zuteil werde.

Die Geburt unserer Erwartungen

Übertragung findet statt, wenn die Vergangenheit in die Gegenwart eindringt. Ein und dieselbe Verhaltensweise wird mitgeschleppt von Jahrzehnt zu Jahrzehnt, von Beziehung zu Beziehung. Unsere Schablone aus unserer Kindheit kann uns so in Fleisch und Blut übergegangen sein, dass wir unseren gegenwärtigen Partner nicht deutlich sehen können. Wenn Mama immer liebevoll war, kann es sein, dass wir dasselbe Maß an Liebe von einem narzisstischen Partner erwarten, der es nicht aufzubringen vermag. Unser Festhalten an dieser Schablone mag uns dazu veranlassen, der falschen Frau den gläsernen Dornröschenschuh mit Gewalt anzuziehen: „Meine Erfahrung mit meiner kontrollierenden Mutter macht dich noch kontrollierender, als du bist, und mein Wunsch nach einer freundlichen Mutter gibt mir die Hoffnung, dass du dich mir gegenüber entsprechend verhältst."

Ein Mangel an Liebe vonseiten des Partners, der einem Mangel an Liebe von den Eltern ähnelt, kann uns daran verzweifeln lassen, dass wir bei anderen jemals eine wirkliche Einstimmung auf unsere Bedürfnisse finden können. Dies ist eine Übertragung unserer ursprünglichen Verzweiflung auf die Welt. Aber wie wir sehen werden, ist das Versagen der anderen vielleicht gar nicht so schlimm. Es könnte genau das sein, was wir brauchen, damit wir beginnen, an uns selbst zu arbeiten, indem wir allein mit unseren alten Verletzungen umgehen.

Ein Mangel an Liebe bedeutet, dass uns nicht die fünf grundlegenden Aspekte reifer Liebe entgegengebracht werden: *Aufmerksamkeit, Annahme, Wertschätzung, Zuneigung* und *Zulassen.* Wenn wir in der Vergangenheit keine Erfüllung gefunden haben, mögen wir jetzt hoffen, dieselben fünf Aspekte von anderen zu erhalten, was durchaus verständlich ist. Aber wenn wir nicht zuerst an uns selbst gearbeitet haben, indem wir beispielsweise unsere Vergangenheit betrauert haben, werden wir die Bedürfniserfüllung durch andere wahrscheinlich mit Ruhelosigkeit und Zwanghaftigkeit einfordern. Dies äußert sich bei uns als eine Energie des „ich muss unbedingt haben", die mögliche Partner verschrecken kann. Übertragung kann dann ein Hindernis für die Beziehung darstellen. Je mehr uns unsere Übertragung bewusst wird, desto besser finden wir heraus, was wir benötigen, um an uns arbeiten zu können, damit es uns gelingt, unseren alten Hunger ruhen zu lassen und Menschen zu finden, die uns besser zu lieben vermögen. Unser gesamter Stil wird entspannter und wir stehen nicht mehr so unter Druck.

Schließlich erkennen wir, dass wir nicht anders sein können, als wir sind. Dies bedeutet wiederum, dass das, was wir sind, genau das sein muss, was wir brauchen, um Erfüllung zu finden, und was die Welt als Beitrag von uns benötigt. Wir selbst zu sein, ist ein Gewinn für das Universum.

Wenn es uns nach den fünf Aspekten verlangt, so ist das weder ein Zeichen von Schwäche noch ein Anzeichen dafür, dass in unserer Vergangenheit eine Menge gefehlt habe. Es ist durchaus gerechtfertigt, wenn wir wertgeschätzt oder gelobt werden möchten, und es ist ein Zeichen von Gesundheit, wenn wir die Rechtmäßigkeit unserer Sehnsüchte anerkennen. Diese Selbstakzeptanz kann sich in uns als eine *physische* Empfindung bemerkbar machen. Das ähnelt dem besonderen Augenblick, der eintritt, wenn wir lernen, Fahrrad zu fahren. Nach anfänglichen Stürzen und großer Unbeholfenheit erreichen wir plötzlich ein Gefühl für Balance, vielmehr stellt es sich plötzlich ein und bleibt uns von da an. Was die Annahme unserer Sehnsüchte angeht, ist dies der Augenblick des Wandels, in dem wir die Sehnsüchte zwar weiterhin in unserem Herzen tragen, aber ohne so an ihnen zu kleben, dass sie unbedingt erfüllt werden müssen, sodass wir auch nicht so zornig auf unseren Partner sind, der sie anscheinend nicht befriedigen kann. Die Sehnsüchte nach den fünf Aspekten stehen dann eher für sich allein und erscheinen uns nicht nur dann akzeptabel, wenn sie zur Erfüllung führen. Wir bemerken, dass wir etwas Existenzielles spüren, das allen Menschen gemeinsam ist, und nichts ist, das nur uns geschieht. Dann kann Mitgefühl für uns selbst und alle anderen Menschen in uns erwachen. Ein Ja zu unseren Sehnsüchten hat dann zu einer spirituellen Praxis geführt.

Wie es auch bei anderen Tieren der Fall ist, erhalten wir die wesentlichsten Prägungen in unserer frühesten Kindheit. Durch die Erfahrungen in unserer Familie bilden wir eine Vorstellung von Liebe heraus. Dann halten wir Ausschau, ob die zukünftigen Beziehungen unserem Modell entsprechen oder nicht. Dies ist der schmerzliche Ursprung so vieler unserer Enttäuschungen mit anderen, die einer Vergangenheit nicht gerecht werden, die sie nicht kennen. Wenn unsere Vergangenheit negativ oder voller Verletzungen war, suchen wir möglicherweise Kandidaten als Partner aus, die diese Verletzung erneut herbeiführen, und dann können wir sie beschuldigen, da wir unseren Zorn vielleicht niemals einem Elternteil gegenüber, das uns auf gleiche Weise verletzt hat, in vollem Umfang gefühlt oder ausgedrückt haben. So werden unsere fordernden Erwartungen geboren, unser aufgestauter Zorn bekommt endlich Gelegenheit zur Explosion und Hoffnungen keimen auf oder sterben ab.

Hoffen wir oder verzweifeln wir?

Wenn uns einer oder alle dieser fünf Aspekte gefehlt haben, können zwei mögliche Folgeerscheinungen auftreten, die beide schmerzlich sind: Wir mögen ihrer jetzt auf extreme Weise bedürfen. Unser Herz ist dann ein Fass ohne Boden, das niemals gefüllt werden kann. Die zweite Alternative ist Verzweiflung; man glaubt einfach nicht daran, dass einem die fünf Aspekte der Vertrautheit zuteil werden, und hat nicht das Vertrauen, dass irgendjemand oder irgendetwas sie irgendwann für uns hervorbringen könnte. Eine solche Verzweiflung ist tödlich, da sie keine Möglichkeit sieht, jemals aufgehoben zu werden. *Wie kann ich Verzweiflung mehr zu einer Frage als zu einer Antwort machen?*

Hoffnung, Erwartung und Verzweiflung wohnen in uns allen. Was uns auch immer in der Kindheit widerfahren sein mag, es schlummert in uns und wird in einer Partnerbeziehung aktiviert. Wir übertragen dann auf andere unsere Hoffnung, dass sie sich für uns einsetzen, sowie unsere Erwartung, dass sie all unsere Defizite aus der Vergangenheit ausgleichen, aber auch unsere Verzweiflung darüber, ob sie überhaupt wirklich für uns da sind. Wir können eine der folgenden drei Möglichkeiten hervorrufen:

Bei der auf *Hoffnung* basierenden Übertragung bitten wir diejenigen, die wir lieben, oft zögerlich und indirekt, uns mit dem zu versorgen, was uns in der Vergangenheit gefehlt hat. Wir glauben darauf vertrauen zu können, dass zumindest bestimmte andere tatsächlich für uns da sein können. Bei der auf *Erwartung* beruhenden Übertragung geschieht genau dies. In der Übertragung, die auf *Verzweiflung* gründet, nehmen wir vorweg, dass es zu wiederholtem Male nicht zur Einstimmung auf unsere Bedürfnisse kommt, oder wir befürchten dies. Wir stellen uns vor, dass ein erwachsener Partner uns ebenso enttäuschen wird, wie unsere Eltern es getan haben, und wir schämen uns, dass wir so unwürdig sind, oder geben unserem Partner die Schuld, dass er so wenig gibt.

Die erste und zweite Art können zum Klammern und die dritte zum Davonlaufen führen. Im Laufe einer reifen Beziehung stehen diese Dinge mal im Vordergrund, mal im Hintergrund. Hoffnung hilft uns darauf zu vertrauen, dass die Gegebenheiten des Lebens schon zu unserem Wachstum beitragen werden, und das hilft uns, Ja zu ihnen zu sagen, ganz gleich, wohin sie führen mögen, das heißt auf bedingungslose Weise. Erwartung kann dazu führen, dass wir versuchen, andere dazu zu zwingen, uns das zu geben, was wir brauchen – auf direkte oder auf passiv aggressive Weise. Verzweiflung kann einige recht grundlegende Formen des Vertrauens, die bei den meisten Menschen vorhanden sind, in beunruhigende Fragen verwandeln, auf die es niemals eine klare Antwort gibt:

Hat das Leben einen Sinn?
Bin ich es wert, zu leben und glücklich zu sein?
Hat das Universum eine liebende Absicht?
Kann ich darauf vertrauen, dass Frauen/Männern mir helfen und mich nicht verletzen werden?
Sind Wachstum und Veränderung tatsächlich möglich?

Beziehungen sind oft ein erzwungener neuer Durchlauf, der von einer ungewissen Hoffnung charakterisiert ist, dass es *dieses Mal* besser für uns laufen könnte. Wir übertragen unsere ursprünglich enttäuschte Erwartung auf eine neue Quelle der Hoffnung. In diesem Sinne streicht Übertragung einen berührenden Umstand unseres Daseins heraus. Wir besitzen ein unbändiges Verlangen nach Liebe, wie oft wir auch enttäuscht worden sein mögen. Wir hoffen immer weiter, dass es besser kommen wird als gehabt. Oder aber wir verzweifeln aufgrund eines sich häufig wiederholenden Musters daran, dass es für uns jemals besser kommen könnte. Wir tun alles, was nötig ist, damit das eine oder das andere oder beide dieser Möglichkeiten in einer neuen Beziehung wahr werden.

Grund unserer Übertragung ist also unser Bedürfnis, eine negative Vergangenheit zu wiederholen, oder die Hoffnung auf etwas Neues in der Zukunft. *Vielleicht werden meine Bedürfnisse ja dieses Mal erfüllt, statt enttäuscht zu werden.* Wir mögen in der Hoffnung darauf leben, dass es in Zukunft besser wird, oder wir mögen befürchten, dass es beim Alten bleibt oder schlimmer wird. Manchmal geschieht beides gleichzeitig.

Gibt es einen mittleren Weg zwischen Hoffnung und Verzweiflung? Dieser mittlere Weg ist das bedingungslose Ja zu den Gegebenheiten des Lebens, nämlich der Tatsache, dass unseren Bedürfnissen manchmal entsprochen wird und manchmal auch nicht, dass das Leben nicht vorhersehbar ist und dass die Dinge sich nicht immer so entwickeln, wie wir es gern hätten. Zwischen den Extremen von Hoffnung und Verzweiflung fliegt eine weise Eule. Sie landet weder in den Marschen des Wunschdenkens noch in der Wüste der Verzweiflung, sondern lässt sich auf dem Baum des Lebens nieder, in der Wirklichkeit dessen, wie es in der menschlichen Welt nun einmal um die Dinge bestellt ist. Wir können mit ihr auf einem jeden Ast der Achtsamkeit sitzen. Dort spüren wir ein Gefühl göttlicher Ausgeglichenheit und wir realisieren, dass unser bedingungsloses Ja dazu geführt hat, dass wir uns auf die Wirklichkeit eingestimmt haben. Wallace Stevens drückt dies in seinem Gedicht *Notes Toward A Supreme Fiction* aus, wenn er schreibt:

... nicht das Gleichgewicht,
das wir erlangen,
sondern das Gleichgewicht,
das geschieht,
wenn ein Mann und eine Frau sich in Liebe begegnen ...

Wie sich die Kindheit in unseren Erwachsenen-Beziehungen fortsetzt

Im folgenden Abschnitt gibt jeder Absatz ein bestimmtes Beispiel, wie Übertragung von der Kindheit in unser Erwachsenenleben und unsere Beziehungen Eingang findet.

Wenn es in unserem Haushalt in unserer Kindheit viele Spannungen gab, besonders wenn ein Elternteil oder beide abhängig oder psychisch instabil waren, dann könnten unsere Körperzellen noch immer etwas von dem ursprünglichen Angstpegel enthalten. Es könnten sich zwei mögliche Folgeerscheinungen bei uns bemerkbar machen: Vielleicht fühlen wir uns nur in einer von Adrenalin angetriebenen Beziehung, Arbeit oder in einem solchen Lebensstil wohl. Oder wir befinden uns ständig in höchstem Alarmzustand und sind deshalb so auf Selbstschutz bedacht, dass wir uns vor anderen verschließen. Dies sind Beispiele dafür, wie Übertragung in unsere Zellen eingeschrieben ist, auch wenn unser Verstand uns signalisiert, es gäbe jetzt keine Gefahr. Unser Verstand weiß Bescheid, doch unser Körper weiß es besser.

Plötzliches Aufbrausen ist häufig ein Anzeichen für Übertragung. In einer Kindheit zum Beispiel, in der jeder Schritt eines Jungen von seiner

Mutter genau überwacht wurde, wurde sein ihm angeborenes Bedürfnis nach Bewegungsfreiheit (der Aspekt des Zulassens, den zu gewährleisten oft die Rolle des Vaters ist) nicht beachtet und er fühlte sich unterdrückt. Wenn er jetzt gemütlich an seinem Schreibtisch zu Hause sitzt und seine Frau ihm zuruft: „Was machst du denn da gerade?", geht er an die Decke, weil er wieder das Gefühl hat, seine Privatsphäre würde von einer Frau verletzt. Wenn er seine Vergangenheit erforscht hat, vermag er seine extreme Reaktion als Teil einer Verschiebung aus seiner Kindheit zu erkennen. Wenn nicht, wird er seinen Zorn an ihr auslassen und ihr eher Vorwürfe machen, als Verantwortung für die Arbeit zu übernehmen, die er selbst zu leisten hat. Die Arbeit besteht darin, sein Problem mit der Mutter anzusprechen, durchzuarbeiten, aufzulösen und zu integrieren.

Während meiner Ehe, so erinnere ich mich, verwechselte ich gelegentlich in Gedanken meine Frau mit meiner Mutter. Ich erinnere mich auch, meiner Frau gegenüber gelegentlich unfreundlich gewesen zu sein, obwohl sie freundlich zu mir war. Im Laufe der Jahre fragte ich mich, warum ich mich ihr gegenüber so verhielt. Vor kurzem dachte ich an meine Ex-Frau und benutzte wieder das Wort *Mama.* Plötzlich bekam ich meine Antwort: Ich zahlte meiner Mutter ihre Härte in meiner Kindheit durch meine Frau heim, der neuen bedeutsamen Frau in meinem Leben. Das war eine wichtige Einsicht für mich. Ich erklärte all dies meiner Ex-Frau, die heute eine gute Freundin ist, und entschuldigte mich für meine Unbewusstheit. Ich erkannte, wie gefährlich Übertragung für eine Beziehung sein kann, solange sie unbewusst bleibt.

Wenn eine Übertragungsreaktion bewusst wird, können wir uns vielleicht plötzlich an die genaue Ursprungssituation aus der Vergangenheit erinnern. Wenn mich meine Schwester zum Beispiel ständig kritisiert und ich es immer wieder wegstecke, kann ich mich eines Tages daran erinnern, dass dies genau die Weise war, wie meine Mutter mich immer behandelt hat. Dann kann ich zornig aufbrausen und diese Reaktion wird sich sowohl an meine Schwester vor mir als auch an meine Mutter hinter ihr richten. In einem anderen Beispiel sieht ein Mann, wie seine Frau ihrem Sohn die fünf Aspekte zuteil werden lässt, und ist eifersüchtig. Ihre Zuneigung erinnert ihn an das, was seine eigene Mutter ihm nicht gegeben hat. Das Signal ist Neid; die Arbeit ist, das zu betrauern, was er versäumt hat. Hier ist noch ein letztes schmerzliches Beispiel: Durch die Art und Weise, wie ich meinen Sohn liebe, begreife ich, dass mein Vater mich nicht geliebt hat.

In der Kindheit sind wir oft getadelt worden, also hören wir heute Tadel, wenn andere uns gegenüber gesunden Zorn an den Tag legen. Wir fühlen uns kritisiert, wenn andere uns ein vernünftiges Feedback geben. Selbst gesunder Zorn, der sich von jemand anderem auf uns richtet, fühlt sich erschreckend an, wenn er Übertragungsenergie aktiviert. Er kann uns beispielsweise daran erinnern, wie bedrohlich unser Vater uns in unserer Kindheit erscheinen konnte. Die Erinnerung kann bewusst sein (unser Geist erinnert sich) oder auch unbewusst (unsere Zellen erinnern sich). Unsere Angst vor dem Zorn anderer mag uns ständig in Alarmbereitschaft halten, und wir werden so versiert darin, die Dinge zu glätten, dass kein Zorn aufzusteigen vermag. Eine solche Alarmbereitschaft ist an sich bereits eine Form von Schmerz.

Eine Ehefrau kann wie eine Mutter, ein Ehemann wie ein Vater handeln. Dies ist dann so, als würden wir das Leben unserer Eltern aufs Neue leben, statt eigenständige Persönlichkeiten zu werden. Die erotische Leidenschaft zwischen Partnern erlischt schnell, wenn wir füreinander zu Elternfiguren werden. Ist die Übertragung also eine Weise, Intimität zu vermeiden?

Übertragung vermag zu erklären, weshalb wir in Beziehungen, die nicht so gut laufen, länger als nötig bleiben. Vielleicht stempeln wir uns selbst vorschnell als bedürftig oder närrisch ab. Vielleicht harren wir aus, weil wir versuchen, Probleme eines ganzen Lebens aufzuarbeiten, und weil diese Beziehung eine so geeignete Bühne hierfür zu sein scheint. Wir bleiben, weil die matten und flackernden Lichter aus unserer Kindheit noch immer die Bühne beleuchten.

Eine unglückliche, unerfüllte Vergangenheit verlangt nach Trauerarbeit, bevor sie zu den Akten gelegt werden kann. Wenn wir einen Partner finden, der die Erfüllung all dessen, was uns in der Kindheit gefehlt hat, verheißt, fallen wir ihm in die Arme. Er steht für den Partner, der dieses Mal zu uns steht. Und so überspringen wir einfach die erforderliche Trauerarbeit. Trauer wird dann zu dem fehlenden Bindeglied auf unserer Reise zu psychischer Gesundheit. Übertragung lässt das fehlende Bindeglied wie eine Brücke aussehen. Dieser Irrtum hat die Energie eines Tricksters, da er uns letztlich eher den übersprungenen Schritt aufzeigt als uns ihn überspringen lässt. Schon bald sehen wir uns mit dem Partner genau den gleichen Problemen aus unserer Kindheit gegenüber, von denen wir gehofft hatten, sie überspringen zu können. Unter der von uns gebauten Brücke hat unsere Psyche ihre eigene Brücke gebaut, um ihre Ladung in unsere erwachsene Beziehung zu verfrachten. Doch sieh da, das fehlende Bindeglied der Trauer erweist sich als erforderliches Bindeglied zwischen einer verletzten Kindheit und einer gesunden, reifen Vertrautheit.

Zur Übertragung kann es aufgrund der Ähnlichkeit zwischen dem psychologischen Typ der Eltern und dem des Partners kommen. Ein introvertierter Ehemann zum Beispiel kann unser ungeduldiges Warten auf die Zuwendung unseres distanzierten, introvertierten Vaters hervorrufen. Vielleicht fühlen wir uns von einem introvertierten, unerreichbaren Menschen angezogen, weil wir hoffen, ihn – das heißt, Papa – schließlich umdrehen zu können.

Unsere Eltern hatten die Macht über Leben und Tod über für uns. In der frühsten Phase unserer Entwicklung mussten wir ihnen gefallen, um überleben zu können. Wenn wir heute das Elternbild auf jemanden übertragen, kann mit der Übertragung das Bedürfnis zu gefallen einhergehen. Wir legen dem anderen unsere Macht in die Hände, denn Überleben und Gemochtwerden scheinen wie in der Kindheit miteinander identisch zu sein. Auf diese Weise kann unsere unbewusste Übertragung unsere Reifung verhindern.

Vielleicht bemerken wir die Übertragung, wenn wir jemanden idealisieren oder dämonisieren. Bei einer solch primitiven Übertragung sehen wir einen Menschen in dem überlebensgroßen Format, das unsere Eltern in unserer Kindheit für uns hatten. Durch eine derart irrige Identifizierung geschieht es leicht, dass wir unsere Kraft und Gelassenheit entweder dem idealisierten anderen übergeben, der so wichtig für unser Glück geworden ist, oder dem dämonisierten anderen, der so stark für unsere Angst steht sowie für unser Bedürfnis, in der Defensive zu sein.

Vielleicht werden wir es eines Tages hassen, wie viel geistigen Raum diese eine kleine Person in uns eingenommen hat, die wir so aufgebläht haben. Das Format all unserer inneren Figuren muss, ebenso wie das unseres Egos, auf angemessenere Dimensionen reduziert werden, wenn wir jemals frei sein wollen.

Autoritätsprobleme nehmen die Form automatischer Opposition oder fraglosen Gehorsams an. Wir sind dann entweder unfähig zu vertrauen oder übermäßig vertrauensselig. Solche Reaktionen sind häufig Anzeichen für Übertragung von den Eltern. Wir sind noch immer zornig auf die Mutter, die uns so stark kontrollierte. Wir können der Person nicht trauen, die dies tut, denn sie versucht, sich über unsere tiefsten Bedürfnisse, Werte und Wünsche – den Kern dessen, was wir sind – hinwegzusetzen. Ein kontrollierender Vater, der darauf bestand, dass wir seinen Erwartungen gerecht werden, ruft Zorn in einem Kind hervor, und dieser Zorn wird später ein Ziel finden, auf das er sich richten kann, wie etwa den Chef oder irgendeine andere Autoritätsperson. Zorn richtet sich charakteristisch auf Personen oder Umstände und ist infolgedessen begrenzt; Wut ist diffus und ohne Grenzen. Sie bezieht ihre Wucht aus lang angestauten Beleidigungen und Ungerechtigkeiten, die niemals angegangen oder beseitigt wurden. Wenn wir von unseren Eltern unter Druck gesetzt wurden, nicht zu weinen oder Zorn zu zeigen oder Angst zu haben, mögen wir den Glauben angenommen haben, Gefühle seien kontrollierbar. Dieser Mythos kann unsere Versuche – oder unser Bedürfnis – erklären, die Kontrolle zu haben.

Vielleicht haben wir festgestellt, dass wir einer bestimmten Berührung, besonders von einem Fremden, eine größere Bedeutung beimessen, als angemessen wäre. Dies kann ein Hinweis darauf sein, dass wir das Gefühl, akzeptiert zu werden, so sehr brauchen, dass wir aus einer Berührung mehr machen, als gemeint war. Möglicherweise haben wir in unserer Kindheit genau aus solchen flüchtigen Momenten heraus eine Ichempfindung aufgebaut und übertragen jetzt diese Macht auf das Geschehen in der Gegenwart zwischen uns und anderen. Aber es war niemals so gedacht, dass unsere Ichempfindung aus dieser Ecke kommt. Was wir fühlen, kann eine falsche Ichempfindung aus einem fehlgedeuteten Augenblick sein. Traurigerweise steht für manche von uns sogar die Empfindung der Bedürftigkeit als Ersatz für die Ichempfindung. Dann sehen wir den Partner als *Quelle* unseres Glücks und nicht als einen *Kontext,* der unser Glück fördert, wie es in der reiferen Version einer Liebesbeziehung der Fall ist.

Es ist schwer, eine Beziehung loszulassen, selbst wenn sie nicht mehr funktioniert, wenn unsere Identität mit der des anderen verschmolzen ist. *Ist einer der Gründe, warum es so schwer ist loszulassen, vielleicht, dass wir so viel von uns selbst auf den anderen übertragen haben? Dies könnte der Grund für unsere Überzeugung sein, dass wir nicht überleben werden, wenn wir eine Beziehung verlassen oder verlieren.*

Übertragung zeigt sich auch in unserem Irrglauben, etwas habe eine viel größere Bedeutung, als die Signale, die wir empfangen, tatsächlich enthalten. So mag zum Beispiel ein sehr verschlossener Mensch sich vorstellen, er habe eine Freundin, nur weil seine Nachbarin ihn anlächelt, wenn sie sich im Flur begegnen. Er überträgt auf sie seine Erwartungen, die er aus dem Lächeln seiner Mutter oder einer Lehrerin an der Schule entwickelt hatte.

Übertragung wird pathologisch, wenn sie zu Missbrauch oder Schaden für uns selbst oder andere führt. Ein Mensch beispielsweise, der als Kind missbraucht wurde, kann seine niedrigen Selbstwertgefühle auf jemand anderen übertragen und zu dessen Verfolger werden. Das ursprüngliche Opfer hat nun das Gefühl, die Kontrolle zu besitzen (so wie sein Peiniger sie vermeintlich über ihn hatte). Dies ist eine gegenphobische Reaktion, die bewirkt, dass das Opfer/der Täter das Gefühl bekommt, das Übel, das man ihm zugefügt hat, wettzumachen. Diese Art von Übertragung kann ein Persönlichkeitsanteil von Serienmördern sein. Carrol Cole zum Beispiel brachte Frauen um, von denen er glaubte, sie seien zügellos. In seiner Kindheit war seine Mutter promiskuitiv und zwang ihn, ihr beim Sex mit anderen Männern zuzusehen. Später schlug sie ihn dann, um ihn einzuschüchtern, damit er dem Vater nichts davon erzählte. Beachten Sie auch, wie sein Gefühl, als Erwachsener die Kontrolle zu haben, durch Vergeltung bestätigt wurde, den Lieblingsausgleich eines verletzten Egos.

Ein männlicher Partner kann unaufgelöste Wut gegenüber einer Mutter empfinden, die ihn kontrolliert oder missbraucht hat. Als Erwachsener mag er das Spiel von „Verführung und Rückzug" spielen. Er lädt eine Frau in sein Leben ein und scheint für eine feste Bindung zur Verfügung zu stehen, erklärt jedoch immer wieder seine „Zweifel" und bricht die Beziehung ab. Dann kommt er zurück und zieht die Frau wieder herein, nur um sich bald darauf wieder zurückzuziehen. Was geschieht hier? Auf der bewussten Ebene ist er aufrichtig verwirrt. Unbewusst inszeniert er eine Szene von Verführung und Rückzug, eine Szene, die er oft wiederholen kann. Wenn er die Frau verführt, sieht er sie mit nährender Liebe auf sich zukommen. Diese Liebe erinnert ihn an das Verhalten der verschlingenden Mutter ihm gegenüber. Jetzt kann er die Mutter/die Frau, anders als in seiner Kindheit, jedoch zurückweisen. Durch das Abweisen der Frau in der Gegenwart erlangt er letztlich eine Freiheit von seiner erstickenden Mutter in der Vergangenheit. Die kluge Frau wird diesen Zyklus von Verführung und Verweigerung nicht mehr als einmal durchmachen. Der kluge Mann wird zu einem Therapeuten eilen, um an einer Übertragung zu arbeiten, die zu einer Angst vor und Bestrafung von Frauen geworden ist. Natürlich kann die Rollenverteilung auch umgekehrt sein.

Wir mögen freundlich sein und freundlich sein wollen. Doch unser Unbewusstes kann hässlich sein, trotz unserer bewussten Absichten. Wir haben gelegentlich hässliche Gedanken oder tun grausame Dinge. Beides scheint nicht unserem Charakter zu entsprechen und wir fragen uns, „Wo kam denn *das* her?" Es ist, als wären einige unserer inneren Gebiete niemals von den Missionaren der Liebenden Güte erreicht oder von einem zivilisierten Reich kolonisiert worden. Wir hatten beispielsweise nicht die Absicht, aggressiv zu sein, als wir unseren Partner geneckt, gekitzelt oder gekniffen haben. Doch dies sind tatsächlich aggressive, Schmerz hervorrufende Handlungen. Wir sind bewusst spielerisch, aber unser feindliches Unbewusstes hat angefangen, wirksam zu werden. Dies kann eine Erinnerung daran sein, wie unsere sonst liebevollen Eltern oder Geschwister uns in der Kindheit auf ähnliche Weise von der „eigenen Seite" her unter Beschuss genommen haben.

Wir rufen Mutter in München an und ihre ersten Worte sind: „Na endlich rufst du an!“ Wir fühlen uns verurteilt und schuldig. Wir reagieren mit Entschuldigungen, aber sie fährt fort, uns Vorwürfe zu machen. Dann brechen wir in Empörung aus und ein Streit beginnt. Jetzt wird das volle Szenario, das so sehr an unsere Vergangenheit erinnert, wieder durchgespielt. Wir sind noch immer in derselben Art von Beziehung gefangen, der die Liebe fehlt, die sicherlich zwischen uns besteht, die aber in der Zwickmühle zwischen unserer Schuld und ihrem Ärger nicht hervortreten kann. Ist es der Ausdruck dieser Liebe, den wir den Großteil unseres Lebens jeweils im anderen gefürchtet haben? Bewahren der Schuldgefühle-Trip und der daraus resultierende Ärger uns davor, jemals wirklich vertraut miteinander zu sein? Ist das unser Spiel? Eine Alternative zu einem solchen Teufelskreis von Reiz und Reaktion bestünde darin, einfach zwischen beidem einmal lange genug innezuhalten, um den Kreislauf durchbrechen zu können. Eine solche Pause zu machen ist zugegebenermaßen schwer genug, wenn man von der einzigartigen, noch so machtvollen Stimme am anderen Ende der Leitung und unseres Lebens noch so aufgeheizt ist. In jedem Fall können wir in dieser oder einer beliebigen anderen Auseinandersetzung mit einem Partner oder Familienmitglied immer mit unserer eigenen stillen Praxis der Liebenden Güte enden: „Mögen du und ich authentischer lieben. Mögen wir beide von einer erleuchteten Warte aus agieren. Mögen wir (Mögest du) gesund und glücklich sein.“

Ein letzter Kommentar zu dem obigen Beispiel mag uns helfen, einen weiteren Gesichtspunkt unserer selbst zu beleuchten. Unsere kindliche Reaktion auf unsere Mutter zeigt, dass wir ein psychologisches Problem haben, weil wir regressiv und noch immer in der Vergangenheit gefangen sind. Ein anderes Beispiel wäre das von Geschwistern, die sich noch immer wie Rivalen verhalten, anstatt einfach die Gegebenheit zu akzeptieren, dass Eltern manchmal einen ihrer Sprösslinge den anderen vorziehen. Wir können uns fragen, wie viele unserer Probleme aus der Kindheit und wie viele wirklich aus unserer Zeit als Erwachsener stammen. Nicht nur wir sollten reifen, sondern auch unsere Belange. Sobald wir ohne Wenn und Aber Ja dazu sagen können, wie unsere

Vergangenheit abgelaufen ist, und sie wirklich loslassen, schaffen wir Raum für reifere Anliegen, wie etwa dafür, Selbstwertgefühl, erfolgreiche Beziehungen und spirituelles Bewusstsein aufzubauen. *Ist es das, was wir zu vermeiden suchen, wenn wir die Vergangenheit nicht loslassen?*

Unser gegenwärtiger Partner mag als die jüngste Zweitbesetzung für die ursprünglichen Stars im Drama unserer Kindheit fungieren. Wir sollten fragen: „Was sieht meine Seele in ihr/ihm, dass sie/ihn so geeignet für diese Rolle macht? Vielleicht ist sie/er die passendste Vogelscheuche, auf die ich die zerschlissenen Lumpen meiner Vergangenheit hängen kann, Fetzen von Kindheitsversprechen, die nicht eingelöst wurden." Welch eine Ironie, dass wir andere auf diese Weise benutzen können, obgleich sie selbst Integrität und Persönlichkeit besitzen. Es muss wohl so sein, dass Übertragung eine Technik der Seele ist, um über Verluste hinwegzukommen, wie Emily Dickinson sagt:

Die vergrabenen Gestalten, sie bleiben uns,
vertraut – in den Zimmern –
unüberschattet von der Gruft
kommt der modernde Spielgefährte –
in eben jener Jacke, die er trug –
schon lange zugeknöpft im Moder,
seit wir – alte Vormittage – Kinder – spielten …
Das Grab gibt das Geraubte wieder her –
Die Jahre unsere gestohlenen Dinge …

2

WAS ÜBERTRAGUNG BEWIRKT UND WARUM

Gegenwärtige Zeit und vergangene Zeit
sind vielleicht beide gegenwärtig in der zukünftigen Zeit,
und Zukunftszeit ist in Vergangenheitszeit enthalten.

–T. S. Eliot, *Burnt Norton*–

Vieles aus unserer Kindheit mag unsagbar sein, das heißt aber nicht, dass es nicht auszudrücken wäre; trotz unserer Stummheit sorgt Übertragung dafür, dass die Geschichte erzählt wird. Wir agieren das aus, was wir nicht herausschreien können. Wir machen jene ausfindig, die *in loco parentis* stehen: Unbewusst erbetteln wir von unserem Partner, was uns von unserer Mutter verweigert wurde. Die Geschichte unserer Entbehrung muss erzählt werden, bevor uns jemand das Geschenk der Liebe überreichen kann. Wir hoffen, dass der andere unsere Hinweise versteht und das wiedergutmacht, was uns entgangen ist. Wenn das geschieht, fühlen wir uns wahrlich geliebt. Deshalb können wir Liebe leichter bei denjenigen erwidern, die uns verstehen.

Wenn sich unsere Stummheit in Übertragung verwandelt, verhalten wir uns außerdem gegenüber dem Partner, wie sich ein wichtiger Mensch uns gegenüber verhalten hat, damit wir aufzeigen können, was uns widerfahren ist. Wir versagen zum Beispiel anderen Intimität, wenn wir den Part unserer eigenen Eltern spielen, die uns diese nicht zukommen ließen. Wir tun dies nicht, weil wir geizig mit unserer Liebe sind, sondern weil wir uns genötigt sehen, die Welt wissen zu lassen, wie sehr es uns an Liebe gemangelt hat. Erst wenn uns dieser Stein von der Seele fällt, kann sich unser Herz öffnen.

So kann es auch sein, dass wir unseren Partner nicht einfach nur deshalb manipulieren, weil wir Kontrollfreaks sind. Vielleicht stammeln wir einfach nur in Taten anstatt in Worten hervor, wie sehr wir uns durch die harsche Kontrolle unseres Vaters in unserer Privatsphäre verletzt gefühlt haben. Wir zeigen es, statt es zu erzählen, indem wir statt einer Aussage eine Metapher benutzen. Das griechische Wort für „Übertragung" ist in der Tat unser Wort Metapher. Unsere gegenwärtigen Beziehungen sind Metaphern für unsere ursprünglichen Bindungen, sowohl die erfolgreichen als auch die fehlgeschlagenen. Intimität ist die augenblickliche Befreiung von metaphorischen Vergleichen hinein in eine Wirklichkeit jenseits von Vergleichen.

Wir zeigen eher, was uns widerfährt, als dass wir es einfach erzählen. Wir tun dies nicht, weil wir etwas verheimlichen oder lügen wollen, sondern weil wir uns des Einflusses der Vergangenheit und der Weisen, auf die wir diese durch Übertragung wiederholen, nicht bewusst sind.

Die Schlüsselhinweise

Übertragung ist ein Code. Ein Code ist eine volle Erklärung einer Sache, aber in einem geheimen Format, das entschlüsselt werden muss, damit man es verstehen kann. Übertragung enthält komplex verschlüsselte Hinweise auf unsere Vergangenheit, die noch darauf warten, aufgeschlüsselt zu werden. Die Art und Weise unserer Übertragung auf andere ist ein verschlüsselter Hinweis auf das, was in der Vergangenheit geschehen ist. Was wir uns so sehr von einem Partner wünschen, kann ein Code für das sein, was uns bei den Eltern oder dem vorherigen Partner gefehlt hat. Was wir von einer Beziehung erwarten, ist ein Code für das, was in jenen fernen Tagen in der Küche unserer Familie oder in der Scheune mit unserem Cousin oder mit unserer ersten Ehefrau in unserem Flitterwochenhäuschen wirklich geschehen ist.

Übertragung geschieht unbewusst, aber ein Hinweis darauf ist das Gefühl, dass wir etwas wissen, aber nicht wissen, woher wir es wissen. Wir haben ein Gefühl, dass jemand die Macht hat, uns zu verführen oder abzustoßen, aber wir können nicht genau den Finger auf das „Warum" legen. Dieses Warum geht viele Jahrzehnte in unsere Kindheit zurück mit ihren dramatischen Ereignissen und ihrer Besetzung mit Charakteren, die manchmal mysteriös sind, da wir uns über ihre Rolle nicht so ganz im Klaren sind: *Sind sie hier, um mich zu lieben oder um zu verletzen?* Die Erwachsenen in unserer Kindheit waren für uns auch deshalb mysteriös, weil sie sich uns gewöhnlich nicht so offen gezeigt haben wie unsere Freunde. Sie waren einen so großen Teil des Tages abwesend. Wer weiß, wo sie sich aufhielten? Sie verhielten sich einen so großen Teil der Zeit auf eine Weise, die für uns nicht verständlich war. Wer weiß weshalb? Unser Wissen um ihre Motivationen hatte große Löcher, die wir auszufüllen versuchten. Wer weiß, was sie im Schilde führten? So viele Geheimnisse aus ihrer Vergangenheit wurden geflüstert, damit wir sie nicht hören konnten. All dies wurde zu dem rätselhaften „Warum?", das uns heute quält. Dass uns die Auflösung von Kriminalromanen so fasziniert, ist verständlich, wenn man bedenkt, ein wie großer Teil unserer Vergangenheit ein Mysterium gewesen ist.

Die häufigsten Schlüsselhinweise auf Übertragung sind Folgende: stärkere Gefühle, als sie den Umständen angemessen wären, augenblickliche Reaktionen, an einer Beziehung festhalten, wenn sie nicht mehr funktioniert, Besessenheit, unerklärliches Angezogensein oder Abgestoßensein, Unsicherheit hinsichtlich des „wieso und warum", Personalisierung des Handelns des anderen und eine Ähnlichkeit in der Charakteristik all unserer Partner. Außerdem kann die Weise, wie wir unsere Beziehung beschreiben, ein genaues Abbild unserer Kindheit sein. Zum Beispiel „Ich werde hier nicht wirklich wahrgenommen" oder „Ich kann spüren, dass meine Bedürfnisse meistens erfüllt werden". Unsere Worte geben einen Hinweis darauf, wie es um unsere Kindheit bestellt war und wie wir die Beziehung arrangiert haben, die diese Kindheit rekapituliert.

Einen sehr deutlichen Hinweis auf Übertragung geben auch unsere Reaktionen auf Filme. Wir weinen, lachen oder fürchten uns bei bestimmten Szenen und wissen nicht weshalb. Wir werden von einer Szene oder einem Charakter gepackt und können feststellen, dass wir stärker reagieren als es für das, was auf dem Bildschirm vor sich geht, angemessen wäre. Wir beziehen uns auf die Charaktere und Ereignisse als Projektionen unserer eigenen Geschichte. Wir finden heraus, was wir wirklich in ähnlichen Augenblicken in unserem eigenen Leben empfunden haben und wie wir es sogar heute noch empfinden. Wir sind von der Zwangslage des Helden gerührt und vermuten, dass sie unsere eigene ist oder war. Wir hören die Heldin genau das sagen, was wir gesagt hätten, wenn wir uns die Freiheit genommen hätten, dies zu tun. Wir sehen Tränen, die wir hätten vergießen sollen. Wir vergießen Tränen, die darauf gewartet haben, endlich an die Reihe zu kommen.

Unsere Projektionen auf andere sind Hinweise. Es braucht eine Weile zu bemerken, wie viel von dem, was wir sind, in anderen ruht. Übertragung zeigt uns tatsächlich, dass andere Menschen nicht als etwas total anderes da draußen existieren. Sie sind Reflexionen/Projektionen unserer eigenen Geschichte. Sie sind Teil von uns. Sie sind nicht nur „sie" – oder „er/sie" –, sondern auch „ich". Zum Beispiel sehen wir unsere ehemalige Ehefrau und realisieren, dass sie nicht mehr die alte Magie, uns zu verführen und zu erregen, hervorruft. Kein Adrenalinstoß mehr, nur Sachlichkeit, leise Feindseligkeit oder eine warme Freundlichkeit. Was sie für uns geworden ist, zeigt in diesem Augenblick klar und deutlich, dass Projektion, Übertragung und Verschiebung für einen Großteil unseres ursprünglichen Angezogenseins und der Chemie zwischen uns verantwortlich waren. Die feurige sexuelle Energie, die wir Liebe nannten, fühlte sich vor fünfzehn Jahren so echt an. Doch es scheint unmöglich zu sein, sie wieder zurückzugewinnen, noch haben wir das leiseste Interesse daran, es zu tun. Erkennen wir so den Anteil von Übertragung, dann fragen wir uns umso intensiver, wie real diese Beziehung eigentlich gewesen ist. Wie viel des für mich so wichtigen Anderen wurde aus meinen früheren wichtigen Anderen konstruiert?

Wir finden vielleicht einen Hinweis auf Übertragung, wenn wir darauf achten, ob wir genau wie unsere Eltern reagieren, wenn wir zum Beispiel aufbrausen oder aus dem Zimmer stürmen. Übertragungsgefühle überspringen manchmal geradewegs Generationen. Wir sehen beispielsweise viele Züge unseres früheren Mannes in unserem Sohn. Wir können dann einigen Zorn, der sich auf den früheren Mann richtete, an unserem Sohn auslassen. Sowohl körperliche als auch psychische Ähnlichkeit können bei Übertragung eine Rolle spielen.

Ursachen und Auswahl

Übertragung ist eine Landkarte unserer Lebenserfahrung, die das von uns abgedeckte Territorium zeigt und wie wir immer wieder dorthin zurückkehren. Übertragung ist daher rekursiv, das heißt, dass eine Auswirkung auf eine Ursache zurückgeht und wiederum zur Ursache einer anderen Auswirkung wird. Dadurch entsteht ein in sich abgeschlossener Prozess. Das ist selbstzerstörerisch, wenn wir diesen Mechanismus nicht in Aktion erkennen und ihn als das ansprechen, was er ist. Wenn wir ihn ansprechen, dann können wir ihn nutzen, um uns der heimtückischen Beeinträchtigung der Gegenwart durch die Vergangenheit zu stellen.

Wenn wir an der Übertragung arbeiten wollen, müssen wir auf Ursachen unseres gegenwärtigen Verhaltens in der Vergangenheit achten. Von Ursachen sprechen wir im Vokabular von Vernunft und Ordnung. Doch uns steht noch ein anderes Vokabular zur Verfügung. Es ist das der Wahl. Es gibt zum Beispiel eine Theorie, die besagt, dass Kriminelle aufgrund des in der Kindheit erfahrenen Missbrauchs gegen die Gesellschaft aufgebracht sind. Eine andere Theorie sagt, sie seien vollkommen verantwortlich, ganz gleich, was in ihrer Vergangenheit passiert sein mag. Wir müssen jedoch nicht einen Entweder-oder-Standpunkt einnehmen, sondern können die Auswirkungen der Vergangenheit in Betracht ziehen und sehen, wie sie das gegenwärtige Verhalten beeinflussen, ohne dieses zu entschuldigen. Auf ähnliche Weise kombinieren wir Ursache und Wahl, wenn wir unsere psychologischen Probleme betrachten. Die Ursachen unserer Übertragung entschuldigen unsere Wahl nicht, beeinflussen sie aber. Die Arbeit besteht eher darin, den Einfluss zu erkennen, als ihn unbewusst zu lassen. Dann können wir eine neue Wahl treffen, die unsere Verantwortung als Erwachsener widerspiegelt.

Rekursive Übertragung ähnelt der Reise des Helden, auf der unseren Eltern die Rolle zukommt, uns in die Welt hinauszusenden. Unser Zuhause zu verlassen, bedeutet nicht einfach, die Adresse zu wechseln. Es bedeutet nicht, die tiefen Bindungen, die wir zur Familie haben, zu lösen. Das wäre keine wahre Individuation, da es der Natur des Menschseins widerspricht. Unser Heim zu verlassen ist vielmehr eine Metapher für unser Hineinwachsen in das Erwachsensein, indem wir das Kartenhaus zum Einsturz bringen, das wir aus den komplexen Geschichten darüber, wer wir sind und was die Welt uns schuldig ist, aufgebaut haben. Ein solches Nest der Illusionen zu verlassen heißt, den Mut zu finden, „als Flüchtling im Niemandsland" zu wandern, wie der tibetische Meditationsmeister Chögyam Trungpa es formuliert hat. Dies ist ein Land, in dem nichts der Bestätigung der Festigkeit oder der Ansprüche des Egos dient. Das Heim verlassen heißt, eine eingebildete Sicherheit vor Schmerz zu verlassen und sich einer Offenheit für die Gegebenheiten des Lebens, die wir mit einem bedingungslosen Ja annehmen, anheimzugeben. Dieses Wort Ja ist unser Sesam-öffne-dich zum Erwachen, unserem spirituellen Sieg.

Doch, wie uns der indische buddhistische Lehrer Shântideva erinnert: „Wie unreife Kinder weichen wir vor dem Leiden zurück, während wir uns gleichzeitig seinen Wurzeln zuwenden." Die meisten von uns wollen von der Vergangenheit genesen und dennoch wiederholen wir sie immer wieder. Gleichzeitig benutzen wir unsere unbewussten Übertragungsgefühle, um uns nicht mit den Konflikten aus der Kindheit auseinandersetzen zu müssen, die nun im Rahmen der Erwachsenenwelt in der vermeintlich sichereren Beziehung mit einem vertrauten Partner wieder aufleben. Wir halten weiter nach Nestern Ausschau, wo unsere Freiheit doch darin bestünde, uns aus ihnen in das offene Firmament zu stürzen.

Im Unbewussten ist alles im Fluss: Es gibt keine von der Gegenwart getrennte Vergangenheit und Zukunft. Alles rekapituliert das, was vor ihm war, und neigt sich dem zu, was kommen wird – in dem, was David Bohm die Holobewegung *(holomovement)* genannt hat. Zudem erfahren wir die Wirklichkeit nicht als einzelne Stücke, sondern als Quanten, als Ansammlungen von Erfahrung. Nach dem Wissenschaftler und Philosophen Arthur Koestler ist alles ein „Holon", ein Ganzes, das Teil eines größeren Ganzen ist und zugleich mehr als die bloße Summe seiner Teile. Jedes Teil möchte als sein autonomes Ich fortbestehen und am Zweck des Ganzen teilhaben. Übertragung zeigt deutlich, dass jeder Mensch ein Holon ist, ein Teil einer größeren Geschichte, die immer gezeigt, jedoch nicht immer erzählt wird.

Unsere Absicht erkennen

Ich weiß, dass ich die Dinge nicht so sehe, wie sie sind.
Ich sehe die Dinge, wie ich bin.

–Laurel Lee–

Hier folgt nun eine Zusammenfassung des bisher Gesagten mit weiteren Kommentaren, die helfen sollen zu verstehen, wie Übertragung funktioniert:

- Wir erinnern uns nicht einfach mental an ein Ereignis oder an einen Verlust. Wir fühlen das Ereignis oder den Verlust, und das ist ein Signal dafür, dass hier etwas vorliegt, mit dem wir umzugehen und das wir durchzuarbeiten haben, das wir auflösen und dann integrieren müssen. Statt dies zu tun, können wir uns jedoch auf jemand anderen beziehen oder es auf diesen Jemand, der dem Charakter in unserer Geschichte ähnelt, übertragen. In Übertragungsreaktionen wiederholen wir etwas, anstatt uns daran zu erinnern. In diesem Sinne ist unsere Übertragung eine Weise, sich der vollen Auswirkung der Erinnerung zu widersetzen. Wenn wir uns jedoch bei der Übertragung ertappen, können wir üben, uns den Weg zu der Erinnerung zu bahnen sowie zu der Arbeit, die erforderlich ist, mit ihr umzugehen. Auf diese Weise werden wir uns bewusst, wie die Übertragung die Vergangenheit aufleben lässt, sodass wir einen Weg in sie hinein und durch sie hindurch finden können.

- Übertragung geschieht unbewusst, ist aber von unserer Seite aus nicht als Täuschung angelegt. Sie kann uns vor dem direkten Kontakt mit Geschehnissen aus unserer Vergangenheit schützen, die zu erkennen wir noch nicht bereit sind. Geheimnisse sind in manchen Lebensbereichen in der Tat notwendig, wie zum Beispiel im Gebet, in der Kontemplation, in der sexuellen Intimität oder im kreativen Arbeitsprozess. Das Geheimnis der tieferen Bedeutung mag uns vielleicht verborgen bleiben, weil es für Gemüter wie die unsrigen zu mysteriös ist, als dass wir Zugang dazu gewinnen könnten. Wie James Hillman schreibt: „Zurückhaltung und Verschwiegenheit basieren auf dem Unbekannten und Unerkennbaren im Herzen unseres geistigen Lebens."
- Übertragung ist manchmal schwer von den gewöhnlichen Bedürfnissen in einer Beziehung zu unterscheiden. Das liegt daran, dass unsere frühesten Bedürfnisse – zum Beispiel Aufmerksamkeit, Annahme, Wertschätzung, Zuneigung und Zulassen – sich als dieselben Bedürfnisse erweisen, die wir auch in einer intimen Beziehung haben. Übertragung geschieht als unbewusster Rückblick auf unsere ursprüngliche Geschichte und darauf, wie sie sich abgespielt hat. Anstatt einfach auf erwachsene Weise nach Bedürfnisbefriedigung zu suchen, fügen wir Erwartungen und Ansprüche hinzu, die eher einer Eltern-Kind-Beziehung angemessen wären.
- Der Begriff Übertragungs-Widerstand bezieht sich auf unser Unvermögen, Übertragung zu erkennen, wenn wir darauf hingewiesen werden. Wir können Übertragung auch dazu verwenden, die Angst vor dem Wissen um die Vergangenheit zu vermeiden, weil sich ihm zu stellen zu überwältigend wäre. Wir können Übertragung in einer Beziehung benutzen, um uns vor der Erfahrung wahrer Intimität mit einem wahren Menschen zu verwahren. Wir tun dies vielleicht

entweder aus Angst vor einer so großen Nähe oder weil wir dem anderen noch nicht so recht trauen.

- Unsere Übertragungen beeinflussen oder bestimmen manchmal sogar, wie wir andere Menschen sehen. Die meisten von uns gehen mit vorgefassten Meinungen in eine Beziehung. Wenn wir auf die menschliche Bühne hinaustreten, verwenden wir unser eigenes und uns eigentümliches Wörterbuch der Bedeutungen und Mythen. Diese treten als Forderungen, Sehnsüchte und Erwartungen auf und werden zum Rohmaterial der Übertragung. Unsere Sehnsucht, die fünf Aspekte der Kindheit auch in einer erwachsenen Beziehung zu erhalten, ist durchaus nicht närrisch, sondern eher berührend, und sie offenbart die Löcher in unserer Vergangenheit. Unser berechtigter Drang hin zur Ganzheit entsteht aus unserem Gefühl der Begrenzung. Nur weil uns etwas fehlt, suchen wir nach etwas, das das Ego transzendiert. In dieser Hinsicht sind unsere Begrenzungen unserem Wachstum nicht schädlich. Die Lücken in uns sind Kräfte, die uns auf unserer Reise zur persönlichen Erfüllung weiterhelfen. Die Arbeit besteht darin, diese Lücken zu identifizieren, damit wir an ihnen arbeiten können. Dann werden wir eher geneigt sein, mit Thoreau zu einem Partner zu sagen: „Ich werde zu dir kommen, mein Freund, wenn ich dich nicht mehr brauche. Dann wirst du einen Palast vorfinden, und kein Armenhaus."
- Wörter haben eine Bedeutung, eine Wörterbuchdefinition und Konnotationen, also das, was damit mitschwingt oder was davon evoziert wird. So bedeutet das Wort *Mutter* zum Beispiel "weiblicher biologischer Elternteil", aber das Wort ruft sofort Gefühle und Reaktionen in uns hervor, die auf den damit verbundenen Assoziationen beruhen. Diese Assoziationen sind sowohl persönlicher Natur, da sie auf unserer Geschichte mit unserer Mutter basieren, als auch kollektiv, da sie auf der Empfindung basieren, die sich mit dem universellen Archetyp der Mutter verbindet. Übertragung ist Assoziation.
- Übertragung ist kein Problem, sondern ein Ausagieren unserer bleibenden – und legitimen – Kontinuität zwischen Gegenwart

und Vergangenheit. Wir sollten jedoch nicht vergessen, dass die Vergangenheit, so wie sie historisch passiert ist, nicht unbedingt die gleiche Vergangenheit ist, die wir unbewusst mit uns herumschleppen. Wir sind Erinnerungsbanken, die nicht immer unbedingt die genaue Übersicht über ihre Konten besitzen.

- Der Begriff *Übertragung* wird auch in einem medizinischen Sinne verwendet, um auf den Prozess zu verweisen, in dem ein Symptom in einen anderen Körperbereich umgesiedelt wird. Dies ist eine Metapher für das, was in der psychologischen Übertragung geschieht, in der wir unseren Schmerz oft mehr verlagern, als dass wir ihn beseitigen. Zum Beispiel finden wir neue Wege, die Verlassenheit der Kindheit zu empfinden, indem wir in einer Beziehung mit jemandem bleiben, der untreu ist. Nach Außen hin erscheinen wir als der oder die „Treue", aber in Wirklichkeit sind wir wieder einmal das Waisenkind. Ein Waisenkind ist jemand, der die fünf Aspekte der Vertrautheit nicht empfangen hat oder empfängt.
- Die Entwicklungslinie einer Übertragung läuft autonom ab. Unsere intellektuelle Entwicklung muss nicht unbedingt unserer psychologischen Entwicklung entsprechen oder ihr folgen. Übertragung geschieht, ganz gleich wie klug, wie bedacht oder wie gesund wir sind. Übertragung ist eine Tiefenstruktur menschlicher Beziehungen, also ein essenzielles Merkmal, das universal präsent ist.
- Übertragung geschieht, weil Menschen in rhythmischer, fließender Art und Weise miteinander in Beziehung stehen, im Geben und Nehmen, im Hin und Her, in Ereignis und Wiederholung. Auch ohne Probleme mit unseren Eltern würden wir verschieben, projizieren und übertragen, denn wir sind Wesen, die leicht aus der schlauen Umarmung der gegenwärtigen Realität in den verzauberten Griff der Vorstellungswelt entschlüpfen. Wir sollen nicht die Kreativität unserer Vorstellungskraft verlieren, nur aufhören, andere dazu zu verleiten, in unserem Ensemble der Theaterschurken mitzuspielen.
- Übertragung geschieht, weil wir Menschen ganz natürlich Symbolisierung verwenden, um unsere Erfahrung durchzuarbeiten. Ein

einfaches Beispiel ist, wie wir einem Freund oder Therapeuten von einem traumatischen Erlebnis erzählen. Wir benutzen Metaphern und Gesten, die unsere Erfahrung symbolisieren, und finden auf diese Weise Hilfe bei der Durcharbeitung. In der Übertragung symbolisiert ein Mensch aus dem Hier und Jetzt jemanden aus der Vergangenheit, mit dem wir noch etwas zu erledigen haben. Symbolisierung kann in zwei Richtungen gehen. Sie kann zu Verwirrung führen, wenn sie unbewusst bleibt. Doch wenn sie bewusst gemacht wird und wir an dem arbeiten, worauf sie hinweist, dann ist sie transformierend.

- Zu versuchen, mit Übertragung vollkommen aufzuhören, ist, als versuche man das Unbewusste zu eliminieren. Es ist unser Ziel, Übertragung zu erkennen und aus ihr zu lernen, ihre Auswirkungen zu verringern, ihren Einfluss auf unsere Beziehungen zu mildern und daran zu arbeiten, das wieder zu reparieren, was sie als beschädigt offenbart. Darüber hinaus kann Übertragung niemals ausgemerzt werden, noch sollte sie es, da „Vater" und „Mutter" Archetypen in unserem kollektiven Unbewussten sind. Dazu sollten wir anmerken, dass Freud Übertragung anfänglich als eine Neurose und eine Behinderung auslegte, weil sie das Verhältnis zwischen Patient und Therapeut verzerrt. Später erkannte er, dass Übertragung ein schneller Weg ist, Zugang zum Unbewussten zu erlangen. Er erkannte außerdem, dass eine positive Übertragung auf den Analytiker für den Fortschritt des Patienten förderlich sein kann, da der freundliche Therapeut die Rolle eines neuen, verständnisvolleren Vaters oder einer Mutter zu spielen und dadurch der Klientin zu helfen vermag, ihre unerledigten Probleme endlich auf sichere Weise durchzuarbeiten.
- Übertragung ist ein wertvolles Geschenk. Sie ist ein großartiger Bericht darüber, wie unsere Kindheit wirklich gewesen ist, worum es damals in den Interaktionen ging, was wirklich los war, welchen Himmel wir damals fanden oder uns wünschten und zu welcher Hölle wir verdammt wurden oder ihre gerade noch rechtzeitig entkommen sind. Übertragung ist eine Aufzeichnung unserer Kindheit

und unserer Erziehung durch unsere Eltern, die das herausschreit, was wir damals empfunden haben. Sich der Übertragung bewusst zu werden, ist die Gelegenheit, endlich an uns zu arbeiten – die scheinbar verlorene und düstere Vergangenheit zu benennen, sie durchzuarbeiten, aufzulösen und zu integrieren. Wir werden diese Praxis am Ende des Kapitels erkunden.

- Übertragung kann ein befriedigendes Ende haben. Eine Beziehung, die reich an Übertragung ist, kann wesentliche Informationen über die Defizite enthalten, die vielleicht unsere früheren Beziehungen charakterisiert haben. Wir erkennen, dass wir noch immer die Gelegenheit haben, aus ihnen hinauszuwachsen, wenn wir ein Wiederaufleben von ihnen bemerken. Hierzu passt, wie Heinz Kohut, der die selbstpychologische Richtung der Psychoanalyse begründete, Übertragung anfangs definierte: „Übertragung ist die repetitive Tendenz eines verdrängten infantilen Triebes, der sich mit alten Objekten verbindet und der nun auf der Suche nach Befriedigung neue Objekte sucht." Der Psychiater und Schriftsteller Paul Ornstein fügt hinzu: „Übertragung reaktiviert das vereitelte Bedürfnis nach Wachstum." In diesem Kontext kann es in der Übertragung auch darum gehen, wie wir uns gewünscht hätten, dass es früher hätte sein sollen.
- Unser psychologischer Zweck im Leben ist Selbstausdruck innerhalb menschlicher Verbindungen und durch diese. Solange unsere Beziehungen unbewusste Wiederauflagen unserer Vergangenheit sind, befassen wir uns nicht damit, unser Ich auszudrücken, sondern es zu verbergen. Ein gesundes Ego gestaltet einen zweckmäßigen Selbstausdruck gegenüber anderen und der Welt. Dies kann nicht geschehen, wenn wir uns mit Vorstellungsfiguren aus unserer Vergangenheit beschäftigen. Wir werden dann unfähig, uns mit unserer Vergangenheit direkt und bewusst zu befassen. Stattdessen werfen wir alles in den Schrank der Verdrängung und verpflichten auf listenreiche Weise immer neue Spießgesellen, um ihn geschlossen zu halten. Diese Spießgesellen sind die Menschen, die wir lieben oder hassen oder beides, und nie wissen warum.

- Ein „Feld“ ist in der Wissenschaft ein Einflussbereich, ein Kraftfeld, das das Zeit-Raum-Kontinuum aufrechterhält. Einige Felder verändern sich mit der Zeit, um sich neuen Gegebenheiten anzupassen. Die Grenzen eines Kraftfelds sind durchlässig und haben kein fest definiertes Ausmaß. In der menschlichen Psychologie ist Übertragung ein ebenso grenzenloses Feld. Tatsächlich ist jeder von uns ein Energiefeld mit physischen und spirituellen Ausmaßen ohne Grenzen. Wir scheinen nur abgetrennte Wesen mit einer gewissen Größe, einem bestimmten Gewicht und einem eigenen Namen zu sein. In Wirklichkeit sind wir keine Inseln, sondern Meeresarme.
- Freud erkannte, dass Übertragung eine Form von Suggestibilität ist, so wie jene Beeinflussbarkeit, die es ermöglicht, jemanden zu hypnotisieren. Sowohl bei der Übertragung als auch bei der Hypnose geht es um Unterwerfung unter eine höhere Macht. Unterwerfung kann in der Übertragung reizvoll sein, da sie mit einem Gefühl von Sicherheit assoziiert wird: „Solange ich mich unterwerfe und ein Kind bleibe, muss ich mich nicht mit Enttäuschung oder Bedrohung auseinandersetzen, da ich beschützt werde.“ Alfred Adler beschrieb das unterordnende Element in der Übertragung als einen Versuch, uns unserer eigenen Macht zu entledigen und sie in die Hände anderer zu legen.
- Übertragung kann eine Reihe von Improvisationen auslösen. Wenn ich zum Beispiel frage: „Warum verletzt du mich?“, kann das dich veranlassen zu glauben, du würdest mich *tatsächlich* verletzen. Ich könnte dich dann inständig bitten: „Sorge für mich und sei lieb zu mir“, und du könntest dann sagen: „Ich werde deine Mutter/dein Vater sein“. So improvisieren wir den Ablauf eines dramatischen Dialogs, der auf einer ursprünglichen Erfahrung beruht. Der Ablauf kann auch innerlich hergestellt werden. Wenn mich ein Freund zum Beispiel fragt: „Warum bist du nicht eher gekommen?“, kann mich das dazu veranlassen, die Schlussfolgerung zu ziehen: „Ich bin für ihn enttäuschend und genüge ihm nicht“ – eine Reaktion, die aus Kindheitsurteilen über uns übertragen wurde.

- In vielen religiösen Traditionen ist die Rolle des Lehrers oder Meisters bedeutsam. Diese Beziehung ist, selbst innerhalb wohl gewahrter Grenzen, nicht frei von Übertragung. Wir können einen freundlichen oder strengen Vater oder eine ebensolche Mutter in einem Lehrer oder einer Lehrerin sehen. In einem reifen spirituellen Bewusstsein muss eine solche Übertragung die übermittelten Lehren nicht stören. Für Erwachsene sind die Lehren der Lehrer.
- Übertragung, wie auch das Leben an sich, erstreckt sich über Generationen. Unsere Weise, Beziehungen zu pflegen, basiert nicht nur auf den Erfahrungen mit unseren Eltern. Wir haben gesehen, wie sie Probleme und Mythen inszenierten, die sie von ihren Eltern geerbt und in unser Leben gebracht haben. Wer weiß, wie weit ihre Angst, uns zu berühren, zurückreichen mag? Wer weiß, vor wie langer Zeit der Familienwesenszug begann, dessen unwillentliche Erben wir heute sind? Das Gefühl der Kontinuität über die Jahrzehnte hinweg spiegelt sich auch im religiösen und bürgerlichen Leben. Aufeinanderfolgende Konservatoren halten die Glaubensvorstellungen und Traditionen aufrecht. Wir erkennen dies beispielsweise in dem Respekt vor der U.S.-Verfassung im bürgerlichen Leben, in der Übertragung des Dharma von einem erleuchteten Meister auf den anderen, oder in der Weitergabe der Botschaft des Evangeliums in apostolischer Nachfolge.
- Vergangene Ereignisse fühlen sich schmerzlich gegenwärtig an, wenn sie das erste Mal aus der Verdrängung auftauchen. Dies lässt unsere Übertragung wie eine authentische Interaktion aussehen. Wir brauchen uns nicht dafür zu tadeln, dass uns das Eigentliche dabei entgeht. Eine Therapie kann uns helfen, den Sinn in allem zu erkennen.
- Übertragung ist eine universelle Gewohnheit des Unbewussten; daher ist sie ein angemessenes Thema für eine Therapie, da deren Fokus auf dem Unbewussten liegt. Traurigerweise ist das entwickelte Bewusstsein eine so kleine und fragile Komponente der Psyche, dass diese vornehmlich primitiver Natur ist. Wie der Autor Tim Ferris zu Recht bemerkt: „Bewusstsein ist wie ein Lagerfeuer inmitten eines dunklen Australiens."

- Übertragung zeigt uns den Unterschied zwischen bewussten und unbewussten Faktoren beim Treffen einer Entscheidung oder einer Wahl. Wenn wir in der Kindheit Enttäuschungen erfahren haben und unsere Bedürfnisse nicht ausreichend erfüllt wurden, dann kann unsere Motivation, wenn wir jemandem begegnen, den wir anziehend finden oder mit dem wir uns auf einer Wellenlänge fühlen, entweder genau das sein, was wir sehen, oder sie kann zwiespältiger Natur sein:

Bewusst glaube ich, dass dieser Mensch …	*Unbewusst habe ich einen Menschen gefunden, der …*
mir helfen wird, die Erfahrung meiner Vergangenheit zu heilen.	meine vergangene Erfahrung wiederholen wird.
mir das Gegenteil der Erfahrung meiner Vergangenheit verschafft.	meine ursprüngliche Erfahrung neu erschaffen wird.
jemanden aus meiner Vergangenheit durch eine lebendige Alternative ersetzen wird.	ein Doppelgänger von jemandem aus meiner Vergangenheit sein wird, der diesem aufs Haar gleicht.
mich mit allem versorgen wird, das mir in der Vergangenheit gefehlt hat (eine Sackgasse, in der ich versuche, der Arbeit an meiner Vergangenheit aus dem Weg zu gehen).	mich in die Bereiche bringen kann, die in meiner Vergangenheit nicht förderlich waren, sodass ich mich endlich mit ihnen befassen kann, indem ich sie voll ausgespielt sehe, mich erinnere, wie es sich angefühlt hat, es betrauere und es loslasse (ein Weg, um jetzt eine gesunde Beziehung herstellen zu können).
eine Schnellstraße zur Heilung bietet.	mich mit der Arbeit konfrontiert, die ich zu leisten habe.

Wir haben gute Gründe für die Übertragung

Es ist eine alte süditalienische Sitte, nicht mit dem Abendessen zu beginnen, bevor nicht alle Familienmitglieder um den Tisch versammelt sind. Der Vater erlaubt nicht, dass die Mahlzeit beginnt, bevor nicht jeder Erwachsene und jedes Kind an seinem Platz sitzt. Dies kann als eine Metapher für Übertragung dienen. Es scheint, als könnten wir nicht unbelastet mit dem Leben fortfahren, bis nicht alle Familienangelegenheiten geklärt sind, alles auf dem Tisch ist und jeder seinen Platz um ihn herum eingenommen hat. Durch unsere Übertragung versammeln wir unsere Familie um uns herum, jedes Mitglied an seinem ihm eigenen Platz, wobei wir einfach die passenden Charaktere benutzen, um die Plätze der Familienmitglieder um uns herum in der Gegenwart zu besetzen. Unbewusst glauben wir, sobald dies geschieht, und vielleicht nur wenn und weil es geschieht, können wir uns wirklich selbst erhalten und unser Leben zufrieden fortführen.

Wir haben oben bereits festgestellt, dass es positive Gründe für eine Übertragung gibt. Im Folgenden gebe ich einen Überblick über die zehn positiven Gründe, aus denen Übertragung stattfindet:

1. Wir versuchen Probleme abzuschließen, die sich angestaut haben, und wir können sie nicht so leicht mit den Originalcharakteren in unserer Geschichte durcharbeiten. Der Mensch, auf den wir übertragen, ist der Katalysator, der die Arbeit mit unseren alten Angelegenheiten auslöst.

   Wir versuchen verzweifelt, die Geschichte in jedem Detail herauszuarbeiten, eine Geschichte, die nicht einmal uns ganz bewusst ist. Übertragung hilft uns, den Vorhang über unserer Vergangenheit zu lüften. Haben wir uns erst einmal unsere Übertragung bewusst gemacht, dann haben wir einen Weg des Wachstums gefunden, auf dem wir über die Punkte, an denen wir in unserer Familiengeschichte feststecken, hinauswachsen und unsere Wunden heilen können.

   James Hillman schreibt: „Man findet sich in einem Familienmärchen wieder, das weder wahr noch falsch, sondern einfach nur die Vorbedingung dafür ist, dass man als wiedererkennbare Figur in das Familiendrama passt." Unser Leben ist ein Familientheater und Übertragung ist die Art und Weise, auf die das Stück aufgeführt wird.

Das, was noch unerledigt ist, findet einen Weg, herausgearbeitet zu werden, und zwar in dem dreistufigen Übertragungskreislauf: *unbewusste Verschiebung von Gefühlen* wird zu *bewusstem Wiedererkennen dessen, was noch nicht abgeschlossen ist,* und das führt zur *Arbeit an der Vervollständigung.*

2. Schon früh in unserem Leben suchen wir mittels der Übertragung Personen aus, von denen wir hoffen, dass sie jene Bedürfnisse befriedigen können, die unsere Eltern nicht befriedigt haben. So kann zum Beispiel unsere Grundschullehrerin die Rolle eines liebevollen Elternteils eingenommen haben. Ohne Übertragung würde alle Bedürfniserfüllung von jenen zwei kleinen Menschen, unseren Eltern, abhängig sein. Übertragung ist ein Hilfsmittel, das die Eltern mit ihren ach so begrenzten Fähigkeiten für unsere Entwicklung weniger wesentlich macht. In gesunder Übertragung weiten wir das Spielfeld aus. Das ganze Dorf bietet dann Elternschaft, so wie es im Plan der Natur vorgesehen ist. Übertragung dient dem, wozu in früheren Generationen die Großfamilie gedient hat – in der es natürlich auch damals bereits Übertragung gegeben hat.
3. Das Ego ist nicht unveränderlich, sondern ändert und entwickelt sich laufend. Sich selbst treu zu bleiben bedeutet deshalb, in Übereinstimmung mit unseren sich ständig entwickelnden tiefsten Bedürfnissen, Werten und Wünschen zu leben. Ihre Bedeutung begann in der Kindheit. Ein aktives, für die Gesellschaft nützliches Leben kann unsere wirklichen Bedürfnisse überdecken, und so machen wir dann jahrelang weiter, ohne zu merken, dass uns etwas Wesentliches fehlt. Übertragung ermöglicht es uns, auch weiterhin unsere ursprünglichen Bedürfnisse zu erkennen und ihre Erfüllung auf eine dem Alter angemessene Weise anzustreben, was die Essenz persönlicher Entwicklung ist. Dies ist ein

kreatives Unterfangen unsererseits, und Übertragung kann eines der künstlerischen Instrumente sein, die wir verwenden: „Der kleine Junge (in mir) ist noch immer da und besitzt ein kreatives Leben, das mir fehlt“, schrieb C. G. Jung.

4. In einem Alkoholikerzuhause wussten wir vielleicht nie, welche Mutter uns begrüßen würde, wenn wir von der Schule nach Hause kamen. Würde es eine freundliche nüchterne oder die betrunkene, schimpfende oder bedürftige Mutter sein? Die Rolle, die wir in unserem Heim zu spielen hatten, war davon abhängig, wie viel in der Wodkaflasche noch übrig war. Unser Zuhause war damals kein sicherer Rahmen, der uns stützte, sondern ein Angst einflößender Schraubstock, in dem wir ein nach außen dargestelltes falsches Ich aufbauen mussten, um nicht davon zerquetscht zu werden. Wir mussten einen Teil von uns verbergen, um ihn bewahren zu können. Jetzt gehen wir in dem Glauben durch das Leben, dass es uns vernichten würde, wenn wir herausfänden, wer wir wirklich sind. Aber solche Information verletzt uns nicht, sie bildet lediglich ein Sprungbrett, von dem aus wir in das Wachstum hineinspringen können.

Wir werden mit der evolutionären Erwartung geboren, dass jemand für uns sorgen wird. Hat es uns an dem gemangelt, was wir instinktiv als notwendig angesehen haben – insbesondere ein sicheres Zuhause, in dem uns die fünf Aspekte zuteil wurden –, so bleibt uns das Gefühl des Mangels danach für immer erhalten – die Sehnsucht nach etwas, das wir hätten erhalten sollen, das uns aber nie entgegengebracht wurde, nach etwas, das auch heute nie ganz Erfüllung findet. Wir gehen dann so ähnlich wie Emily Dickinson aus unserer Kindheit hervor:

Ich wandelte als Trauernde unter den Kindern …
Ich ging einher … wie jemand,
der ein verlornes Reich beklagt …
noch leise suchend die Paläste, die man mir schuldig blieb …

Wir suchen dann an den falschen Orten nach der Erfüllung unserer Bedürfnisse. Auf diese Weise verarmen wir uns selbst. Wenn wir nach den falschen Dingen Ausschau halten, erhalten wir weniger.

5. Wenn wir bewusst mit Übertragung und Gegenübertragung umgehen, können sie Formen des Mitgefühls sein, indem wir einander mütterliche, väterliche, brüderliche, schwesterliche Augenblicke bescheren. Im Buddhismus werden wir angehalten, alle Wesen gut zu behandeln, da sie in vergangenen Leben unsere Eltern waren. Vielleicht könnten wir diese Aussage auf unsere Partner in diesem Leben anwenden, die unsere Eltern immer wieder für uns ins Leben zurückbringen.
6. Ein Großteil unserer Kindheit ist uns abhanden gekommen oder in unserer Erinnerung verschwommen. Übertragung öffnet uns ein Fenster in unsere früheren familiären Umstände. Im Grunde können wir unsere Vergangenheit rekonstruieren, indem wir untersuchen, was wir heute in einer intimen Partnerschaft denken, sagen, empfinden, erwarten, glauben und tun. Wir handeln wahrscheinlich genau wie unser Vater oder unsere Mutter, oder wir behandeln unseren Partner so, wie wir von unseren Eltern behandelt wurden, oder wir leiten unseren Partner dazu an, uns genauso zu behandeln, wie wir von unseren Eltern behandelt worden sind. Übertragung zeigt uns, wo die Leichen in unserem Keller liegen. Dann können wir die Toten begraben und mit den Lebenden leben.
7. Übertragung ermöglicht es uns, aus einem Theaterstück oder einem Film Nutzen zu ziehen, indem wir eine Katharsis unserer eigenen Konflikte und Gefühle durch jene der Akteure erleben. Unter dramatischer Ironie im Theater versteht man „eine Ironie, die dadurch erzeugt wird, dass sich eine Wechselwirkung zwischen den auf der Bühne dargestellten Ereignissen und den Ereignissen aus Sicht der Zuschauer ergibt“. Übertragung ist eine solche dramatische Ironie. Was für uns wie eine missliche Lage der Schauspieler auf der Bühne oder im Film aussieht, ist

angefüllt mit Bedeutungen aus unserem eigenen Leben. In einem Theaterstück verlassen die Schauspieler am Ende ihres Auftritts die Bühne. In der Übertragung lungert jeder Schauspieler weiter in den Kulissen herum und wartet nur auf das richtige Stichwort, damit er die Bühne wieder betreten und seine Rolle in neuem Kostüm und mit der jeweiligen Situation angepassten Worten weiter spielen kann.

Außerdem werden die meisten von uns niemals Zeuge der wirklich finsteren Verhaltensweisen, zu denen Menschen fähig sind, noch erahnen wir unser Potenzial zu heroischer Liebe. Filme und Theaterstücke zeigen uns das volle Spektrum menschlichen Hasses und menschlicher Liebe. Unsere Reaktionen darauf verraten uns etwas über unsere eigenen positiven und negativen verborgenen Eigenschaften, über unseren Schatten und über unsere eigenen Übertragungen.

8. Übertragung kombiniert Illusion mit Wahrheit. Sie ist illusionär, da sie Zeitabschnitte und Menschen verwechselt. Sie ist real, weil sie anerkennt, dass die Gegenwart tatsächlich die Vergangenheit enthält und dass manche Menschen tatsächlich anderen ähneln. In diesem Sinne ist Übertragung ein Paradox und verweist immer auf Tiefe und spirituelle Bedeutung. Die Tiefe entsteht, weil wir durch die Oberfläche hindurch etwas sehen, das dem oberflächlichen Blick verborgen ist. So sehen wir durch den Augenblick hindurch in die Vergangenheit. Wir blicken durch diesen Menschen auf einen anderen für uns noch wichtigeren Menschen. Die spirituelle Dimension in der Übertragung liegt in der Kombination scheinbarer Gegensätze als Einheit. Die Selbsterkenntnis des Menschen hat sich im Laufe der Jahrhunderte durch drei Phasen hindurch entwickelt. Die erste Phase war der Mythos. Dann lieferte die Religion das Vokabular und die Rituale für unsere Entwicklung. Heute schließlich bringt uns die Tiefenpsychologie Information über unsere Seele. Alle drei Phasen sind auch heute noch notwendig, wenn wir die Reichtümer der menschlich-göttlichen Weisheit erfahren wollen.

9. Die Übertragungserfahrung kann kosmisch/kollektiv sein und nicht bloß persönlich. *Kollektiv* heißt, „nicht auf ein bestimmtes Individuum beschränkt, sondern anwendbar auf alle und charakteristisch für alle Menschen". Zum Beispiel haben Menschen im Laufe der Geschichte gegenüber einer Muttergöttin *Bhakti* (Hingabe) gezeigt. Da nährende Mütter für unser Wachstum so notwendig sind, mögen wir in der Jungfrau Maria, in Kuanyin oder einer anderen Göttin oder Heiligen einen bedingungslos gebenden weiblichen Archetyp gefunden haben, der die Unzulänglichkeiten unserer eigenen Mutter ausglich. Übertragung macht religiöse Hingabe möglich und schenkt uns Zugang sowohl zu ihrem Trost als auch zu ihren Impulsen für ein tugendhaftes Leben. Wir werden diesen Aspekt der Übertragung in einem späteren Kapitel ausführlicher behandeln.
10. Schließlich können wir selbst durch den Umstand gewinnen, dass andere Menschen auf uns übertragen. Sie helfen uns, für uns selbst erkennbarer zu werden. Wir lernen, wie wir für andere aussehen und welchen Archetyp wir durch unser Verhalten repräsentieren. Unsere starken Reaktionen darauf, wie andere uns sehen oder behandeln, müssen nicht zu einer Ego-Verteidigung führen. Wir können durch unsere Aufgeregtheit auch lernen und dadurch geheilt werden:

Der zwitschernde Draht im Blut
singt unter eingefleischten Narben
und schlichtet längst vergessne Kriege.

–T. S. Eliot–

Übung:
Ansprechen, Durcharbeiten, Auflösen und Integrieren

Dies ist die erste von vielen Übungen in diesem Buch. Mit diesen Übungen sollen wir nicht an uns herumhämmern oder -meißeln. Sie sind nicht aggressiv. Wir versuchen nicht, etwas auszumerzen, sondern uns eher zu öffnen. Nach der alten Methode lag der Akzent beim Zähmen eines wilden Pferdes darauf, das Pferd zu „brechen", es klein zu kriegen, ihm zu zeigen, wer der Boss ist, und seinen Geist zu brechen. Heute liegt der Akzent darauf, sich mit dem Pferd „zu verbinden". Der Trainer verwendet ein kooperatives und kein dominierendes Modell. Unsere Übungen bewegen sich in diesem Rahmen. Wir zähmen unser Ego allmählich und ohne Gewalt, wenn auch mit Bestimmtheit.

Wir legen Bemühung und Disziplin in unsere Praxis. Wir vertiefen unsere Arbeit, indem wir anerkennen, dass wir Hilfe von begleitenden Kräften brauchen, transzendenten Kräften, die jenseits des Egos existieren und uns helfen, über das Ego hinauszugehen. Wir können auf eine uns gemäße Weise jede Übung in diesem Buch mit der Anrufung einer höheren Macht beginnen. Wir können um Hilfe bitten, während wir üben, und uns dann bedanken, wenn wir die Übung beendet haben. All dies erkennt die Rolle der Gnade in diesem Prozess an und kann aus unseren psychologisch orientierten Schritten spirituell heilsame Veränderungen machen.

Das Wesen jeder psychologischen Arbeit ist das Ansprechen, Durcharbeiten, Auflösen und Integrieren des vorliegenden Problems. Wenn wir diese zentrale und notwendige vierteilige Vorgehensweise bei der Erledigung unserer unabgeschlossenen Angelegenheiten begreifen, dann mag die Übertragung nicht mehr so heftig einschlagen.

Wir *sprechen* ein Problem *an,* wenn wir es bei seinem Namen nennen. Wir gestehen uns ein, was wirklich vor sich geht und welche Rolle wir darin spielen, das heißt, wir übernehmen die Verantwortung für unser Verhalten und unsere Gefühle. Außerdem sind wir bereit, unsere Verletzungen anzusehen und wie wir vielleicht andere verletzt haben. Wir betrachten unsere Probleme auf freundliche statt auf kritische Weise. Dadurch geben wir ihnen einen Anreiz, mehr über sich zu offenbaren. Das bedeutet, dass wir eine Erfahrung im Blick behalten, statt zu versuchen, sie schnell in Ordnung zu bringen, sie hinter uns zu lassen, über sie hinwegzusehen oder ihren Einfluss zu reduzieren. Wir geben beispielsweise zu, ein Problem mit dem Trinken oder mit Wut zu haben. Wir gestehen, dass unser Partner uns nicht erregt, weil wir uns eigentlich von Menschen unseres eigenen Geschlechts angezogen fühlen. Wir legen unsere Karten auf den Tisch. Wir lassen die Wahrheit ans Tageslicht kommen und bleiben für unsere eigenen Gefühle und die von anderen offen. Wenn ein Kind in einem Schrank eingeschlossen war, wird es wütend herauskommen. Das Aufdecken einer Wahrheit oder eine neue Bewegungsfreiheit setzen die lebendige Energie von Gefühlen frei.

Wir können ein Problem mit jemandem auf zwei Arten ansprechen. Wir können auf freundliche, kultivierte Weise einschätzen, was jemand getan oder gesagt hat, oder wir können auf primitive Weise zurückschlagen. Jemand scheint uns zu drängen; wir können dies als missionarischen Eifer und Zwanghaftigkeit verstehen und Mitgefühl mit der Person empfinden, ohne es ihr jedoch zu erlauben, uns zu kontrollieren. Oder wir können es als Verfolgung oder Aggression werten und den anderen verurteilen und bestrafen. In der Kindheit haben wir meist auf primitive Weise auf das Leben und Ereignisse reagiert. Das ist womöglich noch immer unser Stil, einer, der eher zur Verurteilung als einem präzisen Ansprechen des Problems führt. Als Erwachsene können wir üben, unsere Wahrnehmungsweise sozialer und spiritueller zu machen. Dann sehen wir mit Liebender Güte, ohne uns ein X für ein U vormachen zu lassen.

Wenn unser Partner sich weigert, ein Problem anzusprechen, das auf unsere Beziehung Auswirkungen hat, wird uns eine Information gegeben, der wir uns womöglich nicht stellen wollen. Wir können sagen „Dies muss sich ändern“ oder „Ich hoffe, dass sich dies ändern wird“. Wenn das Problem jüngeren Datums ist, können solche Aussagen helfen, aktiv zu werden und auf eine Veränderung hinzuarbeiten. Wenn die

Probleme schon lange anhalten und nicht verhandelbar sind, können diese Sätze Ausflüchte und Selbstbeschwichtigung sein. Eine Ehefrau zum Beispiel, die sich seit Jahren sexuell verweigert und sich weigert, darüber zu sprechen oder in eine Therapie zu gehen, hat bereits ihre Aussage gemacht. Dieses Problem anzusprechen heißt für uns, die Botschaft zu verstehen und zu fragen „Und was ist jetzt mit mir?“ und nicht „Vielleicht wird es sich ändern“. Es ist wichtig zu beachten, wann die Interaktion beendet ist und persönliche Aktion eine passende Alternative wäre. In dem Maße, in dem wir mehr Mut fassen, wird es wichtiger, im Leben weiter voranzuschreiten, als die narkotische Bequemlichkeit des Status quo aufrechtzuerhalten.

Ansprechen, Durcharbeiten, Auflösen und Integrieren sind die Antworten auf Probleme in Beziehungen. Scheidung wird im Wörterbuch als das offizielle Ende einer Ehe durch völlige Trennung definiert. Geschiedene Menschen haben sich implizit einverstanden erklärt, ihre emotionalen Interaktionen einzustellen, auch wenn Kinderfürsorge oder finanzielle Transaktionen vielleicht weitergehen. Wenn wir uns nicht mehr emotional auf jemanden einlassen, was eine Scheidung bedeuten sollte, dann gibt es keinen Grund mehr, Gefühle gemeinsam durchzuarbeiten. Manche Partner wollen die Vergangenheit, nachdem die Scheidung abgeschlossen ist, wieder hervorholen und sensible Themen wieder aufgreifen. In diesem Fall besteht keine Verpflichtung, mit Ansprechen, Durcharbeiten, Auflösen und Integrieren zu reagieren. Die Interaktionen sind beendet, auch wenn die Wogen der Emotionen noch hoch schlagen mögen. Eine Ausnahme ist dann zu machen, wenn alte Ressentiments einer angemessenen Fürsorge für die Kinder oder einer finanziellen Einigung in die Quere kommen. Andernfalls muss der noch immer in Emotionen gefangene Partner diese in einer individuellen Therapie bearbeiten.

Wenn zwei Menschen ein Problem haben, muss das jedem Menschen einzigartige Timing berücksichtigt werden. Eine Person mag bereit sein, mit einem Problem umzugehen, während die andere noch mehr Zeit braucht. An den extremen Enden eines gesunden Spektrums für das Timing liegen einerseits die Zwanghaftigkeit, eine Sache möglichst gleich anzugehen und zu beenden, und andererseits Verschleppung. Ehepaare und Freunde können mit Differenzen im Timing fertig werden, indem sie das Problem des Timings gemeinsam ansprechen, bevor sie das Problem an sich angehen.

Durcharbeiten heißt, mit der Erfahrung, an der wir arbeiten, verknüpfte Gefühle auszudrücken. Wir tun dies ohne Aggression und verlieren dabei nicht die Kontrolle. Wir übernehmen die Verantwortung für unsere Gefühle, ohne dem anderen die Schuld zu geben. Wir vermögen dann vielleicht die Verknüpfung unserer Erfahrung mit der Vergangenheit zu erkennen, und unsere Gefühle leisten doppelte Arbeit, da wir sowohl die Vergangenheit als auch die Gegenwart fühlen. Durcharbeiten beinhaltet auch, sich bewusst zu machen, welchen Vorteil wir aus unserem Dilemma oder unseren Gefühlen haben. Wir mögen uns beispielsweise in einer Beziehung wütend fühlen, benutzen diesen Zorn aber für einen Gewinn, nämlich den, Intimität zu vermeiden.

Solches Durcharbeiten führt zum *Auflösen,* was auch beinhaltet, dass wir aktiv werden. Die Auflösung vollzieht sich als eine heilende Veränderung, als eine Gnade, die ins Spiel kommt. Es sind nicht wir, die sie geschehen lassen; sie ergibt sich lediglich, denn das Ansprechen und Durcharbeiten führt zu Auflösung des Problems. In diesem alchemistischen Prozess führt der Ausdruck unserer Gefühle dazu, dass sie und all die unerledigten Angelegenheiten, die dahinter liegen, sich in Luft auflösen. Wir lösen aktiv auf, wenn wir die Schritte unternehmen, die zu einer Veränderung führen. Wir nehmen zum Beispiel an einem Zwölf-Schritte-Programm teil, wenn wir ein Suchtproblem haben. Wir brechen die alten Kreisläufe auf und finden neue Verhaltensweisen und eine neue Sicht des Lebens und unserer Beziehungen. Zur Lösung eines Problems in einer Beziehung gehört, dass man Vereinbarungen trifft und sich an diese hält.

Unsere Erfahrung zu *integrieren* bedeutet, unser Leben in Übereinstimmung mit dem, was wir gewonnen und aus dem Ansprechen, Durcharbeiten und Auflösen gelernt haben, neu zu gestalten. Wir setzen etwas in Kraft, woran wir gearbeitet haben. Dies ist die Übereinstimmung dessen, woran wir gearbeitet haben, mit der Art und Weise, wie wir unser Leben leben. Wir leben jetzt auf andere Weise und pflegen unsere Beziehungen ebenso. Unsere Wahl beruhte früher auf unbewussten Problemen; jetzt sind die Probleme ans Tageslicht gekommen. Das Licht, das auf unsere Welt scheint, lässt sie neu aussehen, und wir sind frei, im Einklang mit unseren wahren tiefsten Bedürfnissen, Werten und Wünschen zu leben. Um eine Analogie zu benutzen: Unsere Erfahrung des Abwaschens ist automatisch eine andere, wenn wir ein Abwaschbecken mit Wasserhahn anstelle einer Pumpe vor dem Haus verwenden, oder eine Geschirrspülmaschine anstelle eines Abwaschbeckens. Alles verändert sich, wenn wir Fortschritte machen. *War es das, wovor wir uns die ganze Zeit gefürchtet haben?*

Wir können den Prozess folgendermaßen kurz zusammenfassen: *Ansprechen* führt zu einer Freisetzung von Energie in Form von Gefühlen. *Durcharbeiten* dieser Gefühle führt zu einer Veränderung, sodass sie letztlich verschwinden. Durcharbeiten führt außerdem dazu, Dinge *aufzulösen,* indem Vereinbarungen getroffen werden, um Veränderungen herbeizuführen. Dieser Entschluss führt dazu, dass die Konflikte stärker zu objektiven Tatbeständen werden und nicht so sehr einen Egotrip darstellen. Dann gestalten wir unser Leben neu, um es unseren neu entdeckten Veränderungen anzupassen. Das ist *Integration.*

Wir stellen fest, dass jeder der vier Schritte eine *Pause* ist. Etwas anzusprechen heißt innezuhalten, die Tatsache, den Einfluss, die Bedeutung und die innere Funktionsweise einer Erfahrung zu kontemplieren. Durchzuarbeiten heißt, lang genug pausieren, um all das, was die Erfahrung begleitet, zu fühlen und ihre Verknüpfung mit Mustern aus der Vergangenheit zu erkunden. Wir beschließen, in Zukunft zwischen einem Stimulus und unserer normalerweise sofortigen Reaktion eine Pause einzulegen. Diese Pause ist Freiheit. Wir pausieren an jedem der nächsten Tag mehrere Male, sodass wir das Gelernte integrieren können.

Vielleicht mögen wir den vier Schritten ja nicht folgen. Vielleicht sträuben wir uns dagegen, die Dinge abzuschließen, und ziehen das gewohnte Verhalten der Wiederholung vor. Dann wird dieser Widerstand zu dem anzusprechenden Problem und wir können wiederum die vier Schritte durchgehen. Sie funktionieren wirklich, und sie helfen uns, dass wir uns zutrauen, mit dem umzugehen, was uns das Leben und unsere Beziehungen so vor die Füße werfen. Unser „Oh nein, dem kann ich mich nicht stellen, damit kann ich nicht umgehen!“ wird zu „Ja, ich kann das“.

Die oben angeführte Übung wird möglicherweise nicht in einer Beziehung mit einer süchtigen Person funktionieren, also jemandem, der *Probleme unerledigt lassen will,* was eine seiner Arten der Flucht ist. Wir können nichts anderes erwarten, bis diese Person sich einem Entziehungsprogramm unterworfen hat. Wir werden hängen gelassen – das ist eine der Gegebenheiten in einer Beziehung mit jemandem mit dieser Krankheit. Ein Programm der Anonymen Alkoholiker oder ein gleichwertiges Programm liefert die besten Ressourcen, die uns helfen können, voranzukommen.

Der vorgestellte vierteilige Plan mag vielleicht dann kein wirklich geschicktes Mittel sein, wenn wir ihn voreilig auf unsere Verletzung anwenden, um möglichst schnell „darüber hinwegzukommen“. Manche Ereignisse können uns sehr viel lehren, wenn wir ihnen erlauben, sich zu ihrer eigenen Zeit und auf ihre eigene Weise zur Bearbeitung anzubieten. Mit manchen Erfahrungen muss man eine Weile gelebt haben, bevor sie sich auflösen können. Zwischen Geschehnis und Lösung, Frage und Antwort, Problem und Auflösung ist eine gewisse Zeit erforderlich. Wir wachsen daran, in der Zweideutigkeit dieses Zwischenzustands zu verweilen. Wir erhalten die Gelegenheit, unsere Gefühle voll und ganz zu empfinden und unsere Projektionen und Übertragungen auf recht gründliche Weise kennenzulernen.

Es kann sein, dass sich unser Ich in der Zwischenzeit destabilisiert anfühlt, aber dies kann der Weg zu einem sichereren Gefühl für unsere erwachsenen Kräfte sein. Wir können gestärkt für die nächste gleichartige Herausforderung daraus hervorgehen. In unserem verwirrten Ego-Zustand respektvoll innezuhalten wird zu einer Art von buddhistischem *Tantra,* also der Übung, das Negativste und Neurotischste in uns zum Erlangen der Erleuchtung zu nutzen. In diesem Zwischenzustand zu pausieren kann uns ausweiten, uns ausgleichen und uns vertiefen. Diese drei Vorzüge sind wertvoller als das, was dabei herauskommt, wenn wir sofort benennen, zu schnell durcharbeiten, zu plötzlich auflösen und vorzeitig integrieren. Der Drang, Dinge zu leichtfertig aufzuklären, trägt dem Timing, das alle Dinge benötigen, nicht Rechnung und kann dafür sorgen, dass uns das Geschenk, das die Zeit uns geben kann, entgeht. Bei der Reifung unseres spirituellen Bewusstseins agieren wir eher wie ein Landwirt, der die von ihm angebauten Pflanzen hegt, als wie ein General, der seine Truppen befehligt.

Timing ist ein wesentlicher Bestandteil einer Transformation. Eine Kakifrucht am Baum ist anfangs adstringent. Wenn man sie jedoch ausreifen lässt, wird sie süß. Wenn wir das Timing von Ereignissen und Menschen respektieren, werden selbst unsere Fragen sanfter werden und sich verändern. Wir fragen nicht mehr: „Was hat er oder sie mir angetan?", sondern: „Was bedeutet dies für mich?" Wir fragen nicht: „Warum ist mir dies zugestoßen?", sondern: „Wie hat mir dies geholfen zu wachsen?". In der Tat wird jedes „Warum?" zu einem „Ja, und was jetzt?".

Wenn unaufgelöste Probleme unsere Lebensgeschichte schreiben, sind wir nicht unsere eigenen Autobiografen. Wir sind lediglich diejenigen, die aufzeichnen, wie die Vergangenheit, häufig ohne dass wir uns dessen bewusst sind, weitergeht, indem sie Einfluss auf unsere gegenwärtige Erfahrung nimmt und unsere Ausrichtung auf die Zukunft gestaltet.

–Daniel Siegel, MD–

3

WIE WIR ZUSAMMEN SEIN KÖNNEN

Füge Liebe hinzu …
dann wirst du nicht abgeneigt sein,
dies Paradies zu verlassen, sondern du wirst
ein Paradies in dir tragen, das noch viel schöner ist.

–MILTON, *DAS VERLORENE PARADIES*–

Auch wenn sich in unseren Beziehungen und Interaktionen Übertragung ereignet, ist dies nicht alles, was geschieht. Wir Menschen treten auf zahllose Weisen miteinander in Beziehung. Es gibt drei besonders offensichtliche Weisen, miteinander in Beziehung zu sein. Jede von ihnen beeinflusst, wie wir kommunizieren:

1. *Sachliche* und *direkte* Interaktion ist neutral, basiert auf der Realität und geschieht vollkommen in der Gegenwart. Hier kommunizieren wir als Gebende und Empfangende von Information. „Sachlich" bedeutet nicht kalt oder gefühllos, sondern ein Handeln in Einklang mit dem, was etwas in seinem Reinzustand ist, also bevor wir mit der Bearbeitung begonnen haben.

2. *Übertragung* basiert auf der Erinnerung und wird von der Vergangenheit bestimmt. Hier kommunizieren wir als Agierende und Reagierende in Bezug auf frühere Entbehrung, Erfüllung und Erwartung.
3. Eine *Du-Ich-Beziehung* (auch Ich-Du-Beziehung genannt), basiert auf Intimität und geschieht in der unbearbeiteten Gegenwart. Hier kommunizieren wir als Teilnehmer an der Erfahrung des jeweils anderen, als wirklich präsent füreinander und als Zusammenarbeitende in den Übungen der Liebe. Egozentriertheit erhält die Getrenntheit aufrecht. Die Du-Ich-Beziehung ist Co-Präsenz, wie sie Emily Dickinson in ihrem Gedicht „They put us far apart" beschreibt:

„Ich sehe Dich" antworteten wir einander geradheraus …
Das einzige Rund, das jeder von uns sah,
war das Antlitz des anderen …

Eine einfache Methode zu erkennen, welche der drei Weisen der Beziehung in einem bestimmten Augenblick zum Tragen kommt, besteht darin, ihre jeweiligen Auswirkungen zu unterscheiden:

Ebene 1. *Sachliche Interaktionen* informieren uns lediglich. Es gibt kein plötzliches Aufwallen heftiger Gefühle, auch wenn durchaus eine Empfindung oder ein Gefühl vorhanden sein kann. Die Bindung ist real, aber nicht aufdringlich oder mit starkem Einfluss. Wir projizieren nicht, sondern erleben einfach einen Menschen oder eine Sache auf direkte und reine Weise.

Ebene 2. *Übertragungsbeziehungen* wirken sich auf uns aus. Wir agieren oder reagieren mit starken Gefühlen und normalerweise mit erhöhtem Adrenalinspiegel, was auf ein Ego hinweist, das durch Angst oder zwanghaftes Festhalten angestachelt wird. Die Bindung ist eine von Anziehung oder Ablehnung. Wir tragen zu dem bei, was wir projizieren, und machen mehr daraus, als es in

Wahrheit ist. Manchmal ist die Übertragung so stark, dass nur sehr wenig vom wahren anderen zu uns durchdringt. Dann haben wir keine Vom-Ich-zum-Du-Beziehung, sondern eine Vom-Ich-zu-mir-Beziehung, wobei das „Mir" meine Ansammlung von Projektionen, Annahmen und Übertragungen ist, die nur das Du zu sein scheint!

Ebene 3. *Du-Ich-Intimität* verbindet uns. Wir geben und empfangen Wärme und Geborgenheit, die zu einem gegenseitigen Verständnis füreinander führen. Die Bindung ist eine der gegenseitigen Verpflichtung. Wir gehen mit dem um, was uns in der Realität begegnet, anstatt mit dem, was wir vielleicht darauf projizieren. Wenn wir ärgerlich sind, nimmt unser Ärger nicht die Form eines Schuld zuweisenden Widerparts an, sondern die der Kommunikation eines Gefühls, das leicht mit Liebe koexistieren kann. Die Verbindung bleibt ungebrochen.

Du-und-Ich ist ein Ereignis unmittelbarer Präsenz. Dies ist nicht nur eine Begegnung von zwei Menschen. Es ist unsere Weise, dem *Dazwischen* zu begegnen – also dem Seelenort, in den hinein sich die Persönlichkeit öffnen kann. Unsere Persönlichkeit ist nicht *in* uns, sondern ist ein Geschehen *zwischen* uns und denen, die sich auf uns einstimmen. Das Dazwischen ist die tragende Umgebung, in der sich authentische Intimität ereignen kann. Das Wort *Seele* bezieht sich auf den Bereich des Dazwischen, das heißt, zwischen Bewusstheit und Unbewusstem, zwischen Vergangenheit und Gegenwart, zwischen Zeit und Ewigkeit. Ein Seelengefährte ist jemand, mit dem zusammen wir dieses Dazwischen überbrücken, wie es auch die Metapher des Schutzengels zeigt und verheißt.

Ich will Ihnen ein Beispiel für das Wirken aller drei Ebenen geben:

Ich stehe in der Bank am Kassenschalter, habe aber meinen Einzahlungsschein noch nicht ausgefüllt. Der gleichmütige Kassierer geht mit meinem Versäumnis locker um und gibt mir Gelegenheit, ohne weitere Kommentare den Schein an Ort und Stelle auszufüllen. Ich tue dies ohne Entschuldigung. Dies ist Ebene 1, eine sachliche, direkte Interaktion von beiden Seiten. Während des Ereignisses und danach ist keine Zunahme der Energie in einer der beiden Personen zu erkennen.

Es kann aber auch sein, dass eine gereizte Bankangestellte mich zurechtweist: „Sie müssen erst Ihren Schein ausfüllen, bevor Sie zum Schalter kommen. Sehen Sie nicht das Schild da oben, auf dem das steht." Jetzt fühle ich mich kritisiert und beschämt. Wenn mich dies daran erinnert, wie ich als Kind behandelt worden bin, bringe ich das, was die Kassiererin sagt, auf Ebene 2, übertrage das Gesicht meines Vaters auf ihr Gesicht und werde sofort wütend. Mein Ego sagt mir, dass ich mich zu Recht schlecht behandelt fühle und dass es die Schuld der Kassiererin ist, dass ich mich so fühle. Das neurotische Ego ist der Teil in uns, der uns auf solcherlei Art und Weise verteidigt. Diese Energie steckt wie ein Kloß in meiner Kehle und kann womöglich später am Tage weiter in mir wirken. Die Alternative wäre gewesen, der Kassiererin, ohne sich zu starken Gefühlsreaktionen provozieren zu lassen, zuzuhören und zu sagen: „Danke, ich werde beim nächsten Mal aufpassen." Damit hätte ich die Ebene 2 zurück auf die Ebene 1 gebracht.

Wenn jedoch die freundliche Kassiererin, als dritte Möglichkeit, lächelt, Augenkontakt aufnimmt und den Einzahlungsschein für mich mit einem Kommentar ausfüllt wie „Ist schon in Ordnung. Viele Leute vergessen das, das macht nichts", dann kann ich ihr sachlich danken. Oder ich fühle mich, wie von meiner ewig vergebenden und helfenden Tante umsorgt. In einem solchen Augenblick ereignet sich positive Übertragung, und ich denke vielleicht später noch an diese Kassiererin oder finde sie gar attraktiv. *Wie viel unseres Angezogenseins durch andere, besonders beim ersten Mal, ist wohl ein Nebenprodukt von Übertragung?*

Die Sachebene ist bewusst. Die Übertragungsebene ist unbewusst, bis wir sie wahrnehmen und die Verbindung herstellen zwischen dem, was in der Gegenwart geschieht, und der Weise, auf die es etwas aus unserer Vergangenheit wiederholt. Du-Ich-Beziehung geschieht in einer tiefen innigen Bindung und ist weitgehend willentlich, eine Entscheidung, den anderen zu erkennen und mit ihm einfach so zu sein, wie er ist. Die ersten beiden geschehen mühelos; die dritte Möglichkeit braucht absichtliche Aufmerksamkeit, ja sogar Übung.

Wir können uns außerdem auf eine sachliche Beziehung einlassen, die nicht neutral ist und sich doch auf uns auswirkt. Sie enthält jedoch keine Übertragung. *Bei einigen Menschen gibt es keine Übertragung* und dennoch entstehen aufrichtige Gefühle und die Interaktionen sind wichtig und unvergesslich. Freunde und Kollegen fallen oft in diese Kategorie.

Wenn es starke Gefühle der Anziehung in unserer Übertragungsreaktion gibt, mögen wir versuchen, den Vorgang auf die Ebene 3 einer Du-Ich-Beziehung zu heben. Wenn die dazu auserwählte Person aber darauf besteht, nur auf der sachlichen Ebene zu interagieren, fühlen wir uns zurückgestoßen und werden vielleicht ärgerlich oder traurig. Eine Beziehung kann sich auf gesunde Weise entwickeln, wenn wir in gegenseitigem Einverständnis von Ebene 1 zu Ebene 2 zu Ebene 3 gehen.

Wenn sich zwei Menschen auf der sachlichen Ebene begegnen, dann geschieht entweder nichts weiter oder irgendeine Geste führt zu einer Übertragungsreaktion. Letzteres erzeugt ein Interesse, das sich zu einer Beziehung entwickeln kann. Sobald sich beide durch die Übertragungen hindurchgearbeitet haben, die beide einander entgegenbringen, begegnen sie sich lediglich als die, die sie wirklich sind. Dann wird aus der dramatischen Beziehung die Begegnung zweier einzigartiger Individuen, die frei von Projektionen ist. Dies ist der Höhepunkt der Intimität; es ist eine seltene Beziehung, die nicht durch Übertragung entfacht wird. Es ist eine wundervolle Verwirklichung, wenn das Feuer der Liebe schließlich die Übertragung wegbrennt, sodass nur das Herz spricht und ein wahres Ich-Du erblüht.

Kommunikationsprobleme treten in einer Beziehung auf, wenn ein Partner versucht, etwas auf der sachlichen Ebene auszudrücken und der andere es auf der Übertragungsebene empfängt. Bei einer Scheidung herrscht deshalb oft noch böses Blut, weil das Paar noch immer in Übertragungen verstrickt ist, wo es an der Zeit wäre, sachlich zu werden. Erst wenn beide sachlich miteinander umgehen, können sie vernünftig und freundlichen Herzens agieren. Dann ist schließlich ein Ich-Du zwischen ihnen möglich und sie können sich als Freunde begegnen. Das Gesicht eines Elternteils ist verschwunden und damit auch all das Adrenalin, das beide während so vieler Jahre der Disharmonie in seinen Bann geschlagen hatte. Freiheit von Übertragung ist häufig ein Zugang zur wirklichen Akzeptanz des anderen. Ist es nicht traurig, dass wir manchmal erst miteinander brechen müssen, bevor wir Freunde sein können?

Dieselben drei Beziehungsebenen gelten für die Beziehung zum Göttlichen. Wir mögen auf der intellektuellen Ebene glauben, dass es einen Gott gibt, aber keinen Versuch unternehmen, mit Gott persönlich in Beziehung zu treten noch unser Leben im Einklang mit moralischen Prinzipien zu gestalten. Das ist ein sachlicher oder oberflächlicher Glaube. Wir können uns Gott als eine Ausweitung des Vaters, den wir hatten oder gern gehabt hätten, vorstellen – einen Vater, der für Belohnung sorgt oder der Strafen verhängt, uns segnet und beschützt, wenn wir ihm gehorchen. Dies ist ein Übertragungsglaube. Die Erfahrung einer Beziehung zu Gott in einer Du-Ich-Kommunion durch Hingabe und das Praktizieren von Tugenden ist ein lebendiger Glaube. Wir werden all dies in einem späteren Kapitel genauer erforschen.

Aufgrund unserer unbewussten Übertragungen sind wir nur in seltenen, unbedachten Augenblicken in einer authentischen Du-Ich-Beziehung. Dies ist ein Augenblick, in dem wir den anderen genau so sehen, wie er ist, und der andere sieht uns genau so, wie wir sind. Solange eine Frau nicht frei davon ist, für Mutter oder Vater zu stehen, ist sie noch nicht real für uns. Solange ein Mann nicht frei davon ist, für Vater oder Mutter zu stehen, ist er noch nicht real für uns. Solange nicht jedermann genau der ist, der er wirklich ist – sei es Gott oder ein Mensch –, sind wir nicht in einer vollständigen Beziehung. Das liegt daran, dass der erste Entwicklungsschritt – der darin besteht, sich von den Eltern zu trennen – noch nicht stattgefunden hat. Solange wir andere dazu brauchen, die Elternrollen in unserem Leben zu spielen, haben wir unser Zuhause noch nicht verlassen.

Das wahre Du, das wahre Ich

Alfred North Whitehead behauptete, die Welt sei aus einer Abfolge zahlloser Ausbrüche momentaner diskontinuierlicher Aktivität zusammengesetzt. Er nannte jeden Augenblick ein „wirkliches Ereignis". Vielleicht ist die Du-Ich-Erfahrung einfach ein solches „wirkliches Ereignis", wie alle anderen Wirklichkeiten im Universum.

Bei unserer Übertragung auf jemanden ist die andere Person der Träger unserer Geschichte, unseres Unbewussten. Ein echter Du-Ich-Augenblick ist einer, in dem Übertragung und Projektion verschwinden und alles, was wir sehen, der wahre Mensch ist. Dies geschieht in Augenblicken, in denen wir mit den fünf Aspekten gegenwärtig sind: Wir sind aufmerksam, annehmend, liebevoll und verständnisvoll präsent für den anderen, wobei wir zulassen, dass die Person in diesem Augenblick die ist, die sie ist, statt zu versuchen, sie zu kontrollieren. Wir sind offen, sie so wahrzunehmen, wie sie ist, was sie sagt und was sie empfindet. Auf diese Weise fühlt sich jemand wahrlich von uns geliebt.

In solchen Augenblicken – und es sind meist nur Momente – sind wir gewöhnlich ohne Deckung, weil wir unsere Vergangenheit lange genug loslassen, um hier und jetzt zu sein. Liebe entfaltet sich am besten zwischen zwei realen Menschen, die einander willkommen heißen, ohne dass noch irgendwelche Phantome aus der jeweiligen Vergangenheit in der Nähe herumlungern. Nur dann entsteht Raum für Intimität.

Solche Gegenwartsaugenblicke stellen die innere Welt unserer Psyche, die vielleicht vor langer Zeit deformiert oder beschädigt wurde, wieder her, reparieren sie und bauen sie wieder auf. Dann, durch eine Kombination unserer Arbeit an uns selbst mit der bestätigenden Liebe, die uns andere geben, kann sich eine kohärente Ichempfindung und ein Selbstwertgefühl entwickeln, wie allmählich und schüchtern das auch geschehen mag. Diese Zunahme an Bewusstheit und Selbstdefinierung ermöglicht es, anderen Liebe auf die gleiche bestätigende Weise zurückzugeben. Das schöne Paradox ist, dass wir empfangen und dadurch geben lernen. Dies ist ein anderes Beispiel der vertrauenswürdigen Ökonomie von Vertrautheit. Wir brauchen nichts neu zu lernen, sondern nur zu erneuern. Wir brauchen nichts neu zu geben, sondern nur zurückzugeben.

In einer wahren Du-Ich-Beziehung sind wir in Achtsamkeit unaufdringlich präsent, so wie wir mit Dingen in der Natur präsent sind. Wir sagen einer Birke nicht, sie solle so sein wie eine Ulme. Wir begegnen ihr ohne Zeitplan, nur mit einer Wertschätzung, die zur Teilhabe wird: „Ich liebe es, diese Birke anzusehen“ wird zu „Ich bin diese Birke“ und dann zu „Ich und diese Birke sind Öffnungen für ein Mysterium, das uns beide transzendiert und trägt.“ In solchen Augenblicken verspürt das Ego keinen Drang nach Selbstverherrlichung oder Vorherrschaft. Es wird weder durch Übertragung hervorgerufen noch durch Verteidigungsmechanismen bewacht. Stattdessen entsteht ein Zusammenwirken einzelner Freiheiten in einer einzigen Einheit.

Wie treten wir in Kontakt mit anderen, so wie diese sind und ohne dass uns unsere eigene Porträtmalerei in die Quere kommt? Es ist die achtsame Präsenz, die bei den fünf Aspekten ohne egoistische Geisteshaltungen – Angst, Verlangen, Verurteilen, Interpretieren, Kontrollieren und Fantasie – entsteht. Diese Qualität von Präsenz befreit uns davon, die Menschen in Kategorien einzuteilen oder in Schubladen zu stecken. Dann können wir andere mit Achtsamkeit erkennen und lieben. Vielleicht ist Achtsamkeit nicht nur eine Praxis für uns, sondern auch etwas, das wir empfangen möchten.

Wir können Geisteshaltungen nicht einfach eliminieren, da sie für den Geist natürlich sind. Aber wir können sie in ihre Schranken weisen, anstatt sie zu den Themen und Bezeichnungen unseres inneren Lebens zu machen. Dies tun wir, wenn wir die unseren Geisteshaltungen zugrunde liegenden Reaktionen wahrnehmen und sie benennen, statt auf sie zu reagieren. Achtsamkeitsmeditation ist die Praxis, die uns hilft, dies umzusetzen.

In einer Beziehung können wir voller Achtsamkeit mit einem Problem sitzen und die Geisteshaltungen beiseite fegen, um zu sehen, worum es wirklich geht: „Was ist das Problem mit meinem Partner, ohne die Überlagerung durch Angst und Urteile, durch das Bedürfnis, zu reparieren oder zu kontrollieren, durch meine Illusionen und ohne meine Übertragungen darum herum?“

Geisteshaltungen sind die Gewohnheiten des begrifflichen Denkens. Achtsamkeit unterminiert die Geisteshaltungen und befreit uns dadurch von Dualität, weil sie lediglich das Hier und Jetzt als Realität zulässt. Es gibt keine Einmischung der Geisteshaltung der Angst vor dem „Dort“

oder des Wunsches, „anderswo“ zu sein. Es gibt keine Ablenkung durch die Vergangenheit oder Zukunft, den Treibstoff von Übertragung. Es gibt nur das Jetzt. Liebende Güte zu praktizieren befreit uns von sämtlichen Überresten von Getrenntheit. Auf diese Weise macht uns die spirituelle Arbeit versierter darin, auf projektionsfreie und damit liebevollere Weise in Beziehung zu treten. *Kann ich deine volle Präsenz aushalten, oder werde ich mich weiter hinter meinen Übertragungen verstecken?*

Das wahre Selbst wartet auf die richtigen Bedingungen, bevor es seine bedingungslose Identität offenbaren kann. Wir alle warten auf denjenigen, der zu sagen vermag: „Ich bin nur ich, und du bist nur du, und das ist doch wunderbar.“ Dieses aufbauende und doch völlig momentane Du-Ich enthält eine solche rührende Ironie: Was wir am meisten voneinander brauchen, ist äußerst kurzlebig und flüchtig. Doch niemand ist daran schuld. Augenblicklichkeit ist eine Gegebenheit jeder Du-Ich-Beziehung, die sich wirklich entwickelt.

Shakespeare spielt im Sonett 15 auf diese Gegebenheit des Daseins an:

Alles, was wächst,
steht in Vollkommenheit nur einen kleinen Augenblick …

Die buddhistische Auffassung von Vergänglichkeit spiegelt diese universale Erkenntnis wider. Das tut auch die Achtsamkeit, da sie gewöhnlich in Bewusstheit von Augenblick zu Augenblick erfahren wird, in der wir frei von dem sind, was stabile Bedingungen zu sein scheinen. Lediglich in solchen bedingungslosen Momenten kann bedingungslose Liebe zu einer glaubhaften Möglichkeit für uns werden.

Ein Begriff aus der Algebra mag uns helfen, jene achtsamen Augenblicke in einer Du-Ich-Beziehung besser zu definieren. Eine Asymptote ist eine Kurve in einem Diagramm, die sich zunehmend einer Linie annähert, *ohne sie jemals zu berühren.* Das griechische Wort bedeutet „nie überschneidend“. Vielleicht ist dies eine akkuratere Beschreibung dessen, was in intimen Momenten geschieht. Wir kommen uns immer näher, gelangen jedoch niemals ganz zur Ich-Du-Erfahrung. Bestenfalls erreichen wir Annäherungen. Dieser Begriff aus der Algebra schenkt vielleicht denjenigen Hoffnung, die bemerkt haben, dass es geradezu unmöglich ist, wirklich zu einer absolut authentischen gegenseitigen Anerkennung und einer totalen Präsenz zu gelangen.

Es gibt keine völlige Fusion noch unvermittelte Wahrnehmung, noch völlige Flucht aus dem konditionierten Bewusstsein, aber wir können besser werden. Wir können unsere Geisteshaltungen, Übertragungen und Projektionen lange genug ausklammern, um gut genug zu erkennen, und damit können wir es gut sein lassen.

Achtsamkeit ist ein Bewusstsein von Augenblick zu Augenblick und so ist Kürze durchaus legitim. Achtsamkeit ist die angemessene Etikette inmitten der Vergänglichkeit des Lebens. Achtsamkeit hilft uns, in einer flüchtigen Welt zu lieben. Eine der berührendsten Eigenschaften von uns Menschen ist, dass uns – auch wenn wir die Wahrheit der Vergänglichkeit und des unvermeidlichen Einander-Verfehlens realisieren – das nicht davon abhalten kann, mit aller Macht zu lieben, uns, wie es bei Shakespeare heißt, mit „ehernen Haken" zu binden. Das ist nicht unlogisch, falsch, närrisch oder tragisch. Auf diese Weise setzen wir uns durch bedingungslose Liebe über den Umstand der Vergänglichkeit hinweg. Und auf diese Weise lebt die Liebe fort, ob die Liebenden es tun oder nicht.

Auf jeden Fall ist niemals ein Augenblick trivial, da jeder Moment auf den Ausgang zur Erleuchtung hinweist. Erwachen ist in der Tat ein Augenblick, in dem wir einen Einblick in den unkonditionierten Geist erhaschen, in das, was der Buddha „Nirvâna" nennt, eine vollkommene Freiheit von Anhaften – das Ergebnis unseres völligen Loslassens von irrationaler Angst und abhängig machendem Verlangen. William Wordsworth sah dies als:

Ein Aufblitzen der unsichtbaren Welt:
Ein Innehalten war's des Augenblicks,
was auch in mir geschah, es kam und es verging
so wie in einem Nu …

Übungen:
Präsenz, Achtsamkeit und Liebende Güte

Es folgen nun die psychologischen Übungen, die uns helfen, uns durch unsere Übertragungen hindurchzuarbeiten. Die gleichen Schritte können uns bei der Bewältigung von Beziehungsproblemen helfen, wenn wir sie mit einem Partner üben. Sie bilden die Grundvoraussetzungen für Präsenz, Achtsamkeit und Liebende Güte.

- Wir beginnen damit, einfach die physischen Fakten über den anderen wahrzunehmen, wie er/sie in diesem Moment gerade ist: er steht; er spricht; er winkt mit dem Arm; er blickt nach rechts. Diese Übung des gnadenlosen Fokus auf die bloße Hier-und-Jetzt-Realität ist eine Weise, Übertragung zu durchbrechen, weil wir unsere Aufmerksamkeit auf das begrenzen, was ist, statt uns von dem verführen zu lassen, was wir projizieren. Projektion lässt alles definitiv und unveränderlich aussehen; Aufmerksamkeit auf das Hier und Jetzt zeigt uns, wie alles sich ständig verändert.
- Hiermit verbunden ist, den anderen zu fragen, was sie/er wirklich sagt oder fühlt oder das zu wiederholen, was wir hören, um wirklich sicher zu sein, dass wir richtig verstanden haben. Wir fragen, ob wir recht gehört haben. Dies korrigiert mögliche Fantasien oder Übertragungen in eine Realität.
- Wann immer möglich, machen wir uns unsere Übertragung bewusst und stellen uns ihr, indem wir das Objekt unserer Übertragung als einen Nebeneffekt früherer Geschichten anerkennen.
- Wir bitten andere, uns darauf hinzuweisen, was sie vielleicht als unsere Übertragung auf sie wahrnehmen.
- Wir werden uns dessen bewusst, wenn wir versuchen, etwas in anderen zu finden, was uns in unserer Kindheit gefehlt hat. Wir achten darauf, wie wir versuchen, Augenblicke neu zu erleben, damit wir sie wiederholen oder mit ihnen abschließen können. Einfaches Aufzeigen und Benennen auf diese bewusste Weise hat eine exponentielle Wirkung auf die Klärung unserer Komödie der Irrungen.

Wir verpflichten uns, unsere Übertragungen anzusprechen, durchzuarbeiten, aufzulösen und zu integrieren, so wie es im Übungsteil am Ende des ersten Kapitels umrissen worden ist.

Um zu lernen, für jemanden ohne die Einmischung durch Übertragung präsent zu sein, muss man zuerst die Intention aufrechterhalten, voll auf eine Ich-zu-dir-Weise präsent zu sein. Wenn wir dann tatsächlich mit anderen zusammen sind, können wir uns selbst überprüfen, indem wir die Liste mit den fünf Aspekten durchgehen:

- Bin ich *aufmerksam,* oder überlege ich, was ich als nächstes sagen werde? Bin ich eher in der Defensive oder offen? Bemerke ich Gefühle und Körpersprache, oder höre ich nur Worte?
- *Akzeptiere* ich ihn, wie er ist, oder gebe ich Urteile über seinen Lebensstil oder sein Verhalten ab?
- *Würdige* ich sie, werte ich sie ab oder setze sie herab? Erkenne ich ihren Wert und schätze ihn? Würdige ich den Platz, den sie in meinem Leben hat, oder halte ich sie für selbstverständlich?
- Empfinde ich *Zuneigung* – das heißt *Freundlichkeit* –, oder habe ich Angst vor Nähe und distanziere mich deshalb von ihr? Zeige ich physische Zuneigung auf die angemessene Weise? Zeige ich Vertrautheit, indem ich sie halte und berühre, oder zeige ich sie nur durch Sex?
- *Lasse* ich ihn er selbst sein, oder versuche ich, sein Verhalten zu kontrollieren, indem ich ihn für seine Wahl oder Ausrichtung im Leben zensiere?

Vielleicht erkennen wir zwei automatische Verhaltensweisen, die das Zulassen stören: Wir sehen etwas, das, oder jemanden, der anziehend ist, und wollen es oder ihn haben und festhalten. Das ist Anhaften, das Ergebnis von Bedürftigkeit. Oder wir fürchten uns und fühlen uns abgestoßen und wollen wegrennen: „Nichts wie weg hier!"

In authentischer Präsenz lassen wir den Halte-und-Klammer-Stil los und lassen den anderen kommen und gehen, wann es ihm beliebt. Wir lassen abhängig machendes Festhalten los, während wir weiter in der

Lage sind, andere zu halten und mit ihnen in Beziehung zu sein. Wir bleiben zum Beispiel in einer Beziehung mit einem eher lockeren als einem kontrollierenden Griff, sodass sich die anderen frei und dennoch verbunden fühlen.

Wir lassen die „Nichts wie weg hier"-Flucht los, indem wir uns einfach zugestehen, bei dem zu verweilen, was geschieht, damit die damit verbundenen Gefühle ihren Lauf nehmen können. Wenn wir unsere Gefühle verdrängen oder uns vor der Realität verstecken, versuchen wir uns selbst und die Welt aggressiv zu kontrollieren. Wenn wir zum Beispiel fürchten, eine schlechte Nachricht hinsichtlich unseres Gesundheitszustands zu erhalten, vermeiden wir die entsprechenden Voruntersuchungen. Stattdessen können wir in den sauren Apfel beißen und uns untersuchen lassen, mit all den Gefühlen, die mit dieser Erfahrung einhergehen.

- *Achtsamkeit* wird zunächst in der täglichen Meditation geübt, in der wir still sitzen und einfach unsere Gedanken zur Kenntnis nehmen, statt auf sie einzugehen oder sie abzulehnen. Wir neigen dazu, auf reizvolle Gedanken einzugehen und die unangenehmen zu verbannen. Wenn wir sie als gleichwertig behandeln, hören wir allmählich auf, dieser Neigung nachzugeben, sich auf Ereignisse und Emotionen, die im Laufe des Tages auftreten, zu stürzen oder vor ihnen zu fliehen. Wir können das Unangenehme tolerieren und wir müssen nicht vom Angenehmen abhängig werden. Auf diese Weise hilft uns der achtsame Umgang mit den Gedanken, Gleichmut in unserem Leben zu finden, eine Unerschütterlichkeit angesichts von Stürmen und Stress. Wir sind nicht mehr hin und her gerissen zwischen dem, was uns anzieht, und dem, was uns abstößt. Wir sind kein konditioniertes Ich mehr, sondern sind bedingungslos für das präsent, was in seiner reinsten Geräumigkeit vorhanden ist.

  Wir lassen auch die Geisteshaltungen los, die in unseren täglichen Gedanken so weit verbreitet sind: Angst vor dem, was uns zustoßen könnte; das Verlangen festzuhalten; die Beurteilung anderer; die Versuche, andere Menschen oder die Prüfungen, die das Leben für uns bereithält, zu kontrollieren; und schließlich das Schwelgen in Illusionen, anstatt dem Leben, so wie es ist, und anderen, so wie sie sind, gegenüber loyal zu sein.

Wir bringen das, was wir in der Meditation erfahren, in unser tägliches Leben, sowohl auf kognitiver Ebene wie auch auf der des Verhaltens. Achtsamkeit wirkt sich auf der kognitiven Ebene so auf uns aus, dass wir aufmerksam sind, ohne zu etikettieren. Geisteshaltungen sind „Gedanken über etwas". Achtsamkeit bedeutet, dass wir uns dessen, was wir denken, bewusst sind. Wir beginnen zu erkennen, wie das Denken und die Realität konstruiert werden, und wir lächeln wohlwollend darüber. Geisteshaltungen rufen stressgeladene Gefühlsreaktionen hervor, die auf Angst oder Verlangen basieren. Achtsamkeit verändert unsere emotionale Erfahrung, sodass wir präsent sein können, ohne aus solchen Zwängen heraus zu reagieren. Geisteshaltungen picken sich das heraus, was angenehm ist, und vermeiden das Unangenehme, und sie versuchen damit, die Erfahrung zu kontrollieren. Achtsamkeit zeigt uns Möglichkeiten, eine jegliche Erfahrung zu tolerieren, sodass unsere Ängste zerstreut werden können und unsere Wünsche nicht mehr so fordernd sind. Die üblichen Fluchtwege werden zugunsten von Offenheit gegenüber dem, was ist, aufgegeben. Dieses Einladen der sich ständig im Fluss befindlichen Neuheit in unser Leben erlöst uns von dem Verlangen nach Projektion und Übertragung.

Wir können die Vergangenheit nicht aus der Gegenwart heraushalten. Doch in Achtsamkeit können wir uns auf die Gegenwart beziehen, ohne von den Übertragungen, die unsere vergangene Erfahrung umgeben haben, geblendet zu sein oder an ihnen zu haften. Wir können uns achtsam aus der übertragenen Vergangenheit oder der gefürchteten oder erwünschten Zukunft und der Identifizierung mit diesen lösen. Wir tun dies, indem wir unsere Gedanken benennen und unsere Adrenalin-Reaktionsmuster beruhigen, statt sie aufrechtzuerhalten oder uns ihnen zu widersetzen.

- *Liebende Güte/Mettâ* ist eine Übung im Buddhismus, mit der wir um vier unermessliche spirituelle Gaben für uns und andere bitten können: Liebe, Mitgefühl, Freude und Gleichmut. Wir streben jedes davon, immer eines nach dem anderen, zuerst für uns an, dann für jene, die wir lieben, dann für jene, die uns vielleicht gleichgültig sind, dann für jene, mit denen wir Schwierigkeiten haben, und schließlich für alle fühlenden Wesen. Der Radius unserer Liebe weitet sich auf diese Weise von unserem eigenen Herzen bis zu jenem der ganzen Menschheit aus. Was so getrennt und aufgeteilt erschien, erweist sich jetzt als das, was es wirklich ist: eins. Unser gemeinsames menschliches Streben nach Glück lässt uns unser Einssein erkennen.

Wir können dieselbe Übung benutzen, indem wir jenen, die uns verletzen oder stören, freundliche Gedanken und Wünsche senden. Es ist nicht so, dass wir entweder Liebende Güte praktizieren oder für uns selbst einstehen können. Liebende Güte ist vielmehr eine Zugabe. Wir stehen für uns selbst ein *und* wir vollenden unsere Interaktion mit anderen, indem wir danach trachten, dass sie die Eigenschaften finden mögen, die zur Erleuchtung führen.

Wir können die Übung der Liebenden Güte auf vielfältige Weise gestalten. Liebende Güte ist eine Haltung von Freundlichkeit und Wärme gegenüber allen Wesen. Sie zeigt sich auch in unserem Verhalten. Wir handeln nicht nur in unserem eigenen Interesse, sondern so, dass das Gute im anderen hervorgelockt wird. Wenn unsere Liebende Güte wahrnimmt, dass ein anderer glücklich ist, dann stimmt sie sich eher auf dieses Glück ein, als den anderen darum zu beneiden. Wenn unsere Liebende Güte Schmerz begegnet, dann wandelt sie sich in Mitgefühl. Wenn unsere Liebende Güte erschreckt darüber ist, wie ärgerlich und außer Kontrolle Menschen sein können, dann wandelt sie sich in Gleichmut und wünscht den anderen das Gleiche. Auf diese Weise hilft uns Liebende Güte, andere zu erfahren und uns gleichzeitig für sie zu öffnen.

Wir kombinieren Achtsamkeit mit Liebender Güte, wenn wir die reine Wirklichkeit dessen, wer wir sind, ansehen, anstatt in unseren Konzepten, Neigungen und Überzeugungen gefangen zu bleiben. Wir bleiben für die Offenheit offen. Vollkommene Liebe ereignet sich in diesem namenlosen Reich. Wenn wir versuchen, außerhalb davon zu lieben, im beschränkten Land der Projektionen, Übertragungen und Erwartungen, versagen wir, weil wir aus dem einzigen Land, in dem Liebe entstehen kann, vertrieben sind. Es ist das Land ohne eigenen Namen, ohne festgelegte Religion, ohne ethnische Reinheit und ohne geografische Grenzen. Dort heißen wir, ausgestattet mit unserem Pass von Liebender Güte, jeden unter einem Himmel auf einer Erde willkommen.

In dem Maße, in dem sich die Praxis Liebender Güte in uns stabilisiert, wird sie zu einer Verpflichtung, ja sogar zu einer Berufung. Dann sehen wir in allem, was uns geschieht, und in jeder Weise, wie uns andere behandeln, eine Gelegenheit, noch mehr zu lieben. Jedes Problem und jeder Mensch wird zu einer Öffnung unseres Herzens.

Schaffet ein kleines Stück Paradies auf Erden, indem ihr einander liebt und umarmt und die ganze Welt umarmt. Die Grausamkeit, das Chaos und der Schmerz des alltäglichen Lebens können eure Vision von der immerwährenden, vollkommenen Liebe nicht trüben, solange ihr eure kostbaren Freundschaften bewahrt.

–Aelred von Rieveaulx–

4

REAKTIONEN UND REAGIEREN

Personen, Haustiere, Orte und Gegenstände

Was bedeutet ein Handy für ein Kind, dessen Eltern sich von ihm abwenden, um Anrufe entgegenzunehmen?

Was bedeutet ein Kühlschrank für ein Kind, der gewöhnlich leer oder nur mit Bierflaschen gefüllt ist?

Was bedeutet ein Fernseher für einen Erwachsenen, der einst ein Schlüsselkind war?

Übertragung ist nicht nur auf Menschen beschränkt. Sie kann sich zwischen uns und einem Tier, Ereignis, Ritual, Ort oder Gegenstand ereignen. Wir belegen Gegenstände mit gefühlsgeladenen Bedeutungen.

Ein Kleinkind entdeckt Unabhängigkeit, wenn es von der Mutter wegläuft, aber es trägt eine Decke, die noch ihre Wärme und vielleicht auch ihren Geruch hat. So fühlt es sich sicher. Die Decke oder der Teddybär werden als „Übergangsobjekt" bezeichnet. Ein Gegenstand wird zur Metapher für Fürsorge und Sicherheit.

Unser ganzes Leben lang benutzen wir Übergangsobjekte, um uns zu trösten und um Verbindungen aufrechtzuerhalten, von denen wir glauben, wie bräuchten sie für unsere Existenz. Wir beziehen uns auf unseren Besitz und behandeln ihn, als wäre er eine Ausweitung unserer selbst. Wir benutzen unseren Besitz und manchmal auch unsere Beziehungen oder unsere Kinder, um ein Gefühl von Stabilität aufzubauen. Wir bilden Gott als einen Menschen ab, der uns beobachtet oder auf uns aufpasst. Dies sind alles Metaphern, alles Formen von Übertragung.

Ein Tier, ein Auto, ein Kind können eine ursprünglich wesentliche Verbindung, die wir niemals ganz verlieren wollen, wieder neu schaffen oder repräsentieren. Denn wir kamen in der Tat aufgrund einer Verbindung ins Dasein, nämlich als Folge des sexuellen Verkehrs unserer Eltern. Da Übertragung uns zeigt, wie tief und durchgängig alles in unserem Leben miteinander verbunden ist, könnte man sie vielleicht als eine psychologische Ökologie bezeichnen.

Wir alle wissen, dass manche Gegenstände in unserem Leben als Erwachsene heute so etwas wie ein Teddybär sind und wir uns daran festhalten, weil sie uns ein Gefühl von Sicherheit geben – zum Beispiel ein Ring, ein Rosenkranz, ein Foto, ein Andenken. Dies ist kein Zeichen von Schwäche, sondern eine Anerkennung der Tatsache, dass Gegenstände tatsächlich Bedeutung enthalten und dass Bedeutung uns auf wunderbare Weise in schmerzlichen Zeiten Erleichterung verschaffen kann. Probleme gibt es damit nur dann, wenn wir Dinge als magisch betrachten oder als Ersatz dafür, dass wir selbst auf eine Weise aktiv werden, die es uns ermöglichen würde, unserem Dilemma auf erwachsene Weise zu begegnen.

Vielleicht haben Sie als Student in München gelebt und erinnern sich mit Wehmut daran. Sie assoziieren München mit freigeistigem Leben und stellen sich vor, dass Sie in München das gleiche alte Gefühl unbeschwerter Freiheit erwartet, wenn Sie dorthin zurückkehrten. Sie übertragen tatsächlich die Gefühle, die mit der Jugend einhergehen, auf eine Stadt. Ein Ort ist Ihnen aufgrund von Übertragung teuer geblieben, nicht unbedingt, weil er noch heute so wundervoll für uns wäre. „Das gleiche Alte …" ist jedoch nicht das Gleiche, wenn wir alt sind.

Essen bildet einen Teil der Vermittlung von Emotionen. Vielleicht verbinden wir das, was wir „Essen für die Seele" nennen, wieder mit den warmen Gefühlen unserer Kindheit. Wir bemerken den Unterschied zwischen einem Kaugummi, den wir uns in der Kindheit selbst gekauft haben, und dem besonderen Essen, das uns von liebevollen Eltern oder Großeltern vorgesetzt wurde. Beide kamen aus dem gleichen Umfeld, aber nur das Letztere ist heute mit starken Emotionen besetzt. Wir assoziieren Behaglichkeit mit dem Essen von Nahrung, die uns in einem Rahmen von sicherer und verlässlicher Bindung zuteil wurde.

Festtage besitzen ein Potenzial für Übertragung. Wir erinnern uns an unsere Weihnachten in der Kindheit als fröhlich oder vielleicht enttäuschend. Wenn heute Weihnachten näher rückt, sind wir entweder überaus aufgeregt oder deprimiert, oder beides. Unsere ursprüngliche Erfahrung prägt noch immer unsere Reaktionen auf das Hier und Jetzt. Weihnachten ist ein gutes Beispiel für das Thema von Geben und Empfangen sowie von Kommen und Gehen – beides für die meisten Menschen schwierige Bereiche. Wir erinnern uns, nicht genug bekommen zu haben oder zu viel bekommen zu haben. Eine körperliche Resonanz dieser Erfahrung ist immer noch in unserem Unbewussten vorhanden und taucht in Form von emotionalen Reaktionen jeden Dezember wieder auf, bis wir sie durchgearbeitet und losgelassen haben. Dann wird Weihnachten zu einem *neuen* Festtag mit Auswirkungen und Bedeutungen, die wir heute finden oder ihm zuschreiben, ohne in vergangene Anklänge verstrickt zu sein. Auf diese Weise erfahren wir Weihnachten, wie es für uns in der Gegenwart ist und nicht, wie es für uns in der Vergangenheit war.

Haustiere sind zweifellos geeignete Objekte für Übertragung. Ein Hund tröstet uns, schenkt uns ein Gefühl der Verbundenheit, liebt uns bedingungslos, leistet uns Gesellschaft, muntert uns auf, bleibt loyal und ist bestimmt ein größerer Experte darin, die fünf Aspekte zu geben, als viele der Menschen, die wir kennen. Wir beginnen unsere Tiere als Menschen anzusehen, manchmal als unsere Kinder oder als Partner. Wir hängen an ihnen und sind zutiefst um ihre Sicherheit und Gesundheit besorgt. Sie werden wichtig für unser Glück. Menschliche Bedürfnisse werden durch ein Tier befriedigt. Gegen all dies ist nichts einzuwenden, aber es ist hilfreich, sich über die Dimension der Übertragung klar zu werden. Wie viel unseres Gefühls der Einsamkeit wird von Waldis treuer Präsenz wettgemacht, wenn Hans oder Lisa uns verlassen haben? Wir können darauf vertrauen, dass Waldi an unserer Seite bleibt, statt uns zu verlassen, wie Menschen es manchmal tun. Vielleicht gibt uns diese Loyalität von Waldi das Gefühl, sicher durch das Leben begleitet zu werden? Übertragung kann dann eine Erinnerung daran sein, wie viel uns in unserer Vergangenheit gefehlt hat. Sie gemahnt uns auch daran, wie dankbar wir dafür sein sollten, dass Tiere unsere beklagenswerten Verluste so zuverlässig und bereitwillig aufwiegen.

Wir können uns sehr stark an ein Tier klammern. Unser Verstand und unsere Worte sagen: „Natürlich weiß ich, dass wir verschieden sind und er nur ein Tier ist." Aber auf der Gefühlsebene ist das Tier zu einem bedeutsamen anderen, einem Familienmitglied geworden. Dann nehmen wir eine Beleidigung oder Ablehnung unseres Haustiers persönlich. Wenn wir uns dafür entschieden haben, einen Bereich unserer Psyche an einen Hund abzutreten, dann müssen wir als Erwachsene auch die Tatsache akzeptieren, dass wir uns jetzt nicht nur schlecht fühlen, wenn andere *uns* schlecht behandeln, sondern auch, wenn sie unseren Hund schlecht behandeln.

Unsere Einstellung zu unserem Hund und wie wir ihn – oder unsere Kinder – behandeln, könnte einiges darüber offenbaren, wie wir als Kinder behandelt wurden. Bellt unser Hund zu Beispiel wütend, wenn ein anderer Hund am Haus vorbeikommt, dann versuchen wir vielleicht, ihn darauf zu trainieren, nicht so wütend zu sein. Wir sperren ihn ins Badezimmer ein, wenn er aggressiv bellt. Möglicherweise entspricht das dem Verhalten unserer Eltern, die uns in unser Zimmer verbannt haben, wenn wir in unserer Kindheit Wut gezeigt haben?

Ein anderes Beispiel ist noch subtiler. Besonders wenn wir allein leben, haben wir vielleicht das Bedürfnis, das Haus mit derselben Anzahl von Wesen zu bevölkern, die in unserem ursprünglichen Heim vorhanden war. Also haben wir heute zwei Hunde und eine Katze, während es in unserer Kindheit vier Familienmitglieder gab. Ein Schlüsselhinweis darauf mag sein, dass wie das Bedürfnis verspüren, ein Tier, das stirbt, sofort wieder zu ersetzen. Dies scheint eine Vermeidung von Kummer zu sein, aber es kann Zeichen eines unbewussten Bedürfnisses sein, den „richtigen" Bestand im Haushalt wieder herzustellen. Auf diese Weise ist die Familienstruktur intakt und wir sind weniger einsam.

Erinnern wir uns schließlich daran, dass Tiere in alten Mythen eine wesentliche Rolle bei der Heldenreise spielten. Hunde wurden als Begleiter in die Unterwelt angesehen, die ein Symbol des Unbewussten ist. In Griechenland war ein Hund der Wächter der Unterwelt. In modernen Geschichten war es ein Hund, der Dorothys Reise nach Oz anstiftete und ihr half, die wahre Natur des Zauberers zu erkennen. Und es war das weiße Kaninchen, das Alice in die Unterwelt der Wunder führte, die jene erwartet, die bereit sind, in den Bereich unter ihrem bewussten Leben hinabzutauchen. Nur wenn wir wie Alice zu diesen verborgenen Orten gehen, entdecken wir unsere unerwarteten Dimensionen.

Auch auf der Arbeit

Arbeitnehmer können auf ihren Chef Einstellungen oder Gefühle übertragen, die auf Autoritätspersonen aus der Kindheit oder von anderen Arbeitsstellen zurückgehen. Ein Arbeitnehmer kann dem Tyrannen aus seiner Kindheit heute in Form des Tyrannen als Boss wiederbegegnen.

Arbeitnehmer suchen vielleicht auf zu extreme Weise Anerkennung oder werden unbeugsam und aggressiv. Die unerledigten Emotionen aus vergangenen Erfahrungen mit Autoritätspersonen wirken sich automatisch am Arbeitsplatz aus.

Wenn Chefs ihre Angestellten wie Kinder behandeln, mögen sie unter dem Bann von Übertragung stehen, die sich daraus ableitet, wie ihre Eltern sie in der Kindheit behandelt haben. Ein Chef kann zusätzlich zu der zu leistenden Arbeit auch noch persönliche Loyalität verlangen. Es kann sich auch vorwiegend um einen Fall von Übertragung handeln, wenn es einem Manager nicht gelingt, sich auf die menschlichen Bedürfnisse der Arbeitnehmer am Arbeitsplatz einzustellen.

Ein sachlicher Stil vonseiten eines Chefs gegenüber einem Angestellten führt oft zu Ressentiments, weil er kalt und fordernd wirkt. Dies kann ein Hinweis auf eine Übertragung sein, bei der der Arbeitnehmer erwartet, von einem Chef freundlich oder gar liebevoll behandelt zu werden, wie es eines seiner Elternteile tat. In jeder Situation, in der Menschen auf allzu „professionelle“ Weise miteinander kommunizieren, können Menschen dazu neigen, sich eher wie ein nützliches Objekt behandelt zu fühlen und nicht als ein Subjekt von Respekt, wie in einer Du-Ich-Beziehung. Als Menschen möchten wir in all unseren Interaktionen geliebt werden, selbst wenn die Fakten des Lebens uns das nicht versprechen. Respekt zu verlangen ist jedoch am Arbeitsplatz ebenso begründet wie in jeder anderen Beziehung.

Wir alle wissen, dass wir uns an unserem Arbeitsplatz in einem Unternehmen befinden, das dadurch überlebt, dass es Geschäfte macht, aber aufgrund unserer Übertragungen haben wir auch dort das Gefühl, dass sich familiäre Verbindungen bilden. Unterdessen mag das Management darauf beharren, dass Geschäft nur Geschäft ist. Dies kann leicht zu Konflikten zwischen Arbeitnehmern und Chefs führen, die aus verschiedenen Perspektiven und diversen Wünschen heraus operieren. Allerdings haben japanische Unternehmen gezeigt, dass es das Beste für das Geschäft sein kann, wenn eine Arbeitskraft eine familiäre Bindung zur Firmenleitung empfindet. In dem Maße, in dem wir uns menschlichen Werten verpflichtet fühlen, wird für uns im Geschäftsleben nicht nur der Profit und ein dem Erfolg förderliches Betriebsklima zählen, sondern uns wird auch das Wohl und das Wachstum aller, die darin arbeiten, kümmern.

Für eine Führungskraft oder einen Chef ist es wichtig zu erkennen, inwieweit er oder sie eine Wettbewerbsatmosphäre unter den Arbeitnehmern erzeugt. Gewiss ist es für Arbeitnehmer ebenso wie für Führungskräfte hilfreich, sich der Rivalität unter Geschwistern und entsprechender Übertragungsreaktionen bewusst zu sein. Solange die Übertragung unbewusst bleibt, kann sie Stress verursachen. Sobald sie erkannt ist, können wir uns daran machen, die Dinge zum Besseren zu wenden.

Je mehr ein Chef eine gesunde, kraftvolle Führungskraft ist, desto mehr mögen wir ihn idealisieren und dann von ihm erwarten, eine Elternfigur zu sein – mit all der liebevollen und loyalen Fürsorge, die Eltern geben können. Bei einem patriarchalen Interaktionsstil wird ein impliziter Handel von Gehorsam gegen Fürsorge eingegangen. Im

Managementmodell der Herrschaft wird von uns erwartet, dass wir uns den Richtlinien des Unternehmens im Austausch gegen die Sicherheit des Arbeitsplatzes fügen. Wenn es einem Chef nicht gelingt, uns als reale Menschen zu sehen, und er kontrollierend oder dominierend wird, mögen wir uns gegen ihn auflehnen, wie wir es gegen die Eltern tun würden, wobei wir von der Idealisierung zur Dämonisierung übergehen. Das Übertragungselement in einer Beziehung hilft uns zu verstehen, wie die Dinge am Arbeitsplatz funktionieren oder eben nicht funktionieren.

Die kritischen Worte eines Partners oder Chefs treffen uns weniger, wenn wir nicht mehr in Übertragungen feststecken. Aus kritischen Bemerkungen ist die Luft heraus, wenn der andere keine Familienmacht mehr über uns hat. Wir nehmen sie dann als Information über den anderen und nicht als einen Urteilsspruch über uns. Weniger Reaktivität bedeutet, dass Übertragung uns nicht mehr antreibt oder bremst. (Nach der folgenden Übung sehen wir uns das Thema Kritik genauer an.)

Übung:
Am Arbeitsplatz

Eine einfache Technik, um das Vorhandensein von Übertragung an Ihrem Arbeitsplatz zu erkennen, ist, an zwei positive Eigenschaften und an zwei negative Eigenschaften Ihrer Mitarbeiter oder Ihres Chefs zu denken. Fragen Sie sich, wie diese Eigenschaften zu denen der Familienmitglieder aus Ihrer Ursprungsfamilie oder zu den Eigenschaften Ihres früheren Chefs oder Ihrer früheren Mitarbeiter oder Partner passen. Ist Ihr Chef überkritisch und scheint nicht in der Lage zu sein, ein gutes Haar an Ihrer Arbeit zu lassen? Sie mögen sich erinnern, dass Ihre Mutter sehr kritisch war oder Ihr Vater nicht zufriedenzustellen war. Der Chef lässt beide Erfahrungen gleichzeitig wieder aufleben.

Wie reagieren wir also als Erwachsene? Wir *halten inne,* wenn wir uns über Kritik aufregen. Wir forschen nach dem *Körnchen Wahrheit* in dem Feedback. Wir *verbinden* den Kommentar mit etwas aus unserer Vergangenheit und spüren die dort festgehaltene Energie. Unsere limbische oder emotionale Reaktion könnte sich dann beruhigen und einem erleuchteten Augenblick Platz machen. Wir finden es spannend, noch einen weiteren Schlüsselhinweis auf unsere innere Welt gefunden zu haben, wie er aus unserer Reaktion auf das Verhalten anderer offenkundig wird. Wir heißen die Gelegenheit *willkommen,* damit aufzuhören, auf anachronistische Weise zu leben, und treten bewusster in die Gegenwart ein. Manchmal gibt es keine wirklichen Probleme zwischen uns und anderen, nur unser eigenes Lieblingsproblem, das uns von hinten anbellt. Dann besteht unsere Arbeit daraus, es zu benennen, es durchzuarbeiten, es aufzulösen und zu integrieren.

Wir können über uns selbst lachen und darüber, dass wir noch immer so voller Ehrfurcht vor Autoritätspersonen sind. Dennoch tragen wir es in uns, furchtlos zu sein, so wie in folgendem Beispiel: Sie sitzen an einem Tisch in einem Café und es kommt Ihre Grundschullehrerin herein, die Sie seit über zwanzig Jahren nicht mehr gesehen haben. Sie kommt zu Ihnen herüber an den Tisch, und statt Sie mit einem Lächeln zu begrüßen, sagt sie streng: „Sitz gerade und falte deine Hände auf dem Tisch." Sie fühlen sich nicht verpflichtet, dem Folge zu leisten; Sie fassen es vielmehr als Scherz auf und lachen, ganz gleich, was sie auch beabsichtigt haben mochte. Wenn wir zu einer autoritären Macht in einem solchen Augenblick Nein sagen können, können wir das, zumindest in kleinem Rahmen, auch in anderen Situationen. Wir können das *in diesem kleinen Rahmen üben,* auch wenn die Macht völlig in den Händen der anderen zu liegen scheint.

Schließlich können wir *uns dessen bewusst bleiben,* dass der Arbeitsplatz nicht immer ein sicherer Ort ist, um Selbstbehauptung zu üben. Die Regeln an manchen Arbeitsplätzen gestatten nur schwerlich oder gar nicht ein Aufbegehren, noch erlauben oder fördern sie eine gesunde Offenheit. Wenn ein Arbeitsplatz einschüchternd und unmenschlich ist, ist es an uns, uns einen besseren Arbeitsplatz zu suchen, falls das überhaupt möglich ist. Ist das nicht möglich, leiden wir unter dem fortdauernden Stress und können uns dann zumindest durch Methoden der Stressreduzierung auffangen, auch wenn diese nicht als vollständiges Heilmittel dienen können.

Jeden Tag nach der Arbeit völlig erschöpft zu sein, voller Angst über die Intrigen am Arbeitsplatz, von den Führungskräften oder Mitarbeitern nicht respektiert zu werden – das sind Situationen, die einen Arbeitsplatz zur Hölle machen. So etwas ist ein unangemessener Rahmen für Menschen, die an Selbstwertgefühl wachsen und ihre körperliche Gesundheit erhalten wollen. Es liegt dann an uns, unseren Arbeitsplatz humaner zu machen oder uns anderweitig nach einer Arbeit umzusehen. Unser Körper muss später teuer für all den Stress und Frust zahlen, so wie er heute vielleicht immer noch für eine traumatische Kindheit oder Beziehung zahlt.

Die Regeln des Fair Play, die gesunden psychologischen Techniken, die wir in der Selbsthilfebewegung gelernt haben, die Fortschritte im spirituellen Bewusstsein, die wir in unserem Erwachsenenleben gemacht haben – all solche wichtigen Prinzipien können am Arbeitsplatz völlig inexistent oder gar verboten sein. In manchen Jobs und bei manchen Führungskräften ist alles möglich. Die Entscheidung liegt dann bei uns, ob unser Monatslohn all den Schmerz wert ist, den mancher Job uns aufzwingt.

Der innere Kritiker

Welche Vorstellungen habe ich noch von mir selbst, die eher Reste aus meiner Vergangenheit sind, als dass sie mir heute dienen?

In diesem Buch haben wir uns Hilfsmittel und Schritte angesehen, die uns helfen, Übertragungen zu verarbeiten. Jetzt sehen wir in uns selbst hinein und erkennen die Überreste, die Botschaften der Eltern aus unserer Vergangenheit, die bis heute in uns verbleiben und einer entsprechenden Klärung bedürfen. Wie verstehen wir und wie begegnen wir unserem eigenen inneren Kritiker? Wie argumentieren wir dagegen, statt bei den Lügen und Halbwahrheiten nur den Mund zu halten?

Kritik ist das Gegenteil von Anerkennung, die wir uns alle wünschen. Kritik verletzt uns, weil sie alle drei Teile des Trios des Spiegelns aufhebt. Wir werden nicht gefördert, wir werden in unserer Unzulänglichkeit nicht getragen, sondern stattdessen dafür getadelt. Wir werden nicht in allem verstanden, was wir sind, sondern nur in jenem einen Bereich, der da beurteilt wird. Und wir fühlen uns mit Sicherheit nicht in Verbindung mit dem anderen.

Wenn die Eltern oder frühere Partner uns fortlaufend verurteilt oder herabgesetzt haben, kann es sein, dass wir ihre Schmälerungen introjiziert haben. Der Begriff „introjizieren" stammt von einem lateinischen Wort, das „nach innen werfen" bedeutet. Der Begriff besagt, dass wir das, was uns von der Kritik anderer trifft, so weit in unser Inneres hineinlassen, dass wir nun glauben, es stamme aus uns. Wenn wir es dann von unserer eigenen Stimme hören, die aus unserem eigenen Geist heraus spricht, wird das Ganze noch verstärkt. Wir verprügeln uns selbst mit den Waffen anderer.

Kritische Bemerkungen, die introjiziert werden, sind von jener Art, die uns eher mit unserem Versagen beschämt, als dass sie uns hilft, dieses zu überwinden. Solche Bemerkungen sind dadurch charakterisiert, dass sie allgemein und zeitlos formuliert sind: Wir sind „durch und durch schlecht" und waren es schon immer. Das Gefühl der Hilflosigkeit, das wir empfunden haben, als diese Behauptungen auf uns eingehagelt sind, kann uns später dazu bringen, zu überkompensieren, indem wir versuchen, über alles in unserem Leben die Kontrolle zu behalten.

Unseren eigenen Sinn für Kritik entwickeln wir nicht vor dem siebten Lebensjahr, und so dringt das, was wir von unseren Eltern gehört haben, in unsere Psyche ein und bleibt dort erhalten, wie beleidigend oder herabsetzend es auch gewesen sein mag. Es mangelte uns zu der Zeit an den Werkzeugen, das herauszugreifen und auszuwählen, was wir hereinlassen wollten. Nach dem siebenten Lebensjahr haben wir vielleicht weiter daran geglaubt, was man uns früher gesagt hat, weil wir uns der elterlichen Autorität gegenüber verpflichtet fühlten und Angst hatten, ihr Einverständnis zu verlieren. Dies bewirkt, dass unsere innere Selbstkritik so eingewurzelt, anhaltend und weitreichend ist. Das wahre Ich ist empfindlich, lässt sich leicht einschüchtern und beginnt durch Jahre der Gehirnwäsche zu glauben, es sei gefährlich, wenn es zutage treten würde. Es geht bereitwillig in den Untergrund, bis es das

„Alles klar“ hört, das von den fünf Aspekten der Liebe eines Menschen kommt, dem wir trauen.

Unsere Mutter ist sowohl eine Gestalt aus unserer Vergangenheit als auch eine innere Gestalt. Um die Kritik von der Mutter zu klären, muss man zuerst die internalisierte Form klären, die Imago ihres kritischen Ichs in unserem Innern. Übertragung gibt uns die Gelegenheit, dies durch andere zu tun, aber das ist ein gefährliches Spiel. Es ist verantwortlicher und effektiver, wenn wir diese Klärung durch unsere eigene Arbeit an uns selbst erledigen und nicht durch Faksimilies.

Die Gefahr liegt nicht in dem, was unsere Mutter damals gesagt hat, sondern darin, wie wir an der kritischen Stimme noch heute festhalten oder nach Menschen Ausschau halten, die sie imitieren. Wir verhalten uns so, weil uns Kritik vertraut ist und sie uns eine Verbindung mit der Vergangenheit und ein Gefühl der Kontinuität vermittelt. Wir halten noch immer eine Loyalität gegenüber den einzigen Eltern aufrecht, die wir hatten, wie unzulänglich sie auch gewesen sein mögen. Wir kämpfen gegen all dies an, wenn wir vor der Stimme fliehen, die so sehr ein Teil unserer selbst geworden ist.

Ein strenger innerer Kritiker bewirkt, dass die Kritik, die wir von anderen in unserem gegenwärtigen Leben hören, uns stärker trifft. In dem Maße jedoch, in dem wir an uns arbeiten, beginnt sich dies zu verändern. Zum Beispiel wirkt sich die Kritik der Mutter am heutigen Tag nicht mehr so stark aus wie in der Vergangenheit. Wenn sie uns noch immer verletzt und provoziert, ist unsere Arbeit noch nicht beendet. So sollte eine „getane Arbeit“ aussehen: Ihre Worte geraten in Vergessenheit, sie sind eine bloße Erinnerung, Information darüber, wer sie heute noch ist, aber sie besitzen keine uns überwältigende Kraft mehr. Was zuvor so stark aufgeladen war, hat nun keine Macht mehr über uns. Die verletzenden Worte finden keinen Eingang mehr in uns. Das neue Zentrum der Einschätzung unseres Verhaltens liegt nun in unserem eigenen Gewissen und ist nicht mehr davon beeinflusst, was andere von uns denken mögen, wie eng unsere Beziehung auch sein mag. Wir haben unser Gefühl der Kraft, unser Gefühl der persönlichen Autorität, wiedergewonnen.

Familienmitglieder kritisieren uns vielleicht, wenn wir ehrlich von uns erzählen oder ein ernsthaftes Thema erörtern wollen. Eine gesunde Reaktion wäre anzuerkennen, dass ein Gespräch auf solche Art unmöglich ist und deshalb giftig, frustrierend oder verletzend für uns wäre. In einem solchen Fall ist es notwendig, unsere Unterhaltungen auf Small Talk zu reduzieren. Wir tragen am besten Sorge für uns, wenn wir die Grenzen der anderen kennen und entsprechend handeln. Wir halten uns von jedem Thema fern, das zu Kritik an uns oder zu unangemessen Gefühlen in anderen führen kann. Dies ist keine Feigheit unsererseits. Es ist Respekt für den rechten Zeitpunkt und den Raum für freie Rede sowie eine weise Art, Frieden zu wahren.

Wir mögen feststellen, dass eine bestimmte Verwandte ständig gemeine Dinge zu uns sagt oder uns kritisiert. Unsere Beziehung scheint vergiftet zu sein und wir fragen uns, ob es nicht ein Zauberwort gäbe, das wir sagen könnten, damit sie aufhört und sich ein wirklicher Dialog entwickeln kann. Vielleicht haben wir das Problem bereits angesprochen, aber nichts hat geholfen. Wir üben dann nur mit uns selbst: Wir bleiben in unserer Integrität verankert, ohne zurückzuschlagen, und verbringen nicht mehr Zeit als nötig mit der Person. Außerdem nehmen wir sie namentlich in unsere Praxis der Liebenden Güte mit auf.

Eine kritische Sicht auf uns ist oft Ausdruck einer Voreingenommenheit innerhalb der Familie, die darauf basiert, welchen Eindruck wir in unserer Kindheit gemacht haben. Ich gebe Ihnen hier ein Beispiel von drei Schwestern, die sich mit einem Familienmythos herumzuschlagen haben: Die eine wird für knauserig gehalten, obwohl sie ihren gerechten Anteil zu den Familienangelegenheiten dazugibt und im Laufe der Jahre sogar mehr beigetragen hat als andere. Eine andere gilt als nicht besonders klug, obwohl ihre Intelligenz durch eine kürzlich durchgeführte Fortbildung und Lebenserfahrung zugenommen hat. Die dritte wird als Lügnerin betrachtet, obgleich sie heute die Wahrheit sagt. In den meisten Familien bleibt der ursprüngliche Eindruck unseres Verhaltens bestehen und wird zu einer Voreingenommenheit darüber, wer wir sind, von der wir uns nie ganz befreien können. Dies ist ein Beispiel dafür, wie das Bedürfnis nach Wiederholung zum Drücken unserer Knöpfe wird.

Die Alternative wäre gewesen, mit den fünf Aspekten zu beginnen, statt nach Dingen Ausschau zu halten, mit denen man uns tadeln könnte. Tadel ist das Gegenteil von Liebe.

Seltsamerweise halten wir in der Übertragung nach Partnern und Beziehungsszenarios Ausschau, die den Familienmythos über uns bestätigen können. Den Familienmythos außer Kraft zu setzen, mag sich für uns wie Illoyalität gegenüber unseren Eltern oder unserer Familie anfühlen. Der dörflich verwurzelte Anteil unserer Psyche schreckt vor dieser Möglichkeit zurück, da mit ihm das Bild unserer selbst als Parias, Waisen oder Vertriebenen einhergeht. Dummerweise fürchten wir genau jene Archetypen, die in der Mythologie für den Ausstieg und die Selbsterneuerung stehen.

Der *innere* Kritiker ist der Hauptschuldige. Er hat an den Mythos geglaubt und versucht nun, ihn zu beweisen. Diese internalisierte Kritik – der Selbsttadel – verleitet uns dazu, unsere eigenen inneren Motive und Impulse zu fürchten und uns gegen sie zu wenden. Wir werden zu Richtern und Henkern, statt ein fürsorglicher Mittler oder ein fairer Zeuge für unser Verhalten zu sein. Innere Überzeugungen werden dermaßen zur Gewohnheit, dass wir glauben, sie wären gültig. Innere Urteile werden so zur Gewohnheit, dass wir schließlich davon überzeugt sind, sie seien gerecht.

Unsere Warnung vor dem inneren Kritiker sollte uns jedoch nicht daran hindern, zu einer ehrlichen Sicht unserer selbst zu gelangen: Indem wir gnadenlos ehrlich mit uns selbst sind, kann unsere Selbsterkenntnis weiterhin sehr zunehmen. Wir können noch so sehr in unserer Selbsterkenntnis wachsen, wenn wir gnadenlos ehrlich mit uns selbst sind. Wir können in der Tat arrogant, gemein und eigennützig in unseren Ansprüchen an andere sein und zur Wiederholung von Fehlern neigen. Wir sind schon so gewesen und wir können es auch wieder sein. Wir suchen bei dieser Selbsterforschung weder nach Bestrafung noch nach Entschuldigung, sondern einfach nach Offenheit für unsere menschliche Befindlichkeit der Verwirrung und der gelegentlichen Missetaten. Auf der spirituellen Ebene wachsen wir, wenn wir unsere Bereitschaft, unsere Unzulänglichkeiten anzuerkennen, mit der Verpflichtung ausgleichen, weiter an uns zu arbeiten. Eine solche Verpflichtung bedeutet, dass wir uns fortlaufend dieser Arbeit widmen und nicht glauben, irgendwann zu einer endgültigen Verwirklichung gelangt zu sein. Diese Hingabe ist ein direkter Weg zum Gleichmut, zu geistiger Gesundheit und Erwachen.

Menschen mit einem starken inneren Kritiker sind oft auch überkritisch gegenüber anderen. Es ist eine spirituelle Praxis, uns selbst zu hinterfragen, unsere Worte und unser Verhalten zu untersuchen und zu beobachten, ob wir missbilligend sind. Die Gefahr bei der Verurteilung anderer hat drei Ebenen:

- Wir verletzen die Gefühle der anderen.
- Wenn wir andere als Stereotype ansehen oder voreilige Schlussfolgerungen über sie ziehen, können wir womöglich nicht sehen, was sie uns zu lehren haben. Uns entgehen auch intime Augenblicke mit ihnen und wir erkennen nicht, wie einzigartig und berührend ihre Geschichte ist. Eine solche Offenheit ist eine Eigenschaft, die uns für das Mitgefühl öffnen kann.
- Wenn wir kritisieren, drohen wir das Mitgefühl für die schwierigen Bedingungen zu verlieren, die hinter dem stehen können, was andere tun.

Je weniger wir kritisieren, desto mehr liebende Güte kann in unserem Herzen aufsteigen. Könnte es sein, dass wir andere beurteilen, damit wir nicht die ganze Tragweite dieser Liebeskraft empfinden? Könnte es sein, dass andere uns kritisieren, weil sie uns nicht gar so sehr lieben möchten?

Übung:
Uns von unseren Mythen befreien

Es ist nicht leicht, eine negative Stimme durch eine positive abzulösen. Heilung geschieht, wenn wir unsere innere kritische Stimme wahrnehmen, sie als nur einen Gedanken ohne Gewicht abhaken und dann Raum für eine konstruktive Sicht unserer selbst schaffen. Dann hören wir als innere Stimme eher einen Lieblingsonkel als eine kritische Elternfigur. Wir übernehmen Verantwortung für unser Verhalten und leisten Wiedergutmachung, wenn wir unrecht gehandelt haben. Aber wir können auch erkennen, wenn wir unschuldig sind, und freuen uns an unserer Integrität. Dann wird der Kritiker zum Advokaten, zum guten in uns wohnenden Geist statt zum erniedrigenden Tyrannen. Dies geschieht nicht einfach dadurch, dass wir eine Überzeugung durch ihr Gegenteil ersetzen. Wir *räumen vielmehr dem Gegenteil Glaubwürdigkeit ein.* Wenn zum Beispiel eine innere kritische Stimme sagt, wir seien nicht liebenswert, bekräftigen wir unsere Liebenswürdigkeit. Dies entspricht dem Vertrauen auf unseren Buddha-Geist oder darauf, dass „Sein, Bewusstsein, Glückseligkeit" *(sat, chit, ânanda)* oder eine innewohnende transzendente Seele unsere authentische und unauslöschbare Natur ist.

Eine schmerzliche oder traumatische Kindheit mag uns genötigt haben, die Spannung zwischen dem Weglaufenwollen und dem Bleibenmüssen auszuhalten. In unserem Erwachsenenleben kann es dann sein, dass wir das Aushalten dieser Gegensätze mit Machtlosigkeit assoziieren. Diese Geisteshaltung kann uns daran hindern, die Spannung zwischen den Gegensätzen zu umfangen, was für unseren psychischen und spirituellen Fortschritt so wesentlich ist.

Mythen der Selbstkritik nähren sich von Überzeugungen über uns selbst, die wir meistens von jenen Menschen übernommen haben, die uns beschämt oder getadelt haben. Statt uns von dem antreiben zu lassen, was wir annehmen, können wir uns nun von unserem Erfolg motivieren lassen. Eine Reihe von Erfolgserlebnissen, eine durchgehende Bemühung, das Beste aus den Dingen zu machen, eine Reihe von Entscheidungen, bei denen wir uns von den bestmöglichen Ratschlägen leiten ließen, die innere Verpflichtung, allem, was uns begegnet, liebevoll zu begegnen – all dies sind Punkte auf unserer Positivliste. Sie sind sehr viel bedeutsamer als die Urteile, die unser Gemüt konstruiert. Ein perfektes Beispiel für das, was ich meine, ist die Geschichte von Judy Garland. Sie war nach internationaler Ansicht eine großartige und vielseitig begabte Entertainerin, doch sie zweifelte an ihrem Talent und hatte Angst, dass die Leute herausfinden könnten, dass sie gar nicht so gut wäre. Die Liste ihrer erfolgreichen Filme, Songs und Bühnenshows sind die Positivliste. Ängste, die nicht zu dieser Positivliste passen, sind gegenstandslos. Bedenken Sie diese Unterscheidung und schreiben Sie Ihre eigene Positivliste in Ihr Tagebuch.

Manchmal geben uns die kritischen Worte eines Menschen eine hilfreiche Rückmeldung über einen Wesenszug von uns, mit dem wir uns wirklich befassen und an dem wir arbeiten müssen. Wir können diese Botschaft direkt ansehen und uns nicht in der negativen Zensur verfangen. Bei einer solchen Achtsamkeit gehen wir direkt auf die nützliche Information ein. (Im Grunde ist das Nützliche oft wertvoller als das Wahre.) Wir nehmen uns diese Information zu Herzen und zeigen Dankbarkeit dafür. Wir vertrauen darauf, dass wir unser Verhalten in eine förderlichere Richtung verändern können. Wir glauben auch daran, dass wir die positive Eigenschaft besitzen, die das Gegenteil der negativen Eigenschaft ist, auf die wir hingewiesen wurden. Tugend erwächst tatsächlich aus ihren Gegenteilen: Mut aus Angst, Liebe aus umgekehrtem Hass, Weisheit aus angenommener Verwirrung. Unsere schlimmsten Wesenszüge – und Fehler – sind die Pforten zu König Salomons Goldminen.

Dies steht in Einklang mit der buddhistischen Einsicht in das gemeinsame Entstehen aller Umstände und Eigenschaften: Unser Ego-Charakterzug der Aggressivität wird im Innern ausgeglichen durch Zugang zu weiser Gewaltlosigkeit. Der Geier der Angst sitzt niemals allein auf dem Ast. Neben ihm sitzt immer der Adler der Furchtlosigkeit. Unsere Neigung zum Bösen wohnt ebenso in unserer Seele wie das uns innewohnende Gute. Wenn uns das klar ist, spüren wir nicht mehr vor allem den Stachel der berechtigten Kritik, sondern sehen darin auch die Möglichkeit der Verwirklichung des Gegenteils. Dies ruft eine Freude in uns hervor, die böse Worte an uns abprallen lässt.

Die kritische Stimme spricht in Worten, die aus der linken Hemisphäre unseres Gehirns stammen. Wir können aber auch unsere rechte Hemisphäre aktivieren, indem wir uns auf eine Empfindung unseres Körpers als Ganzem und seine physische Stetigkeit fokussieren, die ein Symbol unserer Stabilität als vollständiger Mensch ist. Dies führt zu ruhigem Verweilen in der Realität. Wir bekräftigen dann: „Freude und Sicherheit steigen in mir auf, wo zuvor Angst und Gefahr waren." Wir nehmen dies als körperliche Veränderung wahr und werden uns dessen bewusst, dass wir endlich zu unserem Körper nach Hause gekommen sind.

Unser Körper wird in den Prozess einbezogen, wenn wir auf unsere Körperhaltung achten. Wir richten uns im Stehen oder Sitzen gerade auf, sobald der innere Kritiker – oder jemand anders – uns zu kritisieren beginnt. Dies trägt deutlich zu dem Gefühl bei, wirkliche Erwachsene zu sein, statt dass wir uns ausgeschimpft fühlen wie ein Kind.

Uns mit der Aussage selbst zu trösten, der innere Kritiker sei ja „nur im Geist" vorhanden, lässt unseren Geist schäbig erscheinen und stellt eine weitere Herabsetzung unserer selbst dar. Unser Geist ist der Ort unserer Erleuchtung. Wenn wir unseren Geist von fremden Stimmen befreit und darauf fokussiert haben, zur Entwicklung eines gesunden Egos beizutragen, wird er zu einem wunderbaren Hilfsmittel. Wir können das anerkennen und unsere Aussage verändern zu: „Der innere Kritiker ist ein blinder Passagier in meinem Geist und ich bin bereit, ihn auszubooten."

Wir können uns an die Wichtigkeit unserer spirituellen Übungen erinnern. Die spirituelle Praxis macht es möglich, Glück ohne Anhaften zu erfahren. Sie befähigt uns auch, uns an Verletzungen zu erinnern, ohne den Wunsch nach Vergeltung zu haben. Indem wir uns daran erinnern, wie wir beurteilt oder getadelt wurden, können wir ein Trachten nach Liebender Güte und Mitgefühl gegenüber jenen, die uns übelwollen, entfalten. Dies ist eine andere Weise, Verhaftung loszulassen, sowohl die in Bezug auf den Tadel der anderen als auch die an die Verinnerlichung ihrer Urteile.

Vielleicht sind wir in der Kindheit oder in einer Beziehung behandelt worden, als seien wir seltsam, anders oder unannehmbar. Vielleicht wurde uns gesagt, mit uns stimme etwas nicht. Wir können dies nun in einen neuen Rahmen stellen, wenn wir an der Klärung solch atavistisch kritischer Botschaften arbeiten: „Mein Weg war schon immer einzigartig. Ich war schon immer anders, weil mir eine besondere Kreativität zu eigen ist, die sich in einer schwerhörigen Welt lautstark Gehör verschaffen will. Dass ich mich noch immer wie ein Außenseiter fühle, mag daran liegen, dass dieser kreative Drang in mir noch immer lebendig ist. Dafür bin ich dankbar und möchte mich ihm jetzt öffnen. Und da ich weiß, wie es sich anfühlt, ausgeschlossen zu sein, möge ich selbst niemanden ausschließen. Möge mein schmerzlicher Weg mich dahin führen, für andere sorgen zu können." In den letzten beiden Sätzen klingt die Übung der Liebenden Güte an.

Mythen, aus denen wir uns nicht lösen können, mögen Familientreffen unattraktiv machen. Bleiben wir ihnen also völlig fern? Unsere Herausforderung als Erwachsener besteht darin, die Verbindung zu unserer Familie zu bewahren, uns aber nicht in einer Abhängigkeit fangen zu lassen. Es geht darum, respektvoll, aber ungezwungen zu sein. Wie schaffen wir das? Wie lassen wir die Ko-Abhängigkeit mit Respekt gegenüber unserer Ursprungsfamilie los?

- Wir bleiben telefonisch, und wenn nötig nur kurz, in Kontakt, besonders an Fest- und Geburtstagen. Wir tauchen nur dann persönlich auf, wenn wir sicher sein können, dass die Erfahrung für unsere geistige Gesundheit förderlich ist.
  Wir sind im Umgang immer respektvoll.
- Wir revanchieren uns nicht und üben keinerlei Vergeltung.
- Wir benutzen Verwandte nicht, um durch sie finanziellen Gewinn zu machen, und werden deshalb nicht von ihnen abhängig.
- Wenn Familienmitglieder krank sind oder im Sterben liegen, agieren wir auf eine fürsorgliche und verantwortungsvolle Weise. Dies bedeutet, dass wir uns um ihre Pflege kümmern, dies aber nicht unbedingt persönlich leisten.
- Wir lassen uns nicht mehr von Verletzungen bestimmen, sondern von dem unverletzlichen und unverlierbaren Potenzial in unserem Innern, zu lieben und geliebt zu werden.

Weshalb andere uns so verstehen, wie sie es tun

Übertragung ist nicht das Einzige, was unsere Beziehungen zu Hause und am Arbeitsplatz bestimmt. Sie ist lediglich eine von vier allgemein verbreiteten Dimensionen, die in unseren Beziehungen zu anderen auftreten: Wir begegnen 1. unserer Schattenseite, 2. unserem Ego oder 3. unserer früheren Erfahrung (der Bereich der Übertragung). Wir können jedoch auch 4. aus unserem authentischen Selbst heraus agieren, einem Ich, das die fünf Aspekte gibt und empfängt; dann befinden wir uns in einer Du-Ich-Beziehung.

Wir wollen uns diese vier Dimensionen im Einzelnen ansehen:

1. Negativ gesehen besteht unser *Schatten* aus den unannehmbaren Impulsen, die wir bei uns selbst verdrängt haben, die uns aber umso störender bei anderen auffallen. Positiv gesehen besteht der Schatten aus Gaben/Talenten/Tugenden, die wir in uns selbst nicht wahrhaben wollen, dafür aber in anderen bewundern. Wir stellen uns also vor, dass etwas, das wir in uns tragen, eigentlich dort draußen in den anderen vorhanden ist. Somit umfasst unser Schatten das, was wir ablehnen, und das, was wir projizieren. Im Grunde genommen haben wir Anteile dessen, wer wir sind, auf andere „geworfen" (d. h. projiziert). Anschauungen über Menschen sind ebenfalls Formen von Projektion.

Genauso, wie wir uns unserer Übertragung bewusst werden können, kann uns unser Schatten bewusst werden. So können wir durch das, was wir an anderen mögen oder nicht mögen, viel über unser verborgenes oder nicht wahrgenommenes Selbst erfahren. Das gelingt uns, wenn wir unsere Projektionen zurückziehen und sie uns wieder zu Eigen machen. Wenn wir unsere dunklen, negativen Züge oder auch unsere positiven Gaben anerkennen, freunden wir uns mit unserem bis dahin unbeachteten Ich an. Wir erkennen sowohl den Hitler als auch die Mutter Teresa in uns und übernehmen Verantwortung für unsere eigenen Neigungen und Vorlieben, seien sie dunkler oder lichter Natur. Wir verurteilen oder verehren andere nicht mehr so vehement. Wir finden das ganze Spektrum menschlicher Möglichkeiten in uns selbst.

Sobald wir unsere Projektionen zurücknehmen, eröffnet sich in uns eine enorme Kreativität. Wir bewundern weiterhin andere, aber nicht auf Kosten unserer Selbstachtung. Wir sehen noch immer die negativen Züge im anderen, begreifen jedoch, dass wir ebenfalls solche Züge besitzen. Dann schätzen wir den Schatten als einen positiven Weg, die Samen persönlicher Kreativität in den dunklen Winkeln anderer Menschen zu finden und uns selbst angesichts der von uns auf ein Podest gestellten Idole zu verwirklichen. Wir alle sind jederzeit alles; die Projektion hindert uns daran, das volle Spektrum unseres eigenen Potenzials zu erkennen und daran zu glauben.

2. Manchmal wird unser arrogantes *Ego* mit seinem Anspruchsdenken durch das Verhalten anderer uns gegenüber aktiviert. Dann meldet sich der Autokrat im Inneren, der die völlige Kontrolle über Menschen, Ereignisse und missliche Lagen verlangt. Dieses aufgeblasene Ego verleitet uns dazu zu glauben, dass wir über den Gegebenheiten des Lebens stünden und dazu berechtigt seien, von ihnen ausgenommen zu werden. Das aufgeblähte Ego ist jener Teil von uns, der beleidigt und rachsüchtig ist, wenn wir kritisiert werden oder wenn unsere Versuche, die Dinge so hinzubiegen, wie wir es uns wünschen, vereitelt werden. Das narzisstische Ego ist geneigt, an jeder Kränkung festzuhalten und nach Möglichkeiten zu suchen, uns zu verteidigen und die Sache zu ahnden. Dies ist jener Teil von uns, der eine Scheidung in Feindschaft durchführen will, „um ihr zu zeigen, dass sie *mich* nicht auf diese Weise behandeln kann und damit durchkommt". Wir arbeiten mit unserem Schatten, indem wir ihn zu unserem Freund machen. Wir arbeiten daran, unser Ego zu zähmen, indem wir spirituelle Übungen ausführen.

3. Wir können auf andere auch durch Übertragung reagieren, wobei unsere *Probleme aus der frühen Zeit unseres Lebens* oder aus *früheren Beziehungen* wiederkehren. Wir erfahren dann erneut die strenge oder sanfte Stimme unseres Vaters oder die warme oder allzu flüchtige Umarmung unserer Mutter oder eines früheren Partners. Wir arbeiten an Übertragung, indem wir uns die Ähnlichkeit zwischen Vergangenheit

und Gegenwart bewusst machen, uns eingestehen, dass wir in unseren Reaktionen in der Vergangenheit festsitzen, und aufhören, auf die Weisen zu agieren, die dafür sorgen, dass Übertragungsinteraktionen weiter bestehen bleiben:

- Es mag unser *Schatten* sein, der auf das inakzeptable Verhalten anderer reagiert. Wir fragen uns dann: „Kann es nicht sein, dass ich genauso bin wie der andere?"
- Wenn wir sagen oder denken „Wie kann sie es wagen, *mir* das anzutun?", können wir vermuten, dass es unser *Ego* ist, das auf das inakzeptable Verhalten anderer reagiert.
- Wenn wir das Gefühl haben „Papa/Mama hat mit mir das Gleiche gemacht", kann es sein, dass unser *frühes Leben* als Übertragung zurückkehrt. Ironischerweise spulen wir das, was unsere Eltern oder früheren Partner mit uns getan haben, oft genauso anderen gegenüber ab.

4. Und schließlich leben wir manchmal einfach im Augenblick, ohne Schatten, ohne Ego-Projektionen, die uns im Wege sind. Es gibt da keine Übertragung, sondern lediglich diesen Menschen, wie er ist, oder dieses Verhalten, wie es ist. Dann erfahren wir eine Du-Ich-Beziehung. Diese kann zweierlei Form annehmen:

- Eine Interaktion oder eine laufende Beziehung mit jemandem kann praktisch frei sein von Schattenprojektionen, Egowettbewerb oder Übertragungsproblemen. Wir treten einfach auf sachlicher oder freundlicher Ebene in Beziehung, ohne die üblichen neurotischen Hindernisse und Enttäuschungen.
- Die Du-Ich-Beziehung kann als wirkliche Intimität geschehen. Wir erkennen den anderen in seiner authentischen Realität und zeigen die unsere. Diese Intimität wird normalerweise immer wieder von Manifestationen des Schattens oder des Egos oder durch Übertragung durchsetzt. Aber sie kann lange genug andauern, damit

> wir die überschwängliche Freiheit des Seins im Hier und Jetzt mit einem Menschen spüren, der wirklich er selbst ist und nicht eine Ersatzperson.

Wir haben alle schon einmal Darstellungen Jesu gesehen, auf der sein Herz sichtbar ist. Dies bedeutet, dass sein gesamtes inneres Ich offen ist und sich dem Betrachter darbietet. Dies ist eine Metapher für eine spirituelle, in die Tiefe gehende Beziehung. In einem Ich-Du-Augenblick öffnet sich eine Herzensverbindung und wir nähern uns dem wesentlichen Selbst des anderen. Das Wort *Herz* im Lateinischen ist *cor:* Das Herzstück (englisch *core*) von jemandem ist das Herz, das zu finden wir vielleicht schon ein Leben lang gewartet haben. Wir bieten im Gegenzug das Gleiche an. Das Ergebnis ist eine Stimmigkeit in der Beziehung, nicht nur eine Widerspieglung einer dunklen Seite unserer selbst, eines Ideals oder eines Feindes unseres Egos, oder gar die Beziehung zu einem Ersatzdarsteller für Papa oder die große Schwester.

Nicht nur der erleuchtete Zustand ist bereits in uns vorhanden, sondern auch die bedingungslose Liebe, nach der wir so sehr gesucht haben. Diese Liebe ist bedingungslos, weil sie nicht von Schatten- oder Ego-Projektionen oder durch Übertragung konditioniert ist.

Übung:
Erkennen, was im Weg steht

Als Übung können wir uns auffordern zu erkennen, was sich zwischen uns und anderen abspielt. „Was wird hier aktiviert: mein Schatten, mein Ego oder meine früheren Erfahrungen, die in der Übertragung jetzt wieder lebendig werden?“ Dieselbe Technik kann im Grunde auch hilfreich sein, wann immer wir uns aufregen und nicht recht wissen, was eigentlich los ist. Diese Übung hilft uns, die Verantwortung für unsere Gefühle zu übernehmen. Von einem solchen niemanden beschuldigenden Standpunkt aus gesehen, können wir leichter Kontakt mit jemandem aufnehmen und unsere Liebende Güte zum Ausdruck bringen. Das wird ganz von selbst aus uns heraus fließen, ohne große Bemühung.

Übung:
Öffnung

Hier gebe ich Ihnen etwas an die Hand, was Ihnen hilft, mit dem umzugehen, was Sie aufregt. Statt mit dem Ego kontrollieren zu wollen, was wir empfinden – im Grunde eine Form aggressiver Kontrolle –, ist hier Offenheit das geschickte Mittel, das wir benutzen. Offen für eine ganze Erfahrung zu sein, durchbricht die Gewohnheit des Egos, sich auf sich selbst zu konzentrieren.

Wir beginnen damit wahrzunehmen, was wir fühlen. Wir nehmen auch wahr, wie viel Kraft in unseren Reaktionen liegt oder darin, wie wir sie empfinden und zeigen. Das bedeutet, uns zuzuhören und bei unserer Erfahrung zu bleiben, statt sie mit Verteidigung oder Entschuldigung zu übertünchen, vor ihr zu fliehen, anderen die Schuld zu geben oder Vergeltung an ihnen dafür zu üben, wie wir empfinden. Auf diese Weise machen wir ein Zugeständnis, das immer der erste Schritt ist.

Zweitens fragen wir: „Was ist hier die Botschaft? Welche Arbeit habe ich an mir selbst zu leisten? Auf welches Problem mit dem Schatten, dem Ego oder einer Übertragung verweist diese Erfahrung?"

Schließlich sagen wir: „Ja. Und was nun?"

All diese drei Schritte sind Formen der *Öffnung*.

Im ersten Schritt bin ich durch das Wahrnehmen offen dafür, zu erkennen, was ich fühle. Ich öffne mich für meine eigene Wahrheit.

Im zweiten Schritt öffne ich mich für das, was ich lernen kann, und frage mich, inwieweit ich selbst verantwortlich bin.

Im dritten Schritt öffne ich mich den Herausforderungen, meine eigene Realität anzunehmen und mein Leben dann auf produktive Weise fortzusetzen.

Übung:
Uns selbst gegenübertreten

Wir können außerdem üben, darauf zu achten, wie und wann unser Ego aufgestachelt wird, und wir können seine belastende Herrschaft über unsere Gedanken oder unser Handeln loslassen. Was wir durch Angst,

Anhaften, Kontrolle und Anspruchsdenken zu bewahren versuchen, ist das neurotische Ego. Wenn wir uns aufregen, können wir üben, die folgenden vier Punkte durchzugehen und zu sehen, ob und wie das Ego provoziert worden ist. Wir sehen uns an, was uns aufgeregt hat, und stellen uns folgende Fragen:

Wovor habe ich Angst?
Woran hänge ich, das ich haben oder beweisen möchte?
Was versuche ich zu kontrollieren?
Worauf glaube ich einen Anspruch zu haben?

Wir begegnen der Herausforderung, das Ego loszulassen, mittels einer Übung der Liebenden Güte. Dann fragen wir:

Wie können meine Furcht und meine Verteidigungshaltung zu Liebe und Offenheit werden?
Wie kann sich mein Anhaften in Loslassen wandeln?
Wie kann ich anderen erlauben, diejenigen zu sein, die sie sind, und wie kann ich den Dingen erlauben, sich nach ihrem Willen zu entfalten, statt zu versuchen, Menschen und Ereignisse zu kontrollieren?
Wie kann ich meine Haltung, auf etwas Anspruch zu haben, loslassen und mich stattdessen verantwortungsvoll für meine Rechte einsetzen, ohne jedoch Druck auszuüben, wenn man ihnen nicht gerecht werden kann?

Dies bedeutet, die Gegebenheit des Lebens zu akzeptieren, dass das Leben nicht immer gerecht ist, ganz gleich, wie sehr wir uns bemühen. Psychisch verpflichten wir uns dazu, nicht zu kapitulieren, spirituell verpflichten wir uns, keine Vergeltung zu üben. Diese Praxis ist eine spirituelle Alchemie, durch die das Blei des Egos in das Gold des liebenden Selbst transformiert wird.

Übung:
Nach Fragen suchen

Wir brauchen Selbsterkenntnis, um mit Reaktionen umgehen zu können. Die folgenden äußerst kritischen Fragen helfen uns zu sehen, welches die einzigartigen Merkmale unseres gegenwärtigen Lebens sind. Wir können fragen, ob sie Gegebenheiten sind, mit denen man arbeiten sollte, oder ob sie Gewohnheiten sind, die wir vielleicht ablegen sollten. Diese Fragen ehrlich zu beantworten, hilft uns, eine Bestandsaufnahme unserer selbst zu machen, sodass wir uns besser kennenlernen. Auf dieser Grundlage können wir die Fakten über uns selbst akzeptieren, was der beste Ausgangspunkt für Veränderungen ist, die es uns ermöglichen, glücklicher zu leben. Beantworten Sie die Fragen in Ihrem Tagebuch und sprechen Sie dann mit jemandem darüber, dem Sie trauen. (Die erste Frage bedingt einfach eine tiefere Akzeptanz unserer selbst, weil sie einen Bestandteil unserer psychologischen DNA zu betreffen scheint.)

- Bin ich vor allem ein introvertierter oder ein extrovertierter Typ oder beides gleichermaßen? Fällt mir auf, dass ich bei manchen Menschen oder in manchen Situationen eher introvertiert als extrovertiert (oder umgekehrt) bin?
- Basiert mein Selbstwertgefühl darauf, wie sehr andere mich bewundern, oder darauf, wie genau ich mich selbst – Unzulänglichkeiten inklusive – darstelle?
- Habe ich im Laufe meines Lebens mehr Führungspositionen innegehabt, oder eigne ich mich in einem Projekt besser als unterstützende Figur?
- Habe ich mir meistens Partner ausgesucht, die für mich Eltern, Kinder oder Ebenbürtige waren?
- Neige ich dazu, den Humor und das Spielerische in Ereignissen zu sehen, oder neige ich dazu, eine dunkle Seite zu sehen?
- Ist mir in meinem Leben das meiste leicht gefallen und hat sich für mich gut entwickelt, oder war es eher eine steile Kletterpartie?

- Drücke ich Gefühle leicht und offen aus, oder neige ich dazu, sie zurückzuhalten?
- Sehe ich mich als jemanden mit einer Suchtstruktur an? Verleugne ich mich regelmäßig selbst? Bin ich in der Lage, gemäßigt zu agieren?
- Bin ich eher jemand, der sorgfältig plant, oder agiere ich eher impulsiv?
- Bin ich in Hinblick auf Geld meistens verschwenderisch, großzügig, kleinlich, stark verschuldet oder angemessen?
- Gebe ich in intimen Beziehungen innerhalb gesunder Grenzen, oder bin ich ko-abhängig? Empfange ich mit Dankbarkeit oder mit dem Gefühl, einen Anspruch auf das Empfangene zu haben? Bin ich mehr ein Gebender oder ein Nehmender?
- Welcher ist mein sexueller Stil? Ist mein sexueller Stil mit meinem Alltag, mit meiner Orientierung, mit meiner Fantasiewelt kompatibel?
- Habe ich meistens eine Arbeit gehabt, die mich erfüllt, oder habe ich nur um des Lebensunterhalts willen gearbeitet?
- Auf welchem spirituellen Weg befinde ich mich und welche sind meine spirituellen Übungen?

Übung:
Vom Auslöser zum Anker

Dies ist eine zusätzliche Übung, die nützlich ist, wenn wir merken, dass unsere Knöpfe gedrückt werden. Unsere Reaktionen werden durch das ausgelöst, was andere sagen, tun oder wie sie sich uns gegenüber verhalten. Wenn sich uns zum Beispiel jemand mit aggressiver Stimme oder aggressiven Gesten nähert, kann dies Angst bei uns auslösen, die auf die Verhaltensweise der Eltern uns gegenüber in der Kindheit zurückgeht. Wir können diesen Auslösern von Übertragung jedoch mit *Ankern* begegnen; das sind Worte oder Handlungen, die uns helfen, ausgeglichen zu bleiben. Die besten Anker sind die Worte der Praxis Liebender Güte: „Möge ich frei von Angst sein und möge dieser Mensch frei von dem

Bedürfnis sein, andere einzuschüchtern." Bald werden wir feststellen, dass die Worte oder Gesten des anderen Menschen einfach durch uns hindurchgehen, statt uns zu verwunden. Auf diese Weise verhilft uns die Liebe, stärker zu werden.

Ich will mich entfalten.
Nirgends will ich gebogen bleiben,
denn dort bin ich gelogen, wo ich gebogen bin.

–Rainer Maria Rilke („Auf der Welt allein")–

Mit den Reaktionen anderer auf uns umgehen

Bislang haben wir in diesem Buch betrachtet, wie wir als Individuen mächtige unaufgelöste Gefühle der Vergangenheit auf Menschen in unserem gegenwärtigen Leben übertragen. Natürlich sind wir nicht die Einzigen, die ihre Vergangenheit in Beziehungen wiedererleben. Was ist, wenn andere Menschen aus ihren alten emotionalen Wunden heraus auf uns reagieren?

Andere Menschen übertragen auf zweierlei Weise auf uns:

Erstens, diejenigen, auf die wir übertragen, erwidern diese Übertragung. In der Psychoanalyse wird dies „Gegenübertragung" genannt und dazu kommt es in den engsten Beziehungen. Wo das der Fall ist, sind wir unbewussten Kräften ausgeliefert und Du-Ich-Vertrautheit wird schwierig. Ich kann zum Beispiel meiner neuen Partnerin misstrauen, weil sie mich unbewusst an meine frühere Partnerin erinnert, die mich hintergangen hat. Ihr eigener Vater hat ihr in ihrer Kindheit misstraut, also reagiert sie mir gegenüber mit Wut und Empörung. Wir sind beide in der Vergangenheit gefangen, während wir fest davon überzeugt sind, in der Gegenwart zu sein.

Zweitens, übertragen manche Menschen Gefühle und Erwartungen auf uns, während wir sie nur auf sachliche Weise sehen. Dies kann am Arbeitsplatz oder in anderen sozialen Bereichen passieren. Zum Beispiel könnte mir auffallen, dass es jemand auf mich abgesehen hat, oder dass jemand besessen von mir zu sein scheint, und ich frage mich, warum ich eine derart starke Reaktion hervorgerufen habe, da dies ein Mensch ist, den ich bislang kaum bemerkt habe. Eine Übertragungsreaktion uns gegenüber kann eine Form sein, unsere Aufmerksamkeit auf sich zu ziehen, vor allem mitfühlende Aufmerksamkeit.

Wir müssen in den Reaktionen anderer uns gegenüber nicht immer Übertragung sehen. Manche dieser Reaktionen sind Übertragung, aber andere sind einfach ein nützliches Feedback. *Spiegeln* ist der Begriff, der für das empfängliche Verständnis von Eltern für die Bedürfnisse und Gefühle eines Kindes verwendet wird, also für eine Übereinstimmung von Bedürfnis und Erfüllung. Solches Spiegeln hat uns in der Kindheit geholfen zu verstehen, was wir wirklich empfunden haben. Aus den Reaktionen und der Empfänglichkeit anderer uns gegenüber können wir immer weiter etwas über uns lernen. Das Spiegeln unserer Gefühle bereitet uns in dieser mit anderen geteilten Welt ein Wohlgefühl und es verringert das Gefühl der Isoliertheit. Das ist der Grund, weshalb Feedback unser ganzes Leben lang so wichtig für unser Wachstum ist. Wenn unser Ego nicht mit Feedback umgehen kann, ist das daher eine Behinderung.

Auf folgende vier Weisen zeigt sich negative Übertragung (negative Reaktionen anderer auf uns):

1. Andere konkurrieren oder vergleichen sich mit uns und übertreiben die Unterschiede zwischen sich selbst und uns, um sich überlegen zu fühlen. Vielleicht können wir ja alle eines Tages den Drang, gewinnen zu wollen, loslassen, um damit endlich herauszufinden, wie man *spielt*. Die Neurowissenschaft hat gezeigt, dass Spielen, das im Alter von drei Monaten beginnen kann, mit einer starken Beschleunigung der Gehirnentwicklung verknüpft ist. Humor und Verspieltheit waren immer Wege des Wachstums und sind es noch heute, wenn wir nicht mehr so fieberhaft vom Konkurrenzdrang angetrieben werden.

2. Das dringende Bedürfnis anderer, uns zu retten oder zu verbessern, kann ein Trick sein, ihren eigenen Schmerz zu vermeiden oder damit umzugehen. Sie mögen versuchen, Anerkennung von ihren eigenen inneren Eltern zu erlangen, indem sie ihre Kompetenz als fürsorgliche Menschen unter Beweis stellen. Die Menschen streben nach Anerkennung, zuerst *in personam* und dann in dem Bild der Person, das sie in ihrer Psyche mit sich herumtragen.
3. Manche Menschen können bestimmte Charakteristika unserer Persönlichkeit oder unseres Verhaltens nicht verstehen oder auch nur erkennen. Diese blinden Flecken können sie sogar daran hindern zu erkennen, wie sehr sie uns am Herzen liegen, und können es ihnen unmöglich machen, für ein konstruktives Feedback offen zu sein.
4. Vorlieben und Hass können eine Manifestation von Übertragung sein. Manche Menschen mögen moralische Reaktionen auf unsere Entscheidungen oder unsere sexuelle oder politische Orientierung zeigen. Andere Menschen reagieren außergewöhnlich stark auf unser Aussehen, unseren Kleidungsstil oder unser Gehaben.

In allen vier Beispielen wird etwas aus der persönlichen Vergangenheit eines anderen Menschen aufgerührt und auf uns übertragen. Wir lösen eine emotionale Reaktion in ihm aus, die sich auf seine unaufgelösten emotionalen Verletzungen gründet.

Übung:
Die Kraft der Reaktion

Wie reagieren wir auf gesunde und spirituell bewusste Weise auf Gegenübertragung?

In der Therapie bezieht sich Gegenübertragung gewöhnlich nicht auf adäquate Gefühle, sondern auf Reaktionen auf einen Klienten, die einen Therapeuten veranlassen könnten, eine Grenze zu überschreiten, besondere Privilegien zu gewähren oder die Behandlung zu sabotieren. Die Therapeutin vermeidet diese Fallgruben und versagt es sich, auf ihre allzu positiven oder negativen Empfindungen in Hinsicht auf ihren Klienten zu reagieren. Sie spricht mit ihrem Supervisor über ihre Übertragung und schweigt darüber aber gegenüber ihrem Klienten. In unserem Privatleben brauchen wir nicht zu schweigen. Wir können darüber sprechen, sollten dies aber auf freundliche Weise und im rechten Moment tun. Sagt man unverblümt „Ich bin nicht deine Mutter, also lass das sein und sieh mich als diejenige, die ich bin", so klingt das in der Regel nach Kritik und behindert eine gesunde Kommunikation.

Es ist wichtig, dass wir die Wahrnehmung des Menschen, der auf uns überträgt, für gültig erklären, um erkennen zu können, ob sie vielleicht ein Körnchen Wahrheit enthält. *Inwieweit bin ich wirklich wie seine frühere Partnerin?* Erst dann gehen wir von Übertragung zu einem Ich-Du-Augenblick über. Die Übung könnte folgendermaßen aussehen: „Ich verstehe, dass du deine erste Frau in mir siehst. Mir ist klar, woher das kommt. Wie wäre es, wenn wir uns deshalb jetzt für die Möglichkeit einer neuen Sichtweise öffnen, bei der ich ich selbst sein kann und wir uns als Du und Ich begegnen können, und nicht als Du und sie? Ich möchte nicht das neueste Modell deiner Exfrau oder deiner Mutter sein. Ich möchte ich selbst sein, sodass du mich erkennen und lieben kannst, wie ich bin. Das Gleiche möchte ich für dich tun. Ich weiß, dass dies Zeit braucht. Wirst du mir Zeit schenken?"

Die andere Person mag sich der Signale kaum bewusst sein, die sie aussendet. Viele Menschen sind überrascht, wenn wir ihnen ihre Übertragungen offenlegen. Es ist an uns, die Verantwortung für unsere Interpretation unserer Übertragungen zu übernehmen. Es ist an uns, zu *erklären.* Erklärungen ohne Verteidigungsstrategie tragen zu authentischer Intimität bei. Eine Erklärung ist ein Sprungbrett zu tieferen Wahrheiten zwischen Menschen, besonders wenn sie Gefühle und Bedeutungen übermittelt, ohne sie je zu tadeln oder ihnen Unrecht zu tun.

Bei negativen Übertragungsreaktionen uns gegenüber können wir bemerken, wie andere uns ihre Wünsche oder Ego-Forderungen aufoktroyieren, ohne Offenheit zum Dialog darüber, was hier als Übertragung abläuft. Dies kann die Form einer jeglichen Schicht des neurotischen Egos annehmen: Einschüchterung, Tadel, Zensur, das Bedürfnis, uns zu kontrollieren oder zu verbessern. Auf diese Weise hält das Ego unser Leiden aufrecht.

Unsere Grenzen zu wahren, ist eine verlässliche Methode, mit solchen Projektionen anderer fertig zu werden. Grenzen helfen uns zu vermeiden, von Menschen, die kontrollierend oder rücksichtslos sind, manipuliert, überrumpelt oder zu Unrecht verurteilt zu werden. Solche Leute wissen oft genau, wer sich Missbrauch gefallen lässt. Der gerissene Prinz mag Aschenputtel vielleicht nicht deswegen haben wollen, weil ihr Fuß in den gläsernen Schuh passt, sondern weil er von ihrer Lebensgeschichte mit ihrer Stiefmutter und ihren Stiefschwestern gehört hat und deshalb annimmt, dass sie sich ungehöriges Verhalten gefallen lässt.

In dem Maße, in dem unser psychologisches und spirituelles Bewusstsein zunimmt, *bemerken* wir, wenn jemand uns zu kontrollieren oder zu zensieren versucht. Wir lassen das weder zu, noch weisen wir den anderen zurecht oder üben Vergeltung. Wir reagieren einfach nur, indem wir „Aua!" sagen und unsere Grenzen schützen. Wir machen klar, dass es für uns einen Punkt gibt, über den hinaus wir uns – ohne jegliche Ausnahme – nichts mehr von anderen gefallen lassen und über den sie nicht hinausgehen dürfen. Das kann auch bedeuten, dass wir von jemandem so weit wie möglich Abstand nehmen, wenn sich zeigt, dass kein Dialog möglich ist.

Ich will Ihnen ein subtileres Beispiel geben: Ein Partner, der zu mir sagt, „Du tust mir nicht Genüge", könnte damit zum Ausdruck bringen, dass er mehr von mir will als die 25 Prozent seiner Bedürfnisbefriedigung, die ein Erwachsener von einem anderen erwarten darf. Wenn der Partner ein Narziss ist, kann er damit zu verstehen geben, dass seinen Ansprüchen nicht Rechnung getragen wird. Es ist unsere Aufgabe zu *fragen, was er genau meint,* und dann zu entscheiden, was wir zu geben bereit sind. Dies ist eine Art, Grenzen zu stecken. Wir sind noch nicht wahrhaftig wir selbst, solange wir von den Bedürfnissen und Forderungen anderer bestimmt werden.

Wir können *uns weigern, uns mit anderen abzugeben,* wenn sie ihren ungerechtfertigten Annahmen über uns verhaftet sind und sich weigern, in einen offenen Dialog mit uns einzutreten.

Wir müssen die Projektionen anderer auf uns nicht persönlich nehmen. Wir können *Mitgefühl zeigen* für den Schmerz, der hinter der Übertragung steckt – den Schmerz unerledigter Angelegenheiten aus einer unglücklichen Vergangenheit, die jetzt unserer Beziehung untergeschoben wird. Sobald wir erkennen, dass Übertragung impulsiv und unbewusst geschieht, nimmt unser Mitgefühl zu, während wir nichtsdestoweniger fortfahren, unsere Grenzen zu wahren.

Wir können *negative Reaktionen* anderer einfach zur Kenntnis nehmen, ohne dass sie uns bremsen oder in Gegenübertragungsreaktionen treiben. Wir werden gebremst, wenn sie uns so verletzen, dass unser Selbstwertgefühl darunter leidet. Wir werden getrieben, wenn wir weglaufen, beschwichtigt werden oder uns rächen müssen. Wir können außerdem positive Reaktionen mit einem Dankeschön und Wertschätzung zur Kenntnis nehmen. Wir werden gebremst, wenn wir uns von Schmeicheleien und Selbstherrlichkeit einfangen lassen. Wir werden getrieben, wenn wir den Respekt, den andere für uns empfinden, dazu benutzen, sie auf irgendeine Weise zu manipulieren.

Auf der spirituellen Ebene zeigen sich zwei Ergebnisse unserer Übung:

1. Wir fördern eher ein bezeugendes Ego als ein konkurrierendes Ego. Dies ist das Ergebnis der Achtsamkeitsmeditation. Dann wird es für uns in einer Beziehung wichtiger, die Ego-Wettkämpfe aufzugeben, als dass alles nach unserer Nase geht.

2. Wir reduzieren die emotionale Egoaufladung in der Art und Weise, wie wir auf andere reagieren. Dies ist ein Ergebnis der Übung von Liebender Güte. Dann sagen wir Ja zu der Tatsache, dass es immer Menschen geben wird, die uns nicht mögen oder die vielleicht negativ auf uns reagieren. Wir investieren jetzt unsere Energie in das Akzeptieren dieser Gegebenheit statt in den Versuch, sie umzukehren.

Wenn wir immer mehr lernen, unsere Grenzen zu wahren, stellen wir fest, dass wir in der Selbstwertschätzung wachsen und uns nicht mehr über Situationen oder Menschen ärgern oder sie fürchten. Nehmen unsere psychologischen Fähigkeiten zu, so werden wir das, was andere tun, ohne Überraschung zur Kenntnis nehmen. Reift unser spirituelles Bewusstsein, so nehmen wir wahr, ohne zu tadeln.

Offenbar besteht die Gefahr dieser Übertragungszustände darin, dass der Patient ihre Natur verkennt und sie für neue reale Erlebnisse hält anstatt für Spiegelungen der Vergangenheit.

–Sigmund Freud–

5

WIE DIE ANGST INS SPIEL KOMMT

Übertragungsähnliche Erwartungen und Ängste sind im Alltag allgegenwärtig, und all unser Handeln ist bis zu einem gewissen Grad von Hoffnungen beeinflusst, die wir aus der archaischen Vergangenheit mitschleppen.

–Ernest Wolf, *Treating the Self*–

Ängste spielen bei der Erfahrung von Übertragung mit. Wir übertragen oft, weil einige Erfahrungen der Vergangenheit noch immer so bedrohlich sind, dass wir uns ihnen nicht stellen mögen. Es kann schwierig sein, eine Frau direkt anzusehen, die uns solche Angst macht, wie es einst unsere Medusa-Mutter getan hat. Übertragungsängste schleichen sich oft in unsere Beziehungen ein, ohne dass wir sie bemerken oder benennen, aber sie müssen nicht im Verborgenen bleiben.

Zu Beginn seiner Autobiografie berichtet der britische Philosoph Thomas Hobbes, seine Mutter habe Zwillinge zur Welt gebracht, „Thomas" und „Angst". Viele von uns können diese Aussage nachvollziehen. Wir empfinden jeden Tag Angst. Für viele von uns mag sie sogar eine ständige Begleiterin sein. Etwas geschieht, und sofort stellen wir uns vor, das Schlimmste würde darauf folgen. Dann werden wir entweder passiv oder wir überreagieren. Unserem Geist gelingt es häufig nicht, Alternativen zu erkennen, und er wartet daher mit noch mehr Gründen auf, noch mehr zu befürchten. Angst ist oft ein Mangel an Vorstellungskraft, ein Verlust jenes Geschenks, das sich mehr als alle anderen von selbst ausweitet.

Dennoch dürfen wir darauf vertrauen, dass wir zu Liebe und Mut fähig sind, indem wir uns an Zeiten erinnern, zu denen wir sie manifestiert haben. Wir können uns Gelegenheiten bildlich vorstellen, zu denen unsere Gefährten oder Helden sich mutig und liebevoll verhalten haben, und wir können sagen „Das kann ich ebenfalls“ oder auch „Möge ihr Vorbild mir helfen, ebenfalls stark zu werden“. Zu diesem Zweck haben wir Heilige und Helden. Sie sprechen aus dem menschlichen Kollektiv zu uns und ermutigen uns, unser volles Potenzial zu Tugend und Mut zu finden. In dem Kinofilm *Braveheart* wird gezeigt, wie der schottische Nationalheld William Wallace vor den zögernden Truppen hin und her reitet und sie ermutigt, tapfer für die Befreiung zu kämpfen. Wir tragen dieses Pferd und diesen Reiter in uns. Wie zaghaft unser Herz auch vor Beginn der Schlacht sein mag, es kann zum tapferen Herzen (engl. *braveheart*) inmitten des Kampfgetümmels werden. Als Menschen sind wir in jeder Hinsicht miteinander verbunden. Wir handeln nicht automatisch auf tapfere Weise; wir bedürfen – wie die Truppen in dem Film – der Ermutigung. Wir brauchen oft eine Bestätigung unseres Mutes, bevor er aktiviert werden kann.

Die Ermutigung hätte bereits in der Kindheit beginnen sollen. Verletzungen in der Kindheit betreffen meist ein Versagen der Eltern, uns diese Unterstützung zu geben. Daraus entsteht ein andauerndes Ringen zwischen dem Teil in uns, der liebt, und dem Teil, der Angst hat – die Wippe unseres psychischen Lebens. Dieses Ringen wiederholt sich in Beziehungen. Es kann uns daran erinnern, wie uns unsere Eltern manchmal ermutigt und zu anderen Zeiten getadelt haben – mit dem sich daraus ergebenden Schwanken zwischen unserer Liebe zu ihnen und unserer Furcht vor ihnen.

Wir sind aus einzelnen Kammern aufgebaut wie eine Nautilus-Muschel und kein Schmetterling. Frühkindliche Schichten von irrationaler Angst und Fixierung verschwinden nicht einfach; wir überlagern sie lediglich mit neuen Schichten. Angst und bedürftige Begierde werden zu Gewohnheiten und bleiben auch dann noch an uns haften, wenn es nichts mehr gibt, wovor wir Angst haben müssen oder wonach wir uns sehnen. Wir mögen sogar in gewisser Weise die Angst besiegt haben, glauben jedoch weiterhin, wir seien ihr ausgeliefert. Wir versuchen noch immer Überraschungen oder erschreckende Herausforderungen abzuwenden, selbst wenn wir genügend Ressourcen besitzen, um mit ihnen umzugehen.

Irrationale Angst und abhängig machende Fixierung sind außerdem mit Verblendung assoziiert, da wir uns vielleicht vor etwas fürchten, das nicht wirklich bedrohlich ist, oder etwas begehren, das wir nicht wirklich brauchen. Wir mögen beispielsweise Ablehnung deshalb fürchten, weil sie uns in Isolation stürzt. Nun, da wir erwachsen sind, haben wir ein verlässliches System der Unterstützung aufgebaut, und dennoch haben wir Angst vor Ablehnung durch einen machtvollen – das heißt mit Übertragung aufgeladenen – Menschen in unserem Leben. Wir fürchten häufig auch eine Ursache, wenn keine Konsequenzen mehr geschehen können. Wir mögen beispielsweise Angst davor haben, von einem Partner veranlassen zu werden, obwohl eine Konsequenz, die nur für Kleinkinder eintritt – nämlich Tod durch Vernachlässigung – nicht mehr gilt.

Vier Angst einflößende Hürden

Es gibt vier Arten der Spannung, die sich auf jeden von uns auswirken. Jede von ihnen ist eine Gegebenheit des Lebens und ein Kernproblem in Beziehungen. Jede von ihnen ruft Angst hervor und ist ein Brennpunkt für Übertragung. Jede hat ihren Ursprung in der Vergangenheit und setzt sich in der Gegenwart fort. Wir können diese vier Hürden nicht eliminieren, aber wir können lernen, sie mit Gleichmut zu überspringen.

1. Kommendes und Gehendes
2. Geben und Empfangen
3. Angenommen werden und abgelehnt werden
4. Loslassen und Weitergehen

Jede dieser vier Hürden ruft primitive Bedürfnisse, Überzeugungen, Gefühle, Erwartungen und Reaktionen hervor – die Bausteine der Übertragung. Alle vier werden im Laufe unseres Lebens aufgrund ihres Zusammenhangs mit unserem Überleben zu Knotenpunkten der Angst, weil die meisten von uns nicht darauf vertrauen, dass sie fähig sind, mit ihnen umzugehen. Zum Beispiel können sich Abschiede anderer Menschen, ganz gleich wie unschuldig sie sein mögen, nach Ablehnung und Verlassenwerden anfühlen. Es mag für manche von uns schwerer sein, etwas anzunehmen, als etwas zu geben. Und vielleicht fühlen wir uns stärker durch liebevolle Akzeptanz bedroht als durch Ablehnung.

Unser Gefühl der Handlungsfähigkeit – manchmal auch persönliche Macht genannt – sollte sich im Säuglingsalter durch die Ermutigung entwickelt haben, die uns durch die Annahme und Anerkenung vonseiten unserer Eltern zuteil wurde. „Sollte" ist ein in diesem Buch häufig verwendeter Ausdruck. Damit ist gemeint, dass etwas ein Bestandteil einer normalen Entwicklung ist, der für das Wachstum notwendig ist – wie zum Beispiel wenn wir sagen: Tomaten sollten in der Sonne stehen. Dieses „sollte" weist außerdem auf einen Zweck hin – zum Beispiel: Schule sollte uns helfen, zu lernen. Wir können diese beiden Bedeutungen kombinieren und sagen: Da wir für Liebe gemacht sind, bedürfen wir eines Rahmens, in dem man uns lehren sollte, wie das geht.

Je weniger vertrauenswürdig unsere Welt in der Kindheit war, desto komplizierter sind unsere Beziehungen später. Eine Mutter zum Beispiel, die häufig für einige Tage verschwindet, weil sie auf eine Sauftour geht, gibt einem Kind nicht das Gefühl von Sicherheit und Zuverlässigkeit. Daher hat das Kommen und Gehen eines späteren Partners intensivere Auswirkung auf diesen Menschen, als bei denjenigen Menschen, deren Mutter jeden Tag des Jahres präsent war.

Die vier Arten der Spannung, die uns so oft Angst machen, können auch als Verteidigung oder Waffe benutzt werden. Wir können weggehen, um etwas zu vermeiden, um vor etwas zu fliehen oder um jemanden zu bestrafen. Wir können geben, um Abhängigkeit von uns zu erzeugen. Wir können loslassen, um unsere Verantwortung abzugeben. Das Ego kann ein jegliches menschliche Ereignis benutzen, um seine eigenen Wünsche zu befriedigen oder seine Ängste zu hätscheln. Es ist an uns, unsere Entscheidungen zu beobachten und zu sehen, was hinter unseren Motivationen steht. Dies bildet einen Teil des Durcharbeitens von Lebenserfahrung, und das ist es, was wir in diesem Buch lernen.

Wir versuchen diese vier Paare an Möglichkeiten zu kontrollieren, ein Anzeichen dafür, dass wir an unserer Fähigkeit zweifeln, sie zu durchleben, wenn sie auftreten. Wir müssen uns wegen dieser Zweifel nicht schämen; sie sind einfach menschlich. Aber Kontrolle ist angesichts dieser Spannungen unmöglich; man kann sie nur in einer Haltung von „Ja, und was nun?“ angehen.

Die vier Konfliktbereiche des Lebens, die vier Hürden bei der menschlichen Entwicklung, werden zu Quellen von vielen unserer Probleme und Übertragungen. Es folgen einige Beispiele:

Kommendes und Gehendes

Kommendes kann Angst vor der Herausforderung durch etwas Neues hervorrufen oder die Angst vor dem Verlust von Bequemlichkeiten. Wir fühlen uns womöglich bedroht, wenn wir neue Menschen treffen. Gehendes kann Angst vor dem Verlassenwerden oder ein Gefühl des Ausgesetztseins hervorrufen – schreckliche Aussichten, da so vieles, worum es in unserem Leben geht, mit anderen Menschen verknüpft ist.

Sensiblen Menschen fallen eher die subtilen Formen von Nähe und Distanz im Verhalten ihres Partners auf. Zum Beispiel: „Letztes Jahr hat er mir eine Geburtstagskarte mit persönlichen Worten geschickt; dieses Jahr hat er mir eine gedruckte Grußkarte ohne weitere Worte geschickt.“ Solche Veränderungen werden genau so stark als Formen des Weggehens empfunden wie ein tatsächliches Fortgehen. Es schmerzt sicherlich, so sensibel zu sein, aber dennoch möchten wir unsere Sensibilität nicht verlieren, sondern nur lernen, mit ihr umzugehen.

Durch unsere Erwartung, dass andere uns niemals verlassen, versuchen wir vielleicht unsere Angst vor einem weiteren Betrug oder vor einer weiteren fehlgeschlagenen Verbindung abzuwehren. Unsere Übertragung hält uns in der Gruft unserer Vergangenheit gefangen, in der Gehendes zu Enttäuschungen führte und Kommendes Gefahr signalisierte. Die Ankunft des kleinen Bruders mag für uns bedeutet haben, dass uns weniger von den fünf Aspekten entgegengebracht wurde. Das Gehen des älteren Bruders kann bedeutet haben, dass es weniger Spaß zu Hause gab.

Unser eigenes Ankommen kann eine Quelle von Stress sein, wenn wir eine Erwartungshaltung haben, wie uns andere Menschen begrüßen sollten. Wenn wir zum Beispiel als Kinder unsere Großmutter besucht haben, machte sie großes Aufheben um uns und zeigte sich ausgesprochen überschwänglich, uns wiederzusehen. Wenn wir also heute nach längerer Abwesenheit an einen Ort zurückkehren, sind wir enttäuscht oder verletzt, wenn unsere Freunde uns nicht mit der gleichen Aufregung begrüßen oder viel Aufheben um uns machen. Wir übertragen das Gesicht von jemandem aus unserer Vergangenheit auf sie und erwarten von ihnen, sich genauso wie dieser jemand zu verhalten. In der Wirklichkeit verspüren wir dabei zwei Ebenen des Kummers: Wir vermissen einerseits Omas besondere Liebe, und wir empfinden andererseits einen Mangel an Liebe von unseren heutigen Freunden. Sie fügen sich zu einem einzigen Kummer zusammen – über den Verlust einer uns so teuren Art und Weise, geliebt zu werden. Da die von uns übertragene Erwartung so groß ist, bemerken wir unglücklicherweise nicht, dass die Freunde uns auf ihre eigene, mehr erwachsene Weise lieben und nicht so, wie es eine alte Frau vor Jahrzehnten getan hat.

Unlängst bemerkte ich in meinem eigenen Leben einen Hinweis auf eine Spannung, die ich bei Kommendem und Gehendem empfinde, auch wenn mein Verstand mir sagte, das sei nichts, wovor ich Angst haben müsste. Wenn ich an einem Platz ankomme oder ihn verlasse oder wenn andere bei mir zuhause ankommen oder gehen, sage ich automatisch etwas Lustiges, ohne es beabsichtigt zu haben. Normalerweise besitze ich nicht diese Fertigkeit. Humor ist eine verbreitete Weise, Spannung abzubauen oder Angst zu vermindern. Wenn jemand mich gefragt hätte, ob ich angespannt sei, hätte ich aufrichtig Nein gesagt, aber offensichtlich sagt mein Körper, der es immer besser weiß, etwas anderes.

Orte, die mit Kommen oder Gehen assoziiert sind, sind gewöhnlich stärker stressgeladen. Es wird immer mehr Anspannung in einem Bahnhof geben als in einem Restaurant. Ereignisse, die mit Kommendem und Gehendem assoziiert werden, wie etwa ein neuer Chef oder das Ende eines Arbeitsprojekts, können Angst hervorrufen. Sobald wir uns einfach des Umstands bewusst werden, dass Kommendes und Gehendes uns auf irgendeine Weise Angst einzujagen vermag, können wir allmählich ein Gefühl dafür bekommen, wie wir durch sie hindurch atmen können, ohne uns für unser Unwohlsein Vorwürfe zu machen. Atmen ist ein lebendiges Symbol dafür und eine Erinnerung daran, das wir ständig das einlassen können, was kommt, und das loszulassen vermögen, was bereit ist zu gehen.

Wir reagieren nicht nur auf das Kommen und Gehen von anderen, sondern auch auf unser eigenes Kommen und Gehen. Kommen und Gehen werden zu einem persönlichen Problem, wenn es darum geht, in einer Beziehung zu verweilen oder weiterzuziehen oder auszuziehen.

Zum Gehen gehört auch, dass man sich verabschiedet, wenn eine Beziehung nicht mehr funktioniert und nirgendwohin führt. Sich zu verabschieden und zu gehen kann erschreckend sein, da dies heißt, in eine neue Lebensphase einzutreten, was vielleicht eine größere Herausforderung ist, als in dem nicht zufriedenstellenden Status quo zu verweilen. Wir widersetzen uns dem Abschluss, der mit dem Abschied einhergeht, weil er Kummer hervorruft, mit dem umzugehen schwer sein kann. Diese Gefühle setzen jedoch eine Energie frei, die es uns leichter macht, mit der Herausforderung der Veränderung umzugehen. Welche Ironie, dass wir oft genau das fürchten, was zur Befreiung führt.

In einem größeren Kontext bezieht sich Kommen auf Geburt und Gehen auf Tod. Unsere eigene Geburt war das Verlassen der Sicherheit des Schoßes und ein Kommen in eine Welt voller Herausforderungen. Unser Tod ist ein Gehen aus allem, was die Welt für uns bedeutet hat, in ein Nichts oder eine neue Existenzform. Wir heißen Geburten normalerweise freudig willkommen und betrauern den Tod. Beide sind natürliche Ereignisse und insofern Gegebenheiten, denen man mit einem bedingungslosen Ja begegnen sollte. Geburt ist eine neue Verbindung. Tod ist das Ende einer Verbindung. Doch obwohl es Geier gibt, die auf unsere Knochen warten, können wir uns bei Geburt, während des Lebens und im Tode trotzdem am Gesang der Lerche freuen.

Der Verlust der Verbindung beim Nahen des Todes kann ein großartiger Augenblick in unserem Leben sein, der uns von der gewöhnlichen Befangenheit befreit. Wenn wir eine Person kennen, die an Krebs erkrankt ist, der nicht mehr auf Behandlungen anspricht, zeigen wir ihr gegenüber automatisch mehr physische Zuneigung und sprechen liebevoller zu ihr. Vielleicht haben wir uns früher gescheut, sie zu umarmen oder wollten nicht sentimental klingen, als sie noch gesund war. Nun tun wir beides, ohne peinlich berührt zu sein. Gehendes kann uns öffnen und weichmachen.

Geben und Empfangen

Liebe ist das Geben und Empfangen der fünf Aspekte: Aufmerksamkeit, Annahme, Wertschätzung, Zuneigung und Zulassen. Wir sagen und glauben, dass wir geliebt werden möchten, aber es erfordert Mut und Fertigkeit, sich von jemandem lieben zu lassen. Es braucht Offenheit, um zu empfangen, und das kann erschreckend sein, wenn wir über alles, was geschieht, die Kontrolle behalten wollen. Wir mögen eine Forderung empfinden, etwas zurückzugeben, auch wenn das von dem anderen Menschen gar nicht erwartet wird. Wir mögen Angst davor haben, uns festlegen zu lassen und dadurch unsere Freiheit zu verlieren oder nicht mehr die Zügel in der Hand zu halten.

Das Herz besitzt zwei Vorhöfe im oberen Bereich und zwei Herzkammern im unteren Bereich. Das physische Herz ist eine Metapher für unser emotionales Leben. In der Tiefe unseres Herzens haben wir Kammern (Öffnungen), die Nähe und Liebe suchen. Aber über ihnen sitzen die Vorhöfe von Ängsten und Verteidigungshaltungen. Wir enthalten alle beide, aber in dem Maße, in dem unser Selbstvertrauen oder unsere Selbstwertschätzung wächst, lernen wir, diese Verteidigungshaltung in den Griff zu bekommen, was uns hilft, Intimität zu erlangen und mit Enttäuschung umzugehen.

Wenn wir enttäuscht sind oder uns ausgenutzt fühlen, weil wir nicht alles von jemandem bekommen haben, was wir uns gewünscht haben, sei es emotional oder auch finanziell, entdecken wir einen Schlüssel zu unserer Übertragung in Hinsicht auf das, was wir zu verdienen glauben.

„Mir steht das alles zu" klingt wie die Aussage eines Menschen mit hohem Selbstwertgefühl, doch es könnte ein Hinweis auf Bedürftigkeit und Selbstzweifel sein. Diese kommen dann durch Übertragung als unvernünftige Erwartung an Partner oder Freunde zum Ausdruck. Wenn es ihnen nicht gelingt, unsere Erwartungen zu erfüllen, fühlen wir uns berechtigt, fordernd und verdrießlich zu sein oder es ihnen gar mit gleicher Münze heimzuzahlen. Wir vergessen vielleicht, dass Intimität eher in einer Atmosphäre von bereinigten Fehlern gedeiht als in einer von Kummer und Gram.

Andererseits kann das beherrschende Prinzip unseres Lebens auch lauten: „Ich bin nur wert, ein wenig von dem zu bekommen, was ich möchte" oder „Ich habe stets weniger verdient als andere". Dies kann das Ergebnis davon sein, dass uns nicht das gegeben wurde, was wir emotional gebraucht hätten, oder dass wir bemerkt haben, dass unsere Geschwister das bekommen haben, was uns verweigert wurde. Vielleicht wurde uns auch *beigebracht,* weniger zu wollen, als wir brauchen, sodass es heute schwer ist zu erkennen, was wir wollen oder brauchen. Wie paradox das alles ist, da doch spirituelle Lehrer aller Zeitalter uns versichert haben, dass alles, was wir verlangen dürfen, nicht mehr ist als das, was wir haben, und dass wir dem, was wir haben, nicht verhaftet sein sollten.

Schließlich kann es bei Geben und Empfangen auch um Geld gehen. Vielleicht haben wir Angst, Geld aus der Hand zu geben oder es auszugeben. Es ist uns vielleicht unangenehm, Geld als Geschenk oder als Leihgabe zu erhalten. Wir mögen unser Geld zwanghaft oder unkontrolliert ausgeben oder verschwenden. Wir mögen mehr ansparen, als wir je benötigen werden. Unser persönlicher Umgang mit Geld mag sich unserem Verständnis entziehen: „Ich habe so wenig, warum gebe ich und borge ich mir so viel?" Unser Umgang mit Geld reflektiert meistens, wie ein Elternteil oder beide Eltern damit umgegangen sind. Übertragungsprobleme spielen mit Sicherheit bis in das Portemonnaie hinein. Eltern, die Liebe dadurch gezeigt haben, dass sie uns Dinge geschenkt haben, mögen eine Übertragung aufgebaut haben, die unser starkes Bedürfnis erklärt, heutzutage Geld, Geschenke oder besondere Gefallen zu erhalten. Eltern, die emotional oder finanziell sehr zurückhaltend waren, mögen eine Übertragung angelegt haben, die unser zwanghaftes Bedürfnis erklärt, Geld zu horten – oder Essen oder Sachen. Wenn wir an Übertragungen arbeiten, reinigen wir uns von unseren Infektionen durch die Vergangenheit und werden ihr gegenüber immun. Möglicherweise sind wir dann überrascht, was wir mit unserem Geld tun, sobald wir nicht mehr von anderen beeinflusst sind. Vielleicht erkennen wir auch, wie sich unsere Geldprobleme auf unsere Art ausgewirkt haben, Intimität zu zeigen oder zu fürchten, da es auch hier um Geben und Empfangen geht.

Angenommen werden und abgelehnt werden

In diesem Paar geht es darum, gemocht/nicht gemocht, geliebt/gehasst oder eingelassen/weggestoßen zu werden. Wir erfahren diese Möglichkeiten nicht nur auf individueller Ebene. Für unsere Urahnen hieß ignoriert werden nicht einfach nur, nicht beachtet zu werden. In unserer noch aus alter Zeit stammenden Psyche wird es vielmehr als ein gefürchteter Verlust der Verbindung empfunden, die für das Überleben in einer Welt, in der Kooperation und Zugehörigkeit für Sicherheit stehen, so notwendig ist. Eine Ablehnung oder Verlassenwerden fühlt sich gefährlich an, weil es immer noch das Überleben infrage zu stellen scheint. Wir finden es schrecklich, uns vorzustellen, dem Leben allein gegenüberzutreten; es fühlt sich an, als wäre das gleichbedeutend mit dem Tod. Dies kann dazu führen, dass wir eine große Chance zur Selbsterkenntnis versäumen, die sich in der Einsamkeit auf eine Weise bietet, wie es in überfüllten Räumen, in denen wir von anderen getragen werden, nicht so leicht möglich ist.

Wenn wir nicht bekommen, was wir uns wünschen, eröffnet das außerdem häufig ein völlig neues Kapitel in unserem Leben. Werden wir von einem Partner verlassen, so kann das dazu führen, dass wir einem anderen begegnen, der vertrauenswürdiger ist. Unglück kann zu Glück führen. In solcher Kombination von Gegensätzen liegt Synchronizität, ein bedeutsames Zusammentreffen von Ereignissen, das uns zu unserer Bestimmung führt, manchmal durch ein Tal der Tränen.

In jedem Fall kommen der fortlaufende Austausch und das Eingestimmtsein, durch die wir uns entfalten, zu einem abrupten Halt, wenn jemand hier und jetzt aus unserem Leben verschwindet. Unsere Identität ist nun im Kopf des anderen Menschen total eingefroren, ohne dass wir noch neue Gesichtspunkte hinzufügen können. Dies ist ein anderer Grund, weshalb ein Abschied uns mit solcher Wucht trifft. Die Loslösung hat zur Folge, dass unser Bild beim anderen in der Form erstarrt, in der es zuletzt für den anderen Menschen erschienen ist. Tatsächlich können wir kein neues Gefühl für das, was wir füreinander sind, mehr aufbauen. Das Ende einer Beziehung verhängt ein Embargo über das Wachstum, was für ein Wesen, das durch Entwicklung gedeiht, eine erschreckende Option ist.

Das Verlassen kann durch Desinteresse erfolgen, die Loslösung eines der Partner aus dem Streit und dem dramatischen Ausdruck von Gefühlen, die in der Beziehung zuvor so lebhaft waren. Der andere Partner mag die neue Stille als ein Zeichen deuten, dass die Dinge besser werden, während die Verbindung in Wirklichkeit am Absterben ist. Wenn einer der Partner das Interesse an der Reise des Paares verliert, oder es ihn nicht mehr kümmert, ob oder wie sie weitergeht, nähert sich die Geschichte ihrem Ende. Jemand muss ansprechen, was da vor sich geht, wenn es eine Chance zur Wiederherstellung geben soll.

Ein Mensch kann mit uns Schluss machen und sich dann so verhalten, als hätten wir niemals eine Beziehung gehabt oder als sei die Beziehung nicht so wichtig, wie er sie ursprünglich hatte erscheinen lassen. Er mag unser eigenes Gefühl des Verlustes nicht bestätigen oder uns in der Öffentlichkeit nicht einmal beachten. Das tut weh. In dem Maße, in dem unsere spirituelle Praxis reift und wir das Ego loslassen, können wir nicht mehr sagen: „Wie kann er es wagen, mich so zu behandeln?" Stattdessen gehen wir mit unserem Ärger und Kummer allein um. Und schließlich sind wir vielleicht fähig zu sagen: „Wie kann ich diese Erfahrung zur notwendigen Entlarvung meines Ansprüche stellenden Egos nutzen?"

Unser Ego ist weniger neurotisch, wenn es seinen provisorischen Status in einer Welt anerkennt, in der eine der Gegebenheiten lautet, dass wir manchen Menschen wenig bedeuten. Das Ego möchte andere zwingen, unseren Wert anzuerkennen, oder aber Vergeltung ihnen gegenüber üben, wenn sie nicht bereit sind, es zu würdigen. Loslassen ist weitergehen. Dies bedeutet eine Kombination eines bedingungslosen Ja ohne Tadel oder Rache zu der Art und Weise, wie Menschen eben sind, und eine größere Sorgfalt bei der künftigen Auswahl von Menschen, denen wir unser Vertrauen schenken. „Warum sind die Leute bloß so?" führt zu Tadel. „Ja, einige Leute sind eben so, und was jetzt?" führt zur Akzeptanz einer Gegebenheit, einer Gelegenheit für Mitgefühl und zu einem Antrieb, weiterzugehen.

Wenn wir akzeptiert werden, gibt uns das das Gefühl, dass wir erkannt und willkommen geheißen werden. Ich gebe Ihnen hier ein Beispiel, wie sich etwas ereignen kann, das eine Kleinigkeit zu sein scheint, dass aber in unserem Körpergeist eine andere Bedeutung gewinnt. Ich war auf der Bank und wollte einen Scheck einlösen. Als mich der Kassierer aufforderte, zwei Ausweise zur Identifikation vorzulegen, fühlte ich Ärger in mir aufsteigen. Später fragte ich mich, weshalb ich mit einer solchen Verstimmung reagiert hatte, und realisierte bald, dass es mein Gefühl war, für die Bankangestellten ein Fremder zu sein, obwohl sie mich bei Namen kannten. Daher erwartete ich von ihnen, dass sie für mich eine Ausnahme machten, mich von dem Standardablauf befreiten. Die Bank sollte für mich eine tragende Umgebung sein, wie ich sie in der Kindheit erlebt hatte und in der dem kleinen David Zugeständnisse gemacht wurden. Meine Verstimmung lag nicht daran, dass ich aufgefordert worden war, mich doppelt auszuweisen, sondern vielmehr an dem Gedanken, nicht geliebt zu werden. *Bin ich denn dermaßen bedürftig?*

Loslassen und Weitergehen

Im Leben loszulassen und weiterzugehen, kann sich sowohl wie ein Verlust der Verbindung anfühlen, als auch wie ein Verlust dessen, was uns wohl tut. Loszulassen heißt, unser Gefühl von Kontrolle über den Ausgang der Situation zu verlieren. Das ist für diejenigen Menschen eine erschreckende Möglichkeit, die es immer drängt, Pläne zu schmieden und dafür zu sorgen, dass alles so endet, wie sie es wünschen, ungeachtet der widerspenstigen Gegebenheit, dass das Leben nun einmal unvorhersehbar ist. Wir mögen in einer Atmosphäre, in der die Würfel fallen können, wie sie wollen, Panik empfinden.

Wir wachsen, wenn wir uns auf unsere eigene Heldenreise begeben – das ist der Archetyp des Loslassens und Weiterziehens. Da es sich um einen Archetyp handelt, ist es ein uns eingeborener, ererbter positiver Drang, der jedoch auch von der Angst überwältigt werden kann. Da die Heldenreise jedoch so bedeutend für unsere eigene Entwicklung sowie die des Planeten ist, schenkt dieser Archetyp uns auch genau so viel Mut, wie wir für die Reise benötigen. Evolution ist der allmähliche Niedergang der Herrschaft des Egos zugunsten des Königreichs des Höheren Selbst; sie ist damit ein Fortschreiten von der Egozentrik zu universeller Liebe. Aber es fällt uns aufgrund unserer Herkunft manchmal vielleicht schwer, darauf zu vertrauen.

Dass wir zögern weiterzugehen, ist keine Unzulänglichkeit. Etwas in unserem Innern möchte an Ort und Stelle bleiben, während etwas auch weitergehen möchte. Für einige von uns steht der Archetyp des Hüters des Herdes stärker im Vordergrund als der Archetyp der Heldenreise. Wir haben uns dieser Neigung in uns vielleicht noch nie gestellt. Die Herausforderung besteht darin, den Archetypen des reisenden Helden mit dem des Hüters des Herdes auszubalancieren, indem wir uns gestatten weiterzugehen und dann zu bleiben, wenn es nötig ist. Wir erinnern uns daran, dass manche Vögel Zugvögel sind und andere an Ort und Stelle bleiben, wie es Emily Dickinson in ihren Versen beschreibt:

Südlicher Brauch – des Vogels –
Ehe die Fröste reifen –
Wählt er den besseren Breitengrad –
Wir – sind Vögel – die bleiben.

Zittervolk um des Bauern Tür –
Das widerwillige Krume –
Erbettelt – bis barmherziger Schnee
Unsere Federn Heim gerufen.[2]

Übung:
Die Hürden mit Anmut überwinden

Kommendes und Gehendes

In dieser Übung geht es um ein bedingungsloses Ja zu der Gegebenheit des Kommens und Gehens anderer Menschen in unserem Leben. Wir sprechen dieses Ja aus, wenn wir neue Herausforderungen annehmen und willkommen heißen und das loslassen, was reif ist zu verschwinden. Rituale des Willkommenheißens und Verabschiedens helfen uns dabei. Wir können sie zusammen mit allen Freunden entwerfen, die sich uns in unseren Herausforderungen und Verlusten anschließen. Wir können uns auch in der Realität heimisch fühlen, dass Überleben heutzutage bedeutet, leichter neue Freunde zu gewinnen und sich auch leichter zu verabschieden. Dies ist die beste Weise, mit der Drehtür des Wandels umzugehen, wenn Menschen sich entschließen, unser Leben zu betreten oder zu verlassen.

Wenn Angst auftaucht, können wir daher kühn genug sein, *unsere Gewohnheiten gegen Übungen einzutauschen,* indem wir affirmieren: „Es gibt einen vertrauenswürdigen, unausrottbaren Drang in mir, furchtlos neue Möglichkeiten anzunehmen. Ich kann über die Gewohnheit, in meinen vertrauten Bequemlichkeiten festzustecken, hinausgehen und mich dem öffnen, was kommen möchte. Ich passe mich eher der Realität an, als dass ich versuche, sie neu zu gestalten, um den Status quo aufrechtzuerhalten. Ich beobachte gelassen, wie die Dinge vergehen, in dem Wissen, dass dies die Natur unserer vergänglichen Realität ist. Ich akzeptiere die Tatsache der Vergänglichkeit, indem ich mich an meine Sterblichkeit erinnere, mein eigenes letztendliches Dahingehen."

Geben und Empfangen

Wir erforschen, ob wir das, was wir benötigt haben, in unserer Kindheit bekommen haben. Wir erinnern uns an Geburtstage und Weihnachtsfeste und fragen uns, wie wir uns gefühlt haben. Glauben wir noch immer, man wäre uns etwas schuldig? Ein Anzeichen dafür könnte die Überzeugung sein, dass es in Ordnung ist, sich all das zu nehmen, was man uns nicht gegeben hat. Glauben wir andererseits, dass wir jemand anderem etwas schuldig sind? Ein Anzeichen dafür wäre das Gefühl, dass wir niemals genug geben könnten.

In dem Maße, in dem wir allmählich bewusster werden, gelangen wir in die reine Erwachsenengegenwart, wo nicht alles gegeben und nicht alles empfangen wird *und* wir dennoch überleben können. Dieses „und" ist unser Gleichmut. Durch ihn lassen wir andere vom Haken und handeln in Übereinstimmung mit der Gegebenheit der Begrenztheit der anderen. Gleichmut ist keine unsensible Distanzierung oder kalte Neutralität. Er ist vielmehr das Annehmen von Erfahrungen ohne die Geisteshaltungen von „Nimm es dir, wenn es angenehm ist" oder „Lauf weg, wenn es unangenehm ist". Stattdessen werden alle Situationen mit gleicher Fassung getragen.

Mit dieser Tugend sind wir alle vom Übertragungsstil befreit, andere zur Kompensation der Beschränkungen unserer Eltern zu benutzen. In der großzügigen Vergebung, die darauf folgt, hören wir auf, unsere Eltern oder anderen, die sich nicht für uns einsetzen, Schuld zuzuweisen. Wir tun dies, weil wir vergebende Menschen sind, die etwas bereinigt haben, nicht, weil wir Opfer sind, die um jeden Preis nett sein wollen. Stärke ist die Fähigkeit zu geben und zu vergeben, ohne uns in dem Prozess zu verlieren.

Angenommen werden und abgelehnt werden

Hier gebe ich Ihnen ein persönliches Beispiel von Ablehnung und ihrer Verbindung mit der Vergangenheit in der Übertragung: In meinem Leben kommt es von Zeit zu Zeit vor, dass eine Freundin oder ein Freund sich nicht mehr meldet, und wenn ich anrufe oder eine Email schicke, antwortet sie oder er nicht. Diese Art von plötzlicher Funkstille hat mich schon immer verletzt und gestört, und ich wusste nie, weshalb (der Grund blieb unbewusst). Vor kurzem hörte ein Freund ohne ersichtlichen oder ausgesprochenen Grund plötzlich auf, mit mir zu kommunizieren. Ich tat, was ich gewöhnlich tue, und versuchte, mittels E-Mail und Telefon mit ihm in Kontakt zu treten, aber es kam keine Antwort und keine Erklärung. Dieses Mal stellt ich mir die Frage: David, wann ist dir diese plötzliche Stille zum ersten Mal passiert?" Die Antwort kam so schnell wie ein Schock: Vaters plötzliches Verschwinden, als ich zwei Jahre alt war. Plötzlich wurde mir klar, weshalb ich so fassungslos über die Stille meines Freundes war. Hinzu kam, dass dieser Freund auch noch eine Vaterfigur für mich war, und daher war der Nachhall umso stärker.

Meine Reaktion bestand darin, meine Gefühle wahrzunehmen und zu empfinden, Ja zu dieser Funkstille zu sagen und seine Entscheidung, mich nicht wissen zu lassen, weshalb er keinen Kontakt mit mir wollte, zu respektieren. Ich beschloss, mein Nichtwissen zu akzeptieren und mir noch einmal meinen eigenen Schmerz über Vaters Verschwinden anzusehen. Dieser neue Fokus richtet die Aufmerksamkeit auf meine eigene Arbeit an mir und ich konnte aus meiner Erfahrung lernen. Ich gelobte mir selbst, anderen gegenüber niemals eine solche plötzliche Stille zu benutzen. Dann müssen andere nicht auf die gleiche Weise leiden, wie ich es getan habe.

Loslassen und weitergehen

Wir machen eine Inventur und stellen fest, auf welche Weise wir feststecken, wie wir zu langsam oder zu schnell vorankommen, wie wir etwas auf die lange Bank schieben. Wir sehen uns unsere Angst vor dem Weitergehen an. Wir fragen uns, woran wir festhalten, und sehen uns dann unsere Angst vor dem Loslassen an.

Stellen Sie sich vor, Sie hielten die Angst vor dem, was geschehen *könnte,* in einer Hand. In der anderen Hand halten Sie das, was Sie unter Kontrolle haben und geschehen lassen *möchten.* Zwischen den beiden Händen befindet sich Ihr wahres Ich, das zu *allem, was geschehen mag,* Ja sagt.

Loszulassen heißt, unser Banner der Kontrolle wegzuwerfen. Das Ego benutzt Kontrolle, um seine Angst zu kaschieren oder vor ihr davonzulaufen. Nackte Angst fühlt sich wie Machtlosigkeit an. Der

Weg zur Befreiung von der Angst besteht paradoxerweise nicht darin, die Kontrolle wiederzuerlangen, sondern darin, in den Raum unserer Hilflosigkeit einzutreten und sie dadurch völlig zu empfinden. Auf diese Weise lassen wir die Illusion der Kontrolle los und öffnen uns für eine neue Kraft in uns, die Kraft, sich dem zu stellen, was uns das Leben bietet, und damit umzugehen. Das ist die Essenz der Furchtlosigkeit.

Wenn es uns gelingt, die Angst selbst in kleinsten Dingen loszulassen, zeigt uns dies, dass es für die Eskalation unserer Angst eine Grenze gibt. Uns wird auch klar, dass sie uns nur bis zu einer bestimmten Grenze unserer Macht berauben kann, eine weitere ermutigende Erkenntnis. Dies war den alten Weisen bekannt, denn in der *Bhagavad-Gîtâ* heißt es bereits: „Selbst ein kleiner Fortschritt bedeutet Freiheit von Angst."

> *Der Weg der Integration flieht nicht die Angst, sondern hält sie aus, um jene Seelenanteile wiederzufinden, die sich abgespalten haben und nun zurückkehren, um uns in projizierter symbolischer Form zu verfolgen.*
>
> –David Loy–

6

UNSER ZWANG ZUR WIEDERHOLUNG

Diese Sichtweise befreit uns von der Last, die frühen Jahre als einen Fehler anzusehen und zu meinen, wir seien Opfer von Behinderungen und Grausamkeiten. Sie zeigen uns vielmehr den Samen im Spiegel, unsere Seele, die in verschiedenen Gewändern endlos die Muster unseres Karmas wiederholt.

–James Hillman–

Wiederholung hilft uns, durch die Dinge hindurchzugehen. Das Wiederholen der Geschichte einer persönlichen Tragödie hilft uns, den uns belastenden Einfluss zu mindern, sodass sie sich in uns setzen kann und wir sie als eine Tatsache sehen können, mit der wir leben können. Die Wiederholung eines positiven Ereignisses ermöglicht es uns, die Freude wieder zu erleben und von ihr getröstet zu werden.

In Beziehungen wiederholen wir, was uns in der Kindheit widerfahren ist, aber nicht, weil etwas mit uns nicht stimmt. Wiederholung hilft uns, die Vergangenheit aufzulösen, jedoch nur, wenn wir uns so weit ihrer bewusst werden, dass wir sie durcharbeiten und loslassen können. Oft wiederholen wir einfach, ohne zum nächsten Stadium weiterzugehen. Dann benutzen wir die richtige Methode (Wiederholung), aber nicht mit den richtigen Konsequenzen (Auflösung). In diesem Kapitel erkunden wir Wiederholung als eine Brücke zur Klärung unserer Vergangenheit.

Wir finden Wiederholung überall. Wiederholung ist ein wiederholter Hinweis darauf, dass etwas unvollständig geblieben ist. Wir finden bei keinem Unterfangen Ruhe, bis wir nicht ein Gefühl von befriedigender Vollendung erlangt haben, sei sie nun emotionaler oder physischer Natur. Wenn wir einen Teil eines Liedes hören, neigen wir dazu, es in unserem Innern zu Ende zu singen. Wir fühlen uns verunsichert, wenn jemand stirbt, bevor wir die Möglichkeit hatten, uns zu verabschieden, unsere Streitereien zu klären oder Wiedergutmachung zu leisten. Ohne Vollendung mögen wir die „kärgliche Liebe verfluchen, die zu zeigen wir uns begnügt haben", wie Emily Dickinson so bewegend in einem Gedicht darüber geschrieben hat, wie es uns nach dem Tod eines geliebten Menschen geht.

Wir stellen fest, dass die Natur durch Wiederholung operiert: Morgen- und Abenddämmerung, Mondzyklen, Planetenumlaufbahnen, Jahreszeiten. Auch unser Körper funktioniert durch Wiederholungen: Herzschlag, Atem, Schlafen/Wachen. Die Geschichte wiederholt sich, zum Besseren oder zum Schlimmeren. Es scheint, dass Wiederholung in unser Leben und in unsere Realität eingebaut ist, also muss sie einen nützlichen Zweck in unserem psychologischen Leben als auch im Bereich der Evolution besitzen.

Wiederholung wird in den östlichen Religionen thematisiert. Der Begriff „Karma" bezieht sich unter anderem auf die Neigung, eine vergangene gute Tat oder einen Fehler zu wiederholen. Wir verstärken die Neigung, freundlich zu sein, wenn wir uns entscheiden, mit freundlicher Liebe zu agieren. Wenn wir beschlossen haben, jemanden zu verletzen, werden wir wahrscheinlich noch weiteren Schaden anrichten. Bei Karma geht es um Wiederholung als eine Tugend oder eine Gefahr.

Nietzsche sprach von der „ewigen Wiederkehr" und definiert einen Helden als „er, der ein großer Meister der Wiederholung ist". Wir erinnern uns daran, dass es zwei Arten des Kreisens gibt: Die Spirale ist eine positive Wiederholung, die sich immer weiter nach oben entwickelt. Das im Schnee durchdrehende Rad ist eine negative Wiederholung, die einfach nur Energie verschwendet.

Die russische Psychologin Bljuma Zeigarnik entdeckte 1927 den „Zeigarnik Effekt“. Sie zeigte, dass wir unvollendete Aufgaben viel länger im Gedächtnis behalten als vollendete. Dies erklärt unseren Hang, länger an negativen oder sich als mangelhaft erweisenden Erinnerungen festzuhalten als an positiven.

Unterbrechungen und Verkürzungen hinterlassen einen nachhaltigen Eindruck und fordern einen Abschluss. Dies ist eine uralte Erkenntnis. Paulus sieht die Sehnsucht nach Vollendung als eine Eigenschaft der Natur an: „Denn wir wissen, alle Kreatur sehnet sich mit uns und ängstigt sich noch immerdar.“ (Röm. 8:22) Karpokrates, ein Neuplatoniker des zweiten Jahrhunderts, propagierte, die Seele müsse erneut die gesamte Palette menschlicher Erfahrungen durchlaufen, wenn sie jemals ein für alle Mal von ihrem Körper frei sein wolle. Der Glaube an die Notwendigkeit von Wiederholungen durch Reinkarnation geht in die gleiche Richtung.

Philosophisch gesehen können wir sagen, dass allen Lebewesen, der Mensch eingeschlossen, Autopoiese innewohnt, eine Tendenz zur Selbsterschaffung und Selbsterhaltung. Autopoiese ist der innere Drang in einem lebenden System, es selbst zu werden und instinktiv so zu agieren, dass es seine Selbstverwirklichung fördert. Autopoiese hilft uns, unseren Drang nach Vollendung und die eventuell dafür notwendige Wiederholung zu verstehen. Wir könnten sie als einen positiven Zwang bezeichnen. Wir können nicht anders, als uns selbst zu verwirklichen, es sei denn, wir übergehen diese natürliche Neigung bewusst, indem wir uns selbst verkrüppeln, etwa durch den Gebrauch von Suchtdrogen oder dadurch, dass wir zu lange in einer Beziehung oder Situation bleiben, die uns verletzt oder fesselt.

Unsere volle Menschlichkeit wird nicht nur dadurch verwirklicht, dass wir körperlich und psychisch gesunden, sondern auch dadurch, dass wir zu erleuchteten und liebenden Menschen werden. Dies bedeutet, dass es in uns eine natürliche Prädisposition zum wiederholten Ausdruck von Tugend, von Buddha-Geist, von Christusbewusstsein gibt. Die Liebe und die Weisheit in jenen Archetypen sind uns nicht fremd, sondern repräsentieren das uns selbst innewohnende Potenzial, das sich danach sehnt, zum Ausdruck zu gelangen. Unser Ich will das höchste Potenzial von Bewusstheit, Weisheit und Mitgefühl erreichen. Erst dann gibt es endlich Ruhe – wenn es seine Aufgabe, für die es geschaffen zu sein scheint, erfüllt hat: nicht den kurzsichtigen Egoismus des „Nur-Ich", sondern das empathische, verbundene Bewusstsein des „Ich-Du".

Autopoiese vollzieht sich am Besten, wenn eher unser Herz reagiert, als wenn unser Kopf die Kontrolle übernimmt, wenn wir uns von unserer Seele statt von Regeln und Vorstellungen bewegen lassen. Denken Sie daran, dass Pinocchio in dem Film von Walt Disney lernt, er könne dadurch lebendig werden, dass er den Regeln folge. Er erliegt auch sehr leicht der Versuchung, dadurch zu wachsen, dass er sich dem Zirkus anschließt. Aber ganz „wirklich" wird er erst dann, als er sein Leben für andere riskiert. Sein Herz reagiert und seine Seele öffnet sich durch seinen Mut. Erst dann wird ihm der Segen, tatsächlich lebendig zu sein, zuteil.

Spirituelle Übungen sind Wiederholungen und tatsächlich Technologien der Autopoiese. Wenn wir zum Beispiel Achtsamkeit in Beziehungen üben, zwingen wir uns nicht, etwas zu sein, das wir nicht sind. Wir gleichen unser Verhalten vielmehr dem an, der wir in jedem Augenblick bereits sind. Wir bürsten nicht gegen den Strich, wenn wir Liebende Güte praktizieren; wir gehen vielmehr mit dem Fluss der Liebe und Güte, die unserer Existenz zugrunde liegen, sie bewegen und bedingen. In unserem tiefsten Sein *wollen* wir jedermann lieben, weil unser tiefstes Wesen Liebe *ist.* Die Neuplatoniker sind davon ausgegangen, dass Güte gar nicht anders kann, als sich auszubreiten und dadurch auszudehnen. Auch Shakespeare wusste darum, wenn Julia zu Romeo sagt:

So grenzenlos ist meine Huld
die Liebe, so tief ja wie das Meer.
Je mehr ich gebe, je mehr auch hab' ich,
denn beides ist unendlich.

Zu große Ereignisse

Manche von uns wollen noch einmal in die Vergangenheit reisen; manche von uns wollen sie rückgängig machen; manche von uns wollen sie wiederholen. Die meisten von uns lassen sich im Laufe des Lebens auf alle drei Varianten ein. Wir widersetzen uns häufig der Vollendung einer Erfahrung oder einer Beziehung und ziehen es vor, das zu wiederholen, was wir nicht vollenden. Unbewusste Übertragung ist eine Weise der Wiederholung. Sie ist das Gegenteil des Ansprechens, Durcharbeitens, Auflösens und Integrierens unserer Erfahrung.

Vielleicht suchen wir unbewusst einen Partner, der die Nichterfüllung unserer Bedürfnisse genauso wiederholt, wie es in unserer Kindheit geschah. Dies kann in einer Beziehung nach der anderen geschehen. Die Ironie liegt darin, dass wir womöglich Wiederholung mit Sicherheit verwechseln.

Wichtige Dinge wirken sich Schicht für Schicht auf uns aus. Das ist es, was wir mit der „Tiefe" im Gegensatz zur „Oberflächlichkeit" einer Erfahrung meinen. Die Schichtung von Erfahrungen in die Tiefe können auch Rituale der Wiederholung erklären, von denen Übertragung eine Form ist. Übertragung wiederholt sich wie ein wiederkehrender Traum, bis die unterschwellige Spannung, aus der sie hervorgeht, angesprochen und aufgelöst werden kann. Wiederholung mindert den schmerzlichen Einfluss eines traumatischen Ereignisses, sodass der Schmerz uns nicht auf einmal überfällt. Die Wiederholung wird zu einem Zwang, wenn wir uns auf sie fixieren oder von unseren Versuchen, durch sie Befriedigung zu finden, frustriert sind. Wir sind von dem nicht nachlassenden Wunsch getrieben, all das ganz werden zu lassen, was bisher keine Heilung gefunden hat. Befriedigung geschieht durch Vollendung. Warum ist das so?

In der Übertragung versuchen wir mit neuen Menschen das zu vollenden, was mit anderen Menschen früher unvollständig geblieben ist. Übertragung ist in dieser Hinsicht ein Prozess der Autopoiese, der Selbsterschaffung. Lassen wir sie unbewusst bleiben, bringen wir uns um ihren Gewinn; wenn wir sie bewusst machen, können wir Kapital aus ihr schlagen.

In einem größeren Rahmen wird uns klar, was Rilke meint, wenn er einem jungen Dichter rät, „Geduld zu haben gegen alles Ungelöste in Ihrem Herzen und zu versuchen, die Fragen selbst lieb zu haben". Manche Ereignisse sind so riesig oder haben solche archetypischen Implikationen, dass sie auf ewig wiederholt werden müssen, ohne eine letzte Vollendung zu finden, zumindest nicht in einem unserer Leben.

Positive Beispiele für dieses Bedürfnis nach unendlicher Wiederholung sind die ständigen Neuinszenierungen von berühmten Theaterstücken. Sie werden im Laufe der Jahrhunderte immer wieder aufgeführt, weil der menschliche Geist niemals in der Lage sein wird, ihre Botschaft völlig aufzunehmen: Ein Sohn tötet seinen Vater und heiratet seine Mutter *(Ödipus Rex);* ein Prinz findet heraus, dass sein Vater umgebracht wurde, und ist davon beherrscht, Rache zu nehmen *(Hamlet).* Wir verstehen die Handlung, aber wir werden niemals ganz Ödipus oder Hamlet verstehen, ihre Motivationen, ihre geheimen Wünsche – so wie wir auch die Motivationen oder Wünsche unseres eigenen Vaters oder Sohnes nie völlig durchschaut haben. Wir sehen uns die Theaterstücke immer wieder an, als würden wir zu einem Mysterium hingezogen, von dem wir wissen, dass es für unsere persönliche Entwicklung wesentlich ist, das jedoch letztlich nicht in seiner ganzen Fülle erfasst werden kann. Das liegt daran, dass wir in ihrer Geschichte unsere eigene Geschichte sehen – jedes Mal ein kleines Stück davon.

In jedem neuen Lebensstadium vermögen wir intensiver zu empfinden und die Handlungen und Charaktere bei Shakespeare tiefer zu verstehen. Als wir noch zur Schule gingen, machte *King Lear* keinen so großen Eindruck auf uns, während uns das Stück später im Leben wie eine Harpune durchbohrt. Wir erkennen unsere eigenen archaischen Szenarien, die in dem Stück zur Aufführung gelangen, jedes Mal in unterschiedlichen Rollen, wobei wir hoffen, zumindest ein wenig von dem zu verstehen, was gänzlich zu ergründen für Herzen wie die unseren zu überwältigend wäre.

Wie können wir glauben, dass unsere Familie uns in eine solch missliche Lage gebracht hat, wie es geschehen ist? Wie können wir glauben, dass Menschen wirklich die Dinge tun, die sich auf der blutigen Bühne abspielen? Wie können wir glauben, solche Undankbarkeit von denjenigen, für die wir doch so viel getan haben, sei möglich?

Ein positives Beispiel für Wiederholung, bei der wir jedes Mal ein wenig mehr, aber niemals alles ganz erfassen, ist unsere Teilnahme an religiösen Ritualen. Wie können wir die wundersame Befreiung von der Sklaverei jemals in ihrer Gänze erfassen? Daher muss das Passahfest bis zum Ende aller Zeiten wiederholt werden. Die menschliche Psyche benötigt eine derart lange Zeit, um das Ausmaß der Gabe des Exodus in sich aufzunehmen. Wie können wir jemals gänzlich begreifen, dass der Körper und das Blut Gottes uns als spirituelle Speise gegeben wurden? Die unzähligen Messen, die täglich überall auf der Welt gefeiert werden, können das Mysterium nicht in seiner Fülle ausschöpfen. Es braucht eine Ewigkeit, bis großartige Geschenke, ebenso wie große Ereignisse, assimiliert werden. Vielleicht ist der Glaube an die Ewigkeit aus eben dieser Erkenntnis entstanden.

Im religiösen Bereich ist Wiederholung ein kraftvolles Mittel der Selbsterkundung. Die Menschen werden aufgefordert, die Übungen von Heiligen und Weisen zu wiederholen und ihr Verhalten nach ihnen auszurichten. Rituale werden in der Tat dann am bedeutungsvollsten, wenn sie göttliche Gesten nachahmen. Gnade wird aufgrund ritueller Imitation empfangen, durch die Wiederholung von spirituellen Ereignissen, wie z. B. bei der Passah- oder der Eucharistie-Feier. Wiederholung besitzt also eine unauslöschliche und unmissverständliche Bedeutung in der Tiefenstruktur der kollektiven menschlichen Psyche. Wiederholung besteht nicht einfach darin, dass man etwas tut, was zuvor bereits getan wurde. Sie ist eine Initiation in die Gnade von Urereignissen und ein Weg zur spirituellen Selbstverwirklichung.

An negative Ereignisse wie den Holocaust muss oft erinnert werden, da das menschliche Herz niemals völlig begreifen kann, dass es zu so etwas Grausamem fähig ist. Außerdem sollten wir als Amerikaner uns daran erinnern, wie wir unser Land infolge der Gier unserer Vorfahren und des von ihnen verübten Genozids in Besitz genommen haben. Wir sind beunruhigt darüber, dass heutige Präsidenten die Zyklen des Krieges wiederholen, und wir fragen uns, wann wir Menschen uns wohl endlich durch die Kunst des Friedens für das Überleben des Planeten einsetzen werden. Angesichts des durch Krieg hervorgerufenen Leids geht es darum, die Geschichte dessen, was geschehen ist, immer wieder zu erzählen und für einen neuen politischen Stil von Gerechtigkeit durch Gewaltlosigkeit einzustehen. Auf diese Weise verhilft uns unser Bedürfnis nach Wiederholung dazu, besser mit dem kollektiven menschlichen Schatten umzugehen. Wir werden niemals vollkommen von unserem Schatten erlöst sein, und nichtsdestotrotz hören wir niemals auf, für einen Wandel zu arbeiten.

Etwas Uraltes und Primitives in uns

Während ich dieses Buch schrieb, träumte ich, ich würde dem Vater meines Vaters erzählen, dass ich Papa, der vor vielen Jahren gestorben ist, manchmal vermissen. Großvater antwortete, er würde ihm ebenfalls fehlen. „Wenn ich ihn vermisse", sagte er, „gehe ich hinunter in das Zimmer, in dem er geboren wurde, und sitze dort einfach." Dieser Traum hat mir geholfen, Übertragung, aber auch Achtsamkeit besser zu verstehen. Ich spreche darin vom Fortbestehen meiner Beziehung zu meinem Vater, obwohl er nicht mehr da ist. Ich spreche mit dem Großvater, der ebenfalls nicht mehr da ist. Er sagt mir, er gehe ins Unbewusste („ich gehe hinunter"), wo er Kontakt mit den Wurzeln aufnehme („wo er geboren wurde"). Bei Übertragung geht es genau um das Herstellen dieser Verbindung. Wir finden unsere ursprünglichen Probleme im Unbewussten und suchen sie auf, wenn wir uns unvollständig fühlen. Dann „sitzen wir einfach" – das heißt, in achtsamer Bewusstheit. Ich spüre, dass dieser Traum auch in dem Sinne ein Segen ist, dass mir die vergangenen Generationen dabei helfen, diese Seiten zu schreiben. Übertragung ist tatsächlich das Karma von Generationen: Erfahrungen mit bestimmten Menschen führen zu einer Wiederholung dieser Erfahrungen mit anderen Menschen.

Freud meinte, dass wir häufig nicht versuchen, ein Objekt in der aktuellen Wahrnehmung zu finden, sondern versuchen, ein solches Objekt wiederzufinden, um uns davon zu überzeugen, dass es noch immer da ist. Ist es das, worum es in der Übertragung geht: mich davon zu überzeugen, dass die Vergangenheit noch vorhanden ist, dass Papa noch immer in dem Zimmer unten geboren wird, in der Tiefe meiner Seele und gleichzeitig in dem Zimmer, in dem ich jetzt stehe? Versuche ich auf diese Weise, unsere Beziehung neu zu beginnen?

Wie wir zuvor gesehen haben, empfinden wir Dinge auf der persönlichen Ebene, aber auch auf der Dorf-, Ahnen-, Stammes- und der kollektiven Ebene. All diese Ebenen sind noch immer in unserem Körper vorhanden, der unmittelbarsten Version unseres Unbewussten. Wir besitzen wie die Katzen ein langes archetypisches Gedächtnis. Es heißt, Katzen seien deshalb so vorsichtig bei der Annäherung an uns Menschen, weil ihr Körper sich an die Misshandlungen erinnert, die Menschen ihnen im Laufe der Geschichte beigebracht haben. Hunde besitzen ein kurzes archetypisches Gedächtnis; deshalb springen sie uns, ohne zu zögern, auf Gedeih oder Verderb in die Arme.

Ein Beispiel für unser Clangedächtnis ist das Gefühl, dass uns etwas Gutes, das uns gerade gewährt wurde, mit Sicherheit wieder weggenommen wird. Dies ist nicht nur auf die frühe Kindheit zurückzuführen, sondern ist eine allgemein verbreitete menschliche Angst, die sich auf ein Gefühl von Wertlosigkeit und die Notwendigkeit ständiger Demut gründet, um den Grafen und Herrschern zu gefallen, die einmal unser Dasein und zugelassen haben. Tief unten – was hier bedeutet, auf der Ebene unserer Stammesmentalität – mögen wir noch immer glauben, dass wir nichts verdient haben und dass wir uns glücklich schätzen können, wenn unser Glück anhält oder ein Partner, den wir brauchen, bei uns bleibt.

Wir können üben, aufmerksam unsere primitiven Reaktionen auf Ereignisse oder Krisen in unserem täglichen Leben zu beobachten. Selbst wenn sie geringfügig erscheinen, können sie schwer wiegen und ein großes Ausmaß haben. Wir können ein Beispiel dafür im physischen Trauma erkennen. Ein Sturz vom Motorrad mag wie ein geringfügiger Unfall aussehen, aber seine Auswirkungen auf unseren Körper können stärker sein als unsere mentale Beschreibung oder als wir wahr haben wollen. Auf ähnliche Weise kann die Beschreibung seelischer Vorkommnisse in der Kindheit sich heute so anhören, als seien sie nicht bedeutend gewesen, aber das muss nicht heißen, dass sie sich nicht überwältigend angefühlt haben, als sie geschahen. Die meisten Urerfahrungen werden von lang anhaltenden Zellreaktionen begleitet, über die wir keine Kontrolle besitzen und um die wir vielleicht gar nicht wissen. Das mag schwer zu glauben sein, da unser Ego, das stets die Kontrolle haben will, durch den Umstand beleidigt wird, dass unser Unbewusstes mehr Macht über uns besitzt als es selbst. Doch der Körper ist nicht so leicht davon zu überzeugen, dass der ursprüngliche Schmerz und sein andauernder Nachhall „nichts machen".

Weshalb uns das Verlassenwerden so schmerzt

Ich komme am Flughafen an und warte auf den Freund, der sich bereit erklärt hat, mich abzuholen. Es wird ziemlich spät und er ist immer noch nicht aufgetaucht. Ich rufe ihn an, aber er meldet sich nicht. Ich besitze kein mobiles Telefon, daher kann er mich nicht erreichen. Mein Verstand schließt daraus einfach, und wahrscheinlich folgerichtig, dass etwas schief gelaufen ist, worauf er keinen Einfluss hat. Das ist mein erwachsenes Denken, das da spricht. Aber gleichzeitig empfinde ich ein nagendes Gefühl, dass man mich absichtlich missachtet und versetzt hat. Was da spricht, ist mein primitives Gemüt. Es bringt sich an Orten des Kommens und Gehens wie auf einem Flughafen lauter zu Gehör. Es ist nämlich so, dass uns Kommendes und Gehendes dort treffen, wo wir am verletzlichsten sind, im Bereich der persönlichen Bindungen (aufgrund derer wir überleben) oder der abgebrochenen Bindungen (die uns zusammenbrechen lassen). Mein Gefühl, versetzt worden zu sein, ist deshalb eine „Dorf-Reaktion" aus einer kollektiven Erinnerung.

Jetzt empfinde ich etwas, bei dem es nicht mehr nur um die Verspätung eines Freundes geht. Es geht hier um das Ausbleiben einer liebevollen Zuwendung, das mich an so viele Momente der Illoyalität von Familienmitgliedern, Freunden, Geliebten erinnert, an Momente der Ablehnungen und Exkommunikationen, die mir Menschen und Institutionen während meines ganzen bisherigen Lebens angetan haben. Ich glaube immer noch, dass man mich verlassen hat, weil ich unzureichend war, und so stelle ich mir vor, dass mein abwesender Freund mich heute ebenso einschätzt. Also stehe ich hier und warte, während ich in Wirklichkeit von dem Gram gebeugt werde, der aus lang vergangenen Zeiten auf mich gewartet hat. Wie kann ich immer noch daran glauben, es gäbe so etwas wie eine „Vergangenheit"?

Dieses Vorkommnis kann jedoch auch zu einer Quelle persönlichen Wachstums werden. Ich kann mit mir selbst wie ein freundlicher Onkel sprechen, während ich dastehe und warte: „Ein von der Sache her neutrales Missgeschick ist heute eingetreten, eine der Pannen, die zu den Gegebenheiten des Lebens gehören. Ich spüre jedoch, dass mich das ziemlich mitnimmt. Offenbar glaube ich noch immer, ich sei die Loyalität nicht wirklich wert, und dieser Umstand bringt mein altes Gefühl der Unzulänglichkeit zum Vorschein. Ich bin jetzt von meiner Unzulänglichkeit überzeugt und stehe hier in diesem Augenblick der Enttäuschung mit diesem Gefühl. Das hat mich darauf aufmerksam gemacht, dass ich dieses aufgeladene Thema in meiner nächsten Therapiesitzung bearbeiten muss, die bald stattfinden sollte. Unterdessen bin ich bereit, meine ‚Dorf-Reaktion' loszulassen und ein Taxi zu nehmen."

Verlassen zu werden bedeutet, ausgeschlossen zu werden, ein essenzielles Problem für einen primitiven Menschen. Unsere primitiven Gefühle besitzen, wie wir gerade gesehen haben, eine kollektive Dimension und unterliegen nicht der Kontrolle unseres gebildeten Egos. Therapie und Bücher wie dieses können nicht in diesen tiefen Abgrund vordringen, noch kann er jemals ausgeleert werden. Wir können uns wie in dem oben angeführten Beispiel selbst helfen, indem wir einfach wahrnehmen, wie unsere persönlichen Gefühle kollektive Gefühle aufgreifen, und können sie dann einfach sein lassen. Paradoxerweise können wir uns zumindest durch das Gefühl der Seelenverwandtschaft mit anderen Menschen im Laufe der Jahrhunderte trösten, die empfinden und empfanden, was wir heute fühlen.

Die Angst vor dem Verlassenwerden basiert auf einer falschen Überzeugung: "Ich werde sterben, wenn man mich allein lässt." Diese Angst wird wahrscheinlich auftreten, wenn mehrere Auslösefaktoren zusammenkommen, wie etwa das Warten auf einen verspäteten Freund am Flughafen und ein niedriger Pegelstand der persönlichen Stärke aufgrund einer kürzlich aufgetretenen Krise oder aufgrund von Stress. Dann ist die Wahrscheinlichkeit sehr viel höher, dass wir in unseren primitiven Modus katapultiert werden, der stets nicht allzu weit unter der gewöhnlichen Bewusstseinsebene bereitsteht, und uns das Schlimmstmögliche vorstellen. Vielleicht werden Krisen von unserer Psyche herbeigeführt, die sich so sehr wünscht, dass wir an uns arbeiten, damit wir schließlich aus unserer Vergangenheit entlassen werden können. Könnte es sich beim Eintreten einer Krise in diesem Sinne um Synchronizität handeln, die mysteriöse Kombination von Zufall und Bedeutung?

Wir können unsere extremen und primitiven Reaktionen verstehen, indem wir eine Analogie benutzen: Die Psyche ist wie ein Aktenschrank, der einer Person gehört, die nur wenige Ordner darin hat. Sie muss die Akten daher in Ordner mit sehr allgemeinen statt mit spezifischen oder genauen Titeln ablegen. „Verlassenwerden" ist beispielsweise der Titel eines Ordners im Schrank. „Er hat nicht zurückgerufen", „Er hat mein neues Kleid nicht bemerkt", „Er hat mich nicht wie gewöhnlich geküsst", „Er ist nicht nach Hause gekommen" – diese Akten kommen alle in denselben Ordner, ungeachtet ihrer unterschiedlichen Wichtigkeitsebenen. Sie treffen uns deshalb mit gleicher Wucht. Auf ähnliche Weise können „Vater", „Autorität", „Chef" oder „Regeln" ebenfalls in ein und denselben Ordner gelangen und insofern als gleichwertig herausgelesen werden. Diese Tendenz in der Psyche, verschiedene Sachen zu einer zu verwischen, macht Übertragung zweifellos leichter.

Wir sind mit wenigen Ordnern in unserem mentalen Schrank aus unserer Kindheit hervorgegangen, da diese Ordner angelegt wurden, bevor wir entwickelt genug waren, um zu erkennen, dass Dinge, die geschehen, subtile Bedeutungen haben können. Die adäquaten Titel für unsere Ordner wären in der Tat die spezifischen Nuancen einer Erfahrung. Viele Erfahrungen haben zwar eine ähnliche, aber nicht dieselbe Nuance, wie etwa in dem genannten Beispiel, wo das Nichtbemerken des neuen Kleides wie ein Verlassenwerden aufgefasst wird. Es ist an uns, unser Ablagesystem zu differenzieren und die Ordner so anzulegen, dass sie die Mannigfaltigkeit menschlicher Erfahrungen genauer widerspiegeln. Unser innerer freundlicher Onkel kann uns dabei helfen: „Er hat das

Kleid also nicht bemerkt. Verstehe das einfach so, dass er allzu sehr mit seinen eigenen Problemen beschäftigt ist, wie das bei den Menschen nun einmal häufig der Fall ist. Hier geht es nicht um dich. Ordne dies unter ‚Die Gegebenheiten des Lebens' ein oder in den ‚Wie Hans ist'-Ordner, nicht aber in den ‚Ich bin wieder einmal verlassen worden'-Ordner."

Verlassen zu werden ist ein kollektives Thema. Weshalb ist der Verlassenwerden-Ordner für uns persönlich so wichtig? Das Erwachsenensein ist eine Ausweitung unserer Kindheit und tritt keineswegs an deren Stelle. Das verängstigte Kind sucht immer noch verzweifelt Rückversicherung und wird aus dem Konzept gebracht, wenn jemand es auf seine Anrufe hin nicht zurückruft. Auch wenn das für den erwachsenen Teil von uns keinerlei Bedeutung hat, besitzt es doch enorme Wichtigkeit für den kindlichen Teil von uns, in dem die Gefühle so machtvoll auftreten und wo jegliche Form von Verlassenwerden schrecklich ist, weil sie vergangene oder kollektive Traumata aufgreift.

Unser Verstand mag die Legitimität unserer Gefühle herabspielen, indem er sie als irrational abtut. Wir können dieser Neigung entgegenwirken, indem wir dem gesamten Spektrum unserer Gefühle Gastfreundschaft gewähren. Vielleicht nehmen sie uns dann an die Hand und führen uns zu Ereignissen, die nie durchgearbeitet wurden oder an die wir uns nicht einmal erinnern. Unsere Gefühle heute zu akzeptieren heißt, den Anteil Vernachlässigtes Kind in uns zu akzeptieren und damit endlich auf eine Weise umzugehen, wie es uns noch nicht möglich war, als wir uns zum ersten Mal allein fühlten.

Die Auswirkung auf uns

Hier kommt ein weiteres Beispiel für eine primitive Reaktion und wie sie Übertragung offenbart: Mir wird im Straßenverkehr der Weg abgeschnitten. Ich nehme dies als persönliche Beleidigung. Doch dieses Ereignis im Straßenverkehr hat nichts Persönliches, da der andere Fahrer einem Auto den Weg abschneidet, nicht aber einem Menschen. Er tut dies nicht, um *mich* zu beleidigen, sondern um so schnell wie möglich zu seinem Ziel zu gelangen, ohne besonders auf Höflichkeit zu achten.

Personalisierung ist ein Anzeichen für unbewusste Übertragung. Uns wird die Übertragung bewusst und wir lernen daraus, wenn wir sie bemerken und unsere eigene psychotherapeutische Intervention bei uns selbst vornehmen: „Diese Reaktionsebene zeigt mir, dass ich etwas aus meiner Vergangenheit empfinde, das nicht aufgelöst ist. Es geht hier gar nicht um den Fahrer und mich."

Die meisten von uns können sich einfach nicht vorstellen, wie sehr wir uns in der Kindheit verletzt gefühlt haben. Jetzt, hinter dem Lenkrad, empfinden wir eine Beleidigung als riesenhaft. In unserer Kindheit gingen wir mit Misshandlung oder Beleidigung locker um und entschuldigten unsere Familienmitglieder oder gaben uns selbst die Schuld, um die Auswirkung zu dämpfen. Als uns der Schmerz vertrauter wurde, wurde er nicht mehr als Schmerz registriert, sondern als Routine. Kleine Körper können nicht so viel aushalten wie erwachsene. Im Auto können wir nun heftig wüten, weil alles anonym ist und wir in die Karosserie eingeschlossen sind. Wir können nun in Sicherheit das empfinden, was wir zuvor zu fühlen nicht zulassen konnten. Wie viel von unserer Wut dem anderen Fahrer gegenüber ist in Wirklichkeit wuterfüllter Kummer darüber, wie grausam oder enttäuschend unsere sich einmischende Mutter war oder wie die Ankunft unserer kleinen Schwester uns von so viel Zuneigung abgeschnitten hat, an die wir gewöhnt waren? Erinnern wir uns jetzt etwa an jemanden, der früher unser „Juchuu!" mit einem „Halt!" abgeschnitten hat?

Die Herausforderung besteht darin, unsere Gefühle eher auszuhalten, als uns von ihnen beherrschen zu lassen – das heißt, uns von ihnen überwältigen und zwingen zu lassen, sie auf unangemessene Weise auszuagieren. Das wäre das Reaktionsmuster des ohnmächtigen Kindes, das Gefühle hereinlässt und sie dann in ständiger Wiederholung blockiert.

Hass und Verletzung

Wir können Wut als ein wiederkehrendes Gefühl betrachten: Hass und Verletzung innerhalb einer Übertragung mögen Teil eines traurigen und schmerzlichen Zyklus sein: Verletzung – Hass – Verletzung. In der Vergangenheit hat uns jemand verletzt. Dafür hassen wir ihn. Wir zeigen unseren Hass, indem wir einen Menschen in der Gegenwart verletzen, der uns an diesen Jemand erinnert. Aber dass wir diesen Menschen verletzen, befriedigt unsere Wut nicht, weil wir die falsche Person verletzen. Wir sind zum Teil deshalb so ärgerlich und so wütend, weil uns das, was uns in dem gegenwärtigen Konflikt verletzt, an eine Verletzung aus der Vergangenheit von einem anderen Menschen erinnert. Wir versuchen, mittels einer heute lebenden Person an einem Phantom Vergeltung zu üben. Und so kann natürlich unsere Verletzung nicht aufgelöst werden, noch kann unser Hass verrauchen.

Wir unterbrechen den Zyklus, wenn wir die Verletzung betrauern, statt sie weiterzugeben. Dies lokalisiert das Problem *in uns,* statt es als Übertragung aufrechtzuerhalten. Trauerarbeit führt zum Loslassen unserer Ressentiments. *Da Trauerarbeit zur Vergebung führt, ist sie an sich schon ein Akt der Liebe für andere.* Hiernach reagieren wir auf jene, die uns verletzen, nicht mehr wie ein Preisboxer, der seinem Gegner Verletzungen zufügt. Unser Stil gleicht vielmehr dem Aikido, in dem wir *mit* der aggressiven Energie von jemandem auf ihn nicht verletzende, uns aber trotzdem schützende Weise umgehen.

Wir könnten sagen, dass Hass eine Wut mit einem blinden, unersättlichen Bedürfnis nach Rache ist. Die unersättliche Qualität gibt uns einen Hinweis, dass der Ärger eine Wiederholung von Übertragungen und Projektionen ist, die aus alten Verletzungen entstanden sind. Gesunde Menschen hassen nicht, weil sie schmerzvolle Gefühle benennen und auflösen, was das Gegenteil des Nährens eines unstillbaren Bedürfnisses nach Rache ist.

Menschen mit einem spirituellen Bewusstsein hassen nicht, weil sie sich der Liebenden Güte verschrieben haben. Menschen, die psychisch gesund sind, hassen nicht, sondern lösen Probleme lieber, als dass sie sie in Fehden verwandeln. Menschen, die hassen, bedürfen unseres Mitgefühls und nicht unserer Strafe, denn wenn die Umstände extrem genug wären, würden auch wir wahrscheinlich so durcheinandergeraten wie die Hassenden und uns in denselben Teufelskreis der sich aufschaukelnden Vergeltung verstricken.

Übung:
Bei dem Gefühl bleiben

Gesunde Erwachsene lassen Gefühle in sich ein und durch sich hindurch gehen. Wir bleiben einfach bei dem, was wir empfinden, und gelangen allmählich zu einer Einsicht. Gefühle lehren uns etwas. In Hinsicht auf die heutigen Ereignisse bilden Gefühle eine Verbindung zu unserer Vergangenheit. Wir sind dann in der Lage, uns anzusehen, wie unsere Gefühle uns mit der Vergangenheit verknüpfen. Wenn wir die Gefühle als etwas erleben, das sowohl in der Gegenwart real als auch mit der Vergangenheit verknüpft ist, ziehen wir doppelten Gewinn daraus. Unsere Probleme können uns ihre Wurzeln offenbaren, wenn wir die Dimension der Übertragung in ihnen berücksichtigen.

Wenn wir das Gefühl haben, in einem bestimmten emotionalen Zustand festzustecken oder uns einer Veränderung zu widersetzen, üben wir einfach, in unserem Feststecken oder unserem Widerstand bei uns zu bleiben. Wir tun dies, wenn wir der Macht des achtsamen Verweilens oder Sitzens in unserer eigenen Realität vertrauen, ganz gleich wie unbequem oder scheinbar nutzlos es sein mag.

Wir werden dann vielleicht bemerken, dass nichts von langer Dauer ist. Wir nehmen einen automatischen und sanften Umschwung irgendeiner Art wahr. Unser Feststecken öffnet sich irgendwie. Wir haben im Schoße unserer eigenen Wahrheit verweilt und sie transformierte sich in eine neue Wahrheit. In einem Innehalten bei unserer Wahrheit zu bleiben heißt, sich in sie hineinzuneigen, und ironischerweise macht das Hineinneigen uns für das Aufrechtstehen bereit. „Bei etwas zu bleiben" wird zum „Aufstehen".

Bei einem Gefühl zu bleiben wird zu einem Trost, weil es eine Versicherung ist, dass wir uns nicht selbst verlassen werden. Diese Verpflichtung uns selbst gegenüber wird zu einer Art Schutz, denn sie ist mehr wert als all unsere Erfolge beim Flüchten vor unseren Gefühlen und dem Entkommen aus unserer Lage. Selbst bei unserem Zweifel, bei unserer Abhängigkeit und bei unserer starken Verletzlichkeit zu verweilen macht sie alle zu legitimen Landschaften unseres psychischen Lebens.

Unsere Übung besteht darin, unsere Gefühle als *Lehren* über Erleuchtung anzusehen und entsprechend mit ihnen umzugehen. Die Lehren betreffen sowohl das, was unsere Gefühle hervorruft, als auch die Art und Weise, auf die wir reagieren. Traurigkeit lehrt uns etwas über Verlust und Vergänglichkeit. Wut zeigt uns, wie wir auf Ungerechtigkeit reagieren. Angst lehrt uns, wie wir mit Gefahr und Bedrohung umgehen. Freude lehrt uns, wie wir das Leben feiern.

Wir bleiben bei uns, indem wir uns selbst die fünf Aspekte schenken: Aufmerksamkeit, Annahme, Anerkennung, Zuneigung und Zulassen.

Wenn diese Kraft des Dabeibleibens auf einen anderen Menschen angewendet wird, spricht man von *Verpflichtung.*

Dies mündet ebenso wie all unsere Arbeit in ein „Ja!". Wir sagen ein bedingungsloses Ja zu den Gegebenheiten des Lebens, dazu, dass unsere Bedürfnisse nicht immer befriedigt werden und auch zu der ersten Edlen Wahrheit des Buddhismus, dass dem Leben immer etwas Unbefriedigendes innewohnt. Wenn ich zu diesen Gegebenheiten Ja sage, kann ich mich von unangemessenen Ansprüchen befreien. Dann bin ich offen für Augenblicke der Befriedigung und kann den Vorhang über das Klagen über vergangenes Unbefriedigtsein fallen lassen. Ich bleibe einfach bei diesem Augenblick, und die Zufriedenheit, die daraus entsteht, dass ich mich nicht selbst verlasse, wird weitaus wertvoller sein, als wenn jemand anderer bei mir bliebe. Dies ist der Königsweg der Befreiung von Angst und Verlassenwerden.

Die nährende Kraft in dieser Loyalität gegenüber dem Augenblick wird sehr gut in William Wordsworths Gedicht „Tintern Abbey" beschrieben:

… in diesem Augenblick auch Leben ist
und Kost für künft'ge Jahre.[3]

Und wenn wir letztlich unseren Hass betrachten, gelangen wir in Kontakt mit unserer Verletztheit und verwenden unser Modell von Trauerarbeit, wie es im 9. Kapitel beschrieben ist. Wir verpflichten uns, für unsere Gefühle selbst die Verantwortung zu übernehmen, indem wir sie entsprechend der Übung im 2. Kapitel ansprechen, durcharbeiten, auflösen und integrieren.

Außerdem erinnern wir uns, dass der indische Lehrer Shântideva aus dem achten Jahrhundert in seinem Werk Bodhichâryâvatâra sagte: „Mögen jene, deren Hölle es ist, zu hassen und zu verletzen, in Liebende verwandelt werden, die Blumen bringen." Wenn wir dieses Wunschgebet rezitieren, können wir die Macht der Liebenden Güte spüren, wie sie unsere Rachsucht in Versöhnung, unsere Einstellung von Hass zu Mitgefühl wandelt. Wir bleiben gelassen, indem wir der Weisheit der Weisen vertrauen. Unsere Ahnen haben uns Heilmittel hinterlassen und uns nicht nur geschadet.

7
ERINNERUNGEN AN MISSHANDLUNG

In den frühesten Stadien des Lebens ist es einem Kind möglich, extreme Grausamkeiten, die es ertragen musste, zu vergessen und seine Peiniger zu idealisieren. Aber die Natur des später daraus resultierenden Verhaltens zeigt, dass die ganze Geschichte früher Misshandlung irgendwo gespeichert worden ist. … In der psychoanalytischen Behandlung wird die Geschichte im Rahmen von Übertragung und Gegenübertragung durchgespielt.

–Alice Miller–

Jemand knurrt uns an und wir hören den Sarkasmus unseres betrunkenen Vaters vor langer Zeit. Ein Elternteil mag uns große Angst eingejagt haben und wir tragen diese innere Angst mit uns herum, auf der Suche nach einem Ort, wo wir sie abladen können. Es wird uns jedoch nicht gelingen, etwas, das zutiefst uns gehört, auf das Gebiet von jemand anderem zu übertragen.

Ein Teil unseres unbewussten Gedächtnisses ist verdrängt; einiges ist abgespalten. Verdrängte Erinnerungen werden tief in unserem Unbewussten verborgen, weil sie uns zu bedrohlich erscheinen, als dass wir uns ihnen stellen könnten. Erinnerungen aus der frühen Lebensphase, die zu schrecklich sind, um sich an sie zu erinnern, mögen um unseres eigenen Wohls willen unterdrückt/vergessen werden. Wir sind noch nicht bereit oder fähig, mit ihnen umzugehen, und so halten die schützenden Kräfte der Psyche sie von uns fern. In dieser Hinsicht sollte unsere in diesem Buch beschriebene Arbeit unser inneres Timing respektieren, da es unser empfindliches Herz davor in Schutz nimmt, sich zu vielem zu früh stellen zu müssen. Dies ist kein Zeichen irgendeiner Unzulänglichkeit. Es ist der Respekt vor der Weisheit des Zeitplans unserer Psyche, der verlässlicher ist als der des Egos, das möglicherweise seine Muskeln spielen lassen möchte, obwohl wir dazu noch nicht bereit sind.

Abspaltung bedeutet, dass wir uns während der Misshandlung daraus herauslösen, indem wir Zuflucht zu anderen Gedanken oder Bildern suchen. Wenn zum Beispiel ein Kind sexuell missbraucht wird, kann es sich von dem Geschehnis abspalten, indem es sich vorstellt, anderswo zu sein – oder gar jemand anderer. Wir spalten uns ab, damit wir uns von dem Schmerz oder dem Schrecken dessen, was uns geschieht, ablenken können. Abspaltung ist eine willkürlichere und unmittelbarere Flucht, als wenn wir das Ereignis später vergessen, was bei der Verdrängung geschieht.

Ob wir uns heute an die Misshandlung erinnern oder sie abspalten, wir tragen alle ein inneres, archetypisches Gefühl dessen, was gute Eltern sind, in uns. Wenn der Vater Alkoholiker gewesen ist und uns heftig geschlagen hat, wussten wir zu dieser Zeit doch instinktiv, wenn auch nicht unbedingt bewusst, dass das schlecht war. Tief in unserem Inneren wussten wir, dass die Eltern uns beschützen sollten. Wenn die Mutter geschwiegen hat, während wir misshandelt wurden, realisierten wir, dass etwas für unser Überleben Notwendiges fehlte. Man kann sich vorstellen, wie grauenhaft das gewesen ist.

Um sich nicht wie eine Waise fühlen zu müssen, kann ein misshandeltes Kind seine Eltern entschuldigen, indem es sich mit dem Negativbild, das seine Eltern von ihm haben, identifiziert. Es interpretiert die Misshandlung als legitime Bestrafung eigener Fehler. Ohne dass sie es verdient hätten, wird so das Idealbild von den Eltern aufrechterhalten. *Es ist der Psyche lieber, Verbundenheit zu erfahren, als dass sie das Vorhan-*

densein von Missbrauch anerkennen würde. Der Psychologe W. R. D. Fairbairn sagt zu diesem Thema: „Es ist besser, als Sünder in einer von Gott geschaffenen Welt zu leben, als in einer vom Teufel geschaffenen."

Als Erwachsene mögen wir die Verhaltensweisen unserer Eltern unbewusst gegenüber unserem Ehepartner und/oder unseren Kindern wiederholen. Dies ist für uns dann eine Weise, unsere Vergangenheit zu legitimieren und sie erträglicher für uns zu machen. Wenn wir irgendwelche Macht besitzen, missbrauchen wir sie vielleicht am Arbeitsplatz oder in der Welt. Bewusst verspüren wir vielleicht Ärger und Verstimmung. Der Anteil in uns, der mit den uns misshandelnden Eltern gegen uns konspirierte, bleibt fest in unserem Unbewussten verankert. Wir können dann die uns zugefügte Verletzung weiterführen, indem wir andere misshandeln. Wir mögen das zwanghaft tun, ohne so recht zu wissen warum, ein Anzeichen für unbewusste Übertragung.

Wir bleiben möglicherweise in einer Beziehung, in der wir misshandelt werden. Das kann passieren, wenn uns die Familie wichtiger ist als eine Flucht aus ihr. Werden wir in einer erwachsenen Beziehung missbraucht, mag es sein, dass wir uns ohnmächtig fühlen, zu fliehen oder eine Veränderung herbeizuführen. Diese Ohnmacht ist eine Erinnerung an die Vergangenheit und sagt nichts darüber, wer wir heute sind. Die Arbeit besteht darin, unsere Gefühle zu erfahren und in dem uns möglichen Maße an ihnen und ihrer Verbindung mit der Vergangenheit zu arbeiten. Einfach nur das Licht hineinzulassen kann bereits helfen: das Unbewusste bewusst machen, das Implizite explizit machen, das Noch-Unaufgedeckte aufdecken. Dann öffnen sich alle Zellentüren von selbst und wir können die Misshandlung endlich hinter uns lassen.

Einige Partner erschrecken uns weiterhin auf unerklärliche Weise, auch nachdem wir uns ihnen gegenüber behauptet haben. Dann müssen wir in einer Therapie zusammenarbeiten. Wenn unser Partner dies ablehnt, sollten wir bereit sein, für eine Weile oder dauerhaft fortzugehen. „Aber ich liebe ihn doch", kann uns bleiben lassen, wo wir immer wieder verletzt werden. Da es die Verbindung von Liebe und Misshandlung in unserer Kindheit, als wir noch nicht von zuhause weg konnten, bereits gegeben hat, mögen wir uns noch immer gefangen fühlen und glauben, zu lieben bedeute, bei dem Misshandelnden zu bleiben. Wir mögen noch dem weitverbreiteten Irrglauben anhängen, dass es für jemanden akzeptabel sei, uns gleichzeitig zu lieben und zu verletzen. Liebe wird dann benutzt, um den Missbrauch zu entschuldigen. Der Missbrauchte ist dann überzeugt, sein Schmerz sei ein unvermeidlicher Teil von Liebe, der gerechtfertigt ist und den er deshalb eher erträgt, als dass er sich mit ihm konfrontiert, ihn meidet oder vor ihm flüchtet. Liebe bedeutet bedingungslose Fürsorge, aber sie bedeutet nicht, mit einem Misshandelnden unter demselben Dach zu bleiben. Manchmal ist Liebe nur aus der Distanz möglich.

Wenn ein Elternteil uns gegenüber wirklich gemein oder böswillig ist, kann sich unsere Übertragung auf alle Menschen desselben Geschlechts erstrecken. Unsere individuelle Erfahrung mit unserer Mutter kann uns gegen alle Frauen aufbringen. Dies kann die Ursache von Misogynie bei Männern und Misanthropie bei Frauen sein. Sie kann es einer Frau auch schwer machen, anderen Frauen zu trauen, oder für einen Mann schwer machen, anderen Männern zu trauen.

Unserem Gefühl, vor einer Person Angst zu haben oder von ihr eingeschüchtert zu werden, ob dies nun beabsichtigt ist oder nicht, können wir mit der Übung in Kapitel 2 begegnen: Ansprechen, Durcharbeiten, Auflösen und Integrieren. Wir *sprechen den Missbrauch an,* wenn wir Missbrauch beim Namen nennen und darüber sprechen, wenn wir ihn auf den Tisch bringen, sodass damit umgegangen werden kann. Wir *arbeiten ihn durch,* indem wir unsere Wutgefühle und die ganze Palette unseres Kummers zeigen und die Übertragungsdimension anerkennen. Wir lösen das Problem auf, indem wir erkennen, wie die Dinge sich verändern, wenn der Misshandelnde therapeutische Hilfe aufsucht und in Anspruch nimmt. Geschieht dies nicht, gehen wir weiter. Wir *integrieren* das neue Bewusstsein in unser Leben, indem wir auf neue, stärkere Weise agieren, auf eine Weise, die keinen Missbrauch und keine Einschüchterung zulässt und die für zukünftige Beziehungen klare Grenzen setzt, um unsere Sicherheit zu wahren.

Unglücklicherweise bleibt die Angst vor einem Partner in einer Beziehung oft unbemerkt, und so wird sie nicht einmal angesprochen. Sie wirkt eher wie ein Sog nach unten als wie eine Gezeitenwelle. Loyalität gegenüber dem einschüchternden Partner wird dann zu einem Zwang, nicht aber zu einer Wahl. Unser sekundärer Nutzen (das ist ein positiver, wenn auch unbewusster Vorteil aus einer negativen Erfahrung), ist das Gefühl der Vertrautheit, die häufig eine tröstende Übertragung bildet, auch wenn sie schmerzlich ist: „Zumindest fühle ich mich zuhause und kenne die Regeln. Ich kann nicht viel vom Leben erwarten." In einer solchen Verzweiflung sind wir in der Übertragung gefangen und nicht in der Lage, sie zu benennen und durchzuarbeiten. Wir erkennen keine Alternative, weil die Vertrautheit der Situation uns nicht die Möglichkeit sehen lässt, dass wir auch die fünf Aspekte empfangen könnten, statt mit dem düsteren Zorn und der schwelenden Bedrohung des Verlassenwerdens zu leben, die vielleicht unsere Kindheit bestimmt haben.

Wenn wir von einer solchen Beklemmung beherrscht werden und wie auf rohen Eiern laufen, führt das nicht unbedingt zu einer Lösung, indem wir die Beziehung zur Vergangenheit herstellen. Wir müssen die Beklemmung zuerst in einer Therapie bearbeiten, oder – wenn dies fehlschlägt – eine geraume Zeit Abstand von dem Menschen gewinnen, der uns Angst macht. Dann können wir uns unsere persönlichen Probleme aus der Vergangenheit ansehen und kühner werden. Wenn wir es später wünschen, können wir zurückkehren und uns dem Menschen stellen, der uns Angst macht, und ihm die ganze Geschichte unseres Schmerzes berichten.

Eine solche Sachlichkeit ist für manche von uns das Ende der Übertragung und der Spannungen in der Beziehung, wenn diese ganz auf Übertragung beruhten. Dies gibt uns einen Hinweis darauf, weshalb so viele Menschen solche Beziehungen nicht beenden. Die Kombination von Angst und Verlangen, von Schmerz und Lust – die Essenz des Melodramas –, kann animierender oder nährender sein, als sich daraus zu befreien. Unsere Einkapselung in die Adrenalinsucht dauert dann um so länger an.

Emily Dickinson warnt uns vor der Gefahr solcher tröstenden Einkerkerung:

Wie angenehm dieses Gefängnis ist,
Wie süß die finst'ren Gitterstäbe
Nicht ein Despot, der Herrscher des Tiefunten
ersann diese Zuflucht. …
Ein Kerker und doch ein Vertrauter ist
Diese Gefangenschaft – das Heim.

Anhaltender Stress

Erinnerungen bleiben. Das ist eine Gegebenheit des Lebens. Aber Erinnerungen an Missbrauch müssen uns nicht immer weiter Schmerzen bereiten. Wir können sie durch unsere Trauerarbeit ansprechen, durcharbeiten, auflösen und integrieren. Unsere traurigen Erinnerungen mögen dann in uns verbleiben, aber lediglich wie ein Splitter, der zu tief sitzt, als dass man ihn herausschneiden könnte, der aber keine schädlichen Auswirkungen mehr hat.

Doch die Konflikte aus der Kindheit wie auch die schmerzlich erinnerten Verletzungen aus früheren Beziehungen können uns kriegsversehrt zurückgelassen haben, sodass wir posttraumatischen Stress erfahren und scheu im Umgang mit einem neuen Partner sind. Wir tragen dann vielleicht Wunden, die sich immer wieder öffnen, wenn die Möglichkeit einer neuen Liebe auf den Plan tritt. Wir haben Angst davor, unsere Chance zu ergreifen. Wir finden es schwer, anderen zu vertrauen. Wir mögen Symptome einer posttraumatischen Belastungsstörung (PTBS) zeigen, wie etwa die folgenden:

- Angstattacken ohne offensichtlichen Grund.
- Ständiges und zwanghaftes Erinnern von Verletzung, sei sie mental oder auf der Zellebene/physisch, häufig mit Wiedererleben.
- Erwarten, dass das Schlimmste geschieht.
- Träume oder Albträume über die ursprünglichen verstörenden Erfahrungen.

- Verhalten oder Empfindung, als würden sich die ursprünglichen Traumata in der Gegenwart ereignen.
- Intensive Reaktionen auf alle Ereignisse, die an das erinnern, was in der Vergangenheit geschehen ist, oder es symbolisieren.
- Vermeidung, emotionale Betäubung, Leugnung, Abspaltung und Loslösung von jedem Menschen, Ort oder Ding, das dem vergangenen Trauma ähnelt oder es wieder aufleben lässt.
- Abhängigkeit von Substanzen oder Verhaltensweisen oder von einem Menschen oder einer Überzeugung – die alle der Ablenkung von Gram dienen.

Wir können erkennen, wie dieselben Elemente in unserem Ringen innerhalb der Beziehung zutage treten. Wir mögen von Erinnerungen daran, wie unsere Menschenwürde von uns misshandelnden Menschen missachtet wurde, verfolgt werden. Solche Erinnerungen bleiben nicht in unserem Kopf; sie borden über in Verdächtigungen eines Partners, der irgendetwas tut, das uns an unsere Vergangenheit erinnert, sei es auch völlig unabsichtlich. Die Vergangenheit präsentiert immer wieder ihre Rechnung, aber dem falschen Schuldner. Vielleicht träumen wir von vergangenen schwierigen Partnern, während wir neben einem neuen Partner schlafen; die Nähe ist mehr als eine Metapher in unserem Unbewussten. Wie wir oben gesehen haben, kann unser Gehirn Vergangenheit und Gegenwart durcheinanderbringen, was zu intensiven und dramatischen Reaktionen auf neutrale Ereignisse führt.

Das Problem bei posttraumatischem Stress ist, dass die Vergangenheit uns immer weiter verletzt und wir das Gefühl haben, wir seien ihr ausgeliefert. Die Übertragung durchzuarbeiten, durch die dieser Stress ausgedrückt wird, kann uns helfen, einige Wunden zu heilen, allerdings ist das Timing in diesem Prozess wesentlich. Wie wir oben gesehen haben, können wir nur an uns arbeiten, wenn der richtige Zeitpunkt gekommen ist. Wir wissen, dass der richtige Zeitpunkt da ist, wenn wir bereit sind, winzige Schritte in diese Richtung zu unternehmen, ganz gleich wie unbeholfen oder peinlich es auch sein mag, ganz gleich, wer dabei zuschaut. Der Körper sucht ein homöostatisches Gleichgewicht und hält Ausschau nach Auswegen aus dem Stress, der ihn erschöpft oder ihn überfordert. Also sind wir nicht allein bei unseren winzigen Schritten. Genauso, wie beim Laufenlernen Unterstützung für uns da war, findet unser Willen weiterzukommen Unterstützung.

Angst kann uns veranlassen, daran zu verzweifeln, dass die Dinge sich jemals ändern werden. Häufig ist unser Bedürfnis, ein missbräuchliches Verhalten zu wiederholen, stärker als unser Bedürfnis nach einer gesunden Beziehung. Das ist insofern positiv, als wir von der Notwendigkeit des „eins nach dem anderen" überzeugt sind, dass wir also zuerst die alten Dinge abschließen müssen, bevor wir eine neue Sache angehen. Wir *wollen* unsere alten Ängste durcharbeiten, um dann eine gesunde, von der Vergangenheit unbeschwerte Intimität finden zu können.

Das schwierige Timing

O Zeit, du musst dich entwickeln, nicht ich;
es ist ein Knoten, der zu hart verschlungen ist,
als dass ich ihn auflösen könnte.

–Shakespeare, *Was ihr wollt*–

Sowohl Übertragung als auch ihre Auflösung beinhalten eine Rückkehr in die Vergangenheit. Das griechische Wort *nostos* bedeutet „Rückkehr". Das Wort für „Schmerz" ist *algos.* Zusammen formen sie das Wort Nostalgie, was eine Art Heimweh nach vergangenen Erfahrungen und Verbindungen ist. Wir sehnen uns danach, zurückzugehen, doch gleichzeitig tut dieses Sehnen auch weh. Das Wort Nostopathie bedeutet, „Schmerz bei der Rückkehr". Es bezieht sich vornehmlich auf den Schmerz, der von Soldaten empfunden wird, die nach dem Krieg nach Hause zurückkehren. Heute verstehen wir diesen Schmerz als Bestandteil des oben beschriebenen posttraumatischen Stresses.

Der Schmerz, den wir bei einer Rückkehr jeweils empfinden, ist Teil jenes Stresses, der üblicherweise mit dem Kommen und Gehen verbunden ist. Wenn wir mit der Übertragung arbeiten, versuchen wir, zur Realität dessen zurückzugehen, was uns in der Vergangenheit widerfahren ist, und das ist mit Sicherheit schmerzlich. Erinnerungen, zu denen wir zurückkehren, sind oft verstörend. Das Wiederholen der Vergangenheit ist gleichermaßen eine schmerzliche Wiederkehr. Sowohl bei der Erfahrung von Übertragung als auch im Umgang mit ihr erkennen wir die Verbindung zwischen Rückkehr/Wiederholung und Schmerz.

Eine Bedeutung des Konzepts des Algorithmus ist das Lösen eines mathematischen Problems durch das Wiederholen eines Vorgangs. Vielleicht sind Übertragungen Algorithmen im menschlichen System der Abrechnung, die etwas wiederholen, bis wir das Gefühl haben, es sei gelöst. Manche Wiederholung ist ein Festsitzen, ein Durchdrehen der Räder. Manche Wiederholung geschieht, weil wir zu sehr von Emotionen überflutet sind, um eine kreative Antwort auf das unmittelbare Problem zu finden. In diesem Fall muss das Timing respektiert werden.

Statt uns übereilt in die Aufgabe zu stürzen, die Vergangenheit aufzudecken, ist es wichtig, dass wir für uns selbst Mitgefühl entwickeln, indem wir unser eigenes Tempo finden und uns nur so viel zumuten, wie wir auf einmal bewältigen können.

Mittels Synchronizität ergeben sich Beziehungen, die das nächste Stück irgendeines riesigen Problems darstellen, das wir immer und immer wieder weitergeschleppt haben, indem wir es auf andere übertragen haben. Das Universum scheint uns in unserer Arbeit zu unterstützen und ebenfalls unser Timing zu respektieren. Wir leisten zum Beispiel in unseren Dreißigern einiges an Trauerarbeit in Hinsicht auf Misshandlungen, die wir in unserer Jugend erlitten haben; in den Vierzigern kommen wir von einem anderen Standpunkt in einer neuen Beziehung, einer neuen Arbeit oder im Rahmen jüngster Entwicklungen in unserer Ehe darauf zurück. Dann mögen wir vielleicht später im Leben noch einmal dazu zurückkehren. *Die Arbeit ist jedes Mal für den jeweiligen Zeitpunkt vollständig.* Wenn wir an unseren Übertragungen arbeiten wollen, können wir darauf vertrauen, dass sie sich uns genau zur rechten Zeit offenbaren werden. „Eile oder Hinausschieben sind Einmischungen", sagt der britische Entwicklungspsychologe D. W. Winnicott.

Ein Bestandteil von Aufmerksamkeit in einer Beziehung ist, den Widerstand des Partners gegenüber dem Ansprechen, Durcharbeiten, Auflösen und Integrieren eines Problems, das aufgetreten ist, wahrzunehmen und zu respektieren. Eindringliches oder beharrliches Nachfragen in Hinsicht auf Probleme und Motivationen wird sich für jemanden, der ein langsameres Timing besitzt, anfühlen wie Aufdringlichkeit. Bei einem Introvertierten ist das Timing mit Sicherheit ein anderes als bei einem Extrovertierten. Unsere Bereitschaft zur Intimität ist höchst sensibel, wenn wir unter Angst vor Nähe leiden. Unsere innere Welt bleibt unser heiliger Bereich, mit Sicherheitsmauern, die zu überklettern niemandem gestattet ist, selbst wenn er gute Absichten hegt. Wir lassen das nicht zu, solange wir noch nicht bereit sind.

Wir müssen nicht alle zurückgehen

Manche unserer Erfahrungen sind zu schmerzlich, als dass wir jetzt – oder jemals – damit umgehen können. Also verdrängen wir sie zugunsten unserer Gesundheit. Was wir Widerstand oder Leugnung nennen, kann in unserem besten Interesse sein. Wir erinnern uns vielleicht daran, im Chemieunterricht gehört zu haben, dass die Stabilität eines Gefäßes proportional zu der Spannung in den darin erhitzten Chemikalien sein muss. Es ist keine Schande, wenn wir ein zu feines Reagenzglas sind, um den brennenden Problemen aus unserer Vergangenheit standhalten zu können.

Bei einigen von uns mögen Dinge in der Kindheit passiert sein, die man lieber nicht bekannt werden lässt. Unaufgedeckte Erinnerungen können uns weniger schaden als Erinnerungen, mit denen wir konfrontiert werden, wenn wir zu zerbrechlich sind, um mit ihnen umgehen zu können. Direkt und bewusst das anzusehen, was uns widerfahren ist, kann so schrecklich oder schockierend sein, dass wir auseinanderfallen oder zusammenbrechen oder funktionsgestört würden, dass uns ein Knochen nach dem anderen brechen würden, wie es Emily Dickinson so abschreckend beschreibt:

Ein Schmerz geht so – aufs Ganze –
Dass er Substanz verschlang –
Deckt dann die Kluft mit Trance zu –
So kann Erinnerung
Herumgehn – drüber – und darauf –
Wie einer sichern Schritts –
Nachtwandelt – wo ein offnes Aug –
Ihn beinlang stürzen lässt –[4]

Unser Wegsehen kann also ein Selbstschutzmechanismus unseres Körpers sein, eine Abschottung gegenüber Reizen, mit denen umzugehen sich als zu viel für uns erweisen könnte. Die Angst und die Gefahr, zu wissen, wer wir sind, wer andere sind oder was wir empfinden, mag innerlich als Verwirrung erscheinen. Vielleicht sind wir gar nicht wirklich verwirrt, sondern einfach noch nicht gerüstet – oder bereit – zu wissen. Unser innerer Zensor ist wie ein Schutzengel, der uns davor schützt, zu viel zu wissen. Es ist wichtig für uns, die Belastbarkeit unserer Psyche auszutarieren. Wie viel über uns zu wissen ist noch sicher?

Als die Natur uns Menschen dazu ausgestattet hat, mit Kummer umzugehen, mag sie gedacht haben, unser größter Verlust könne der sein, dass unser Kind von einem Säbelzahntiger getötet wird. Sie hat wohl nicht Serienmorde, Terrorismus und Völkermord vorhergesehen. Unsere Trauerfähigkeit hat sich vielleicht noch nicht so weit entwickelt, dass wir die Schrecken, mit denen wir heute konfrontiert werden, durcharbeiten können. Ebenso kann es auf der persönlichen Ebene so sein, dass mancher Missbrauch oder Verlust in unserer Kindheit größer ist, als unsere Psyche verkraften kann. Manch ein Kummer in uns kann unauslotbar sein, wie jener, von dem Hamlet sagt, dass er „die Bühne in Tränen ertränken" würde.

Das kann daran liegen, dass wir oft Angst davor haben, unsere wahren Gefühle oder Motivationen zu erkennen. Wir mögen uns weigern, das zur Kenntnis zu nehmen, was wir nicht bewältigen können, so wie in der biblischen Geschichte der Söhne Noahs. Als sie entdecken, dass ihr Vater betrunken und nackt im Zelt liegt, wenden sie ihren Blick ab, indem sie ihn zudecken, und wenden sich dadurch sowohl psychisch als auch buchstäblich von der Tatsache ab, dass ihr Vater Alkoholiker ist. Wir mögen uns ebenso abwenden oder bestenfalls einen kurzen Blick zulassen, alles, nur nicht den furchtlosen und nachhaltigen Blick, der eine solch enorme Herausforderung wäre, wenn wir uns für unsere Wahrheit öffneten.

Manchmal kommt uns unser Ego in die Quere, weil es die Verwundung nicht zugeben möchte. Dante sah Seelen in der Hölle, die sich geweigert hatten, Reue zu empfinden, eine Metapher für die Weigerung des aufgeblähten Egos, seine Unzulänglichkeiten anzuerkennen oder um Vergebung zu bitten. Das Ego kann in der Tat seine Zerbrechlichkeit nicht eingestehen – welch eine Ironie, da wir nur dann einen Weg zur Wiederherstellung finden, wenn wir anerkennen, dass wir zerbrochen sind. Diese Ironie entspricht dem paradoxen Archetyp der Erlösung, der tief in unsere menschliche Psyche eingeprägt ist und wonach Heilung durch unsere Wunden geschieht. Dieses Paradox entspricht der Sichtweise, dass die Seele auf Ganzheit hin ausgerichtet ist und dass das Universum, in dem unsere Seele ihre Reise begonnen hat, ihr freundlich gesonnen ist.

Die Chance zur Auflösung ist am größten, wenn wir beginnen, unsere Verwundung einzugestehen, ohne dabei das Bedürfnis zu haben, unsere Erinnerungen aufzuwühlen, bevor sie auf natürliche Weise auftauchen. Gewöhnlich ist eine lange Belagerung nötig, bevor das angstvolle Ego die zu seinem notwendigen Schutz errichteten Verteidigungslinien aufgibt, wir seine Burg schleifen und die Steine wiederverwenden können, um ein gesundes Selbst aufzubauen, eines, das nicht der Verteidigungsmechanismen bedarf, die zum Rohmaterial für unsere Übertragungen geworden sind.

Wir wachsen in dem Maße in unsere Fähigkeit, uns selbst zu erkennen, hinein, in dem wir unser Leben durch psychologische Arbeit und spirituelle Praktiken stabilisieren. Wir können dann allmählich immer mehr aus unserer Vergangenheit in uns zulassen. Eine erstaunliche Synchronizität sorgt dafür, dass wir mehr erkennen, sobald wir mehr bewältigen können. Diese Synchronizität ist der Schutzengel, der Archetyp des freundlichen Universums, das stets auf sanfte Weise für eine heilige Bresche in unser verwundetes Herz sorgt.

Übung:
Das Timing und den Lebensstil respektieren

Ganz präsent bei uns zu bleiben, ohne zu versuchen, etwas zu verändern, ist achtsame Bewusstheit. Solche Achtsamkeit wird zu einem Heilparadox, da sie uns zu einem natürlichen Umschwung in eine Transformation hinein führen kann. Unsere Loyalität zum Hier und Jetzt öffnet einen sicheren Raum und stellt einen Raum für zukünftige Bereitschaft sicher.

Wie führt achtsame Bewusstheit zur Transformation? Wenn wir achtsam bei unserer eigenen Realität bleiben, werden die Tiefenstrukturen unseres Geistes und unserer Welt offenbar. Wir erkennen, wie sie sich aus Ursachen und Bedingungen ergeben und wir erkennen deren wechselseitige Abhängigkeit. Die Anerkennung der wechselseitigen Abhängigkeit ist die Anerkennung der Leere – das heißt, alles ist leer von Unabhängigkeit; alles wird von allem bedingt. Wir bemerken, wie unser Festhalten zu Leiden führt, denn es lässt uns in der Illusion einer getrennten unabhängigen Realität festsitzen, einer Realität, von der wir glauben, dass sie uns befriedigen wird, wo doch alles unbefriedigend ist. Durch Achtsamkeit lernen wir die Lektion des gesamten Buddhismus.

Es ist eine buddhistische Praxis, das „direkte Schauen" zu üben und dann in dem zu verweilen, was wir nicht finden. In dieser Übung sitzen wir still, achten auf unseren Atem und nehmen abwechselnd die Stille und die Gedanken und Erscheinungen wahr. Wir sehen das „Wer?", das „Was?", das „Wann?" und das „Wo?", die wir um sie herum drapiert haben. Wir lassen die Beschäftigung damit allmählich immer mehr los. Wir lassen davon ab, uns an unseren Vorstellungen über sie festzuhalten. Dann betreten wir die Leere, die Stille, die daraus hervorgeht. Dies bedeutet, die Wirklichkeit zu sehen, wie sie ist, anstelle einer Realität, die mit unseren Geisteshaltungen und Projektionen angefüllt ist. Das ist stilles Verweilen in einer Leere, die geräumig und zufrieden ist.

Auf dieselbe Weise sehen wir, dass unsere Geschichten im konventionellen Sinne real, aber letztlich leer, also frei von Vorstellungen, sind. Indem wir so durch unsere Vorstellungen hindurchschneiden, öffnen wir einen Raum, in dem Geistesklarheit und Weisheit aufscheinen. An diesem nicht festgelegten Ort finden wir schließlich umfassende Ruhe.

Übung:
Erkennen, was fehlt

Eine zweite Übung hat mit dem Gefühl zu tun, dass etwas in unserem Leben oder unseren Beziehungen fehlt. Dies kann jede dieser vier Formen annehmen:

1. *Wir wissen, dass etwas fehlt, und wir wissen, was es ist.*
   Hier besteht unsere Arbeit darin, uns auf Erfüllung auszurichten, indem wir uns in Kontexte begeben, in denen es zur Erfüllung kommen kann. Wir können sie nicht forcieren, nur offen dafür sein.
2. *Wir wissen, dass etwas fehlt, wissen aber nicht, was es ist.*
   Hier besteht unsere Arbeit darin, die zehn gemeinhin am meisten benötigten Lebensbereiche daraufhin zu untersuchen, wo uns etwas mangelt, und dann daran zu arbeiten, diesen Mangel zu beheben. Wir fragen uns:
   - Habe ich eine Beziehung, die mich trägt?
   - Ist mein Sexualleben befriedigend?
   - Habe ich eine Arbeit, in der ich Erfüllung finde?
   - Befinde ich mich in einer angenehmen Lebenssituation?
   - Habe ich einen gesunden Lebensstil ohne Süchte?
   - Habe ich befriedigende Bindungen zu Familie und Freunden, in denen ich konkreten Beistand erhalte?
   - Habe ich Hobbys oder übe ich Aktivitäten wie zum Beispiel Sport aus, die mich beleben?
   - Lebe ich mit Integrität, Ehrlichkeit und einem guten Gewissen?

- Leiste ich einen Beitrag zur Welt, indem ich anderen diene?
- Habe ich eine Religion oder spirituelle Richtung gefunden, die meine Seele nährt?

3. *Wir wussten nicht, dass etwas fehlte, aber es ist etwas in Erscheinung getreten, das uns nährt, und jetzt realisieren wir, dass es uns gefehlt hat.*
   Unsere Übung ist hier schlicht und einfach Dankbarkeit.
4. *Wir haben nicht das Gefühl, es würde etwas fehlen.*
   Unsere Übung ist Dankbarkeit dafür, wie gut sich das Leben bis jetzt anfühlt, während wir weiter achtsame Bewusstheit auf das aufrechterhalten, was als Nächstes offenbar werden könnte.

Im Morgengrauen betrachte ich den Mond
Der einsam dort am Himmel steht,
Als ich mich plötzlich ganz und gar erkenne –
Nichts ist mehr ausgelassen.

–Izumi Shikibu (zehntes Jahrhundert)–

8
DIE KÖRPERLICHE DIMENSION

Die Wahrheit über unsere Kindheit ist in unserem Körper gespeichert, und auch wenn wir sie verdrängen können, können wir sie niemals verändern. Man kann unseren Verstand in die Irre führen, unsere Gefühle manipulieren, unsere Wahrnehmung täuschen und unseren Körper durch Medikamente hinters Licht führen. Aber eines Tages wird der Körper die Rechnung präsentieren, denn er bleibt so unbestechlich wie das Kind, das keine Kompromisse oder Entschuldigungen akzeptiert, und er wird nicht aufhören, uns zu quälen, bis wir aufhören, der Wahrheit aus dem Weg zu gehen.

–Alice Miller–

Jung verwendet den Ausdruck „somatisches Unbewusstes", um sich auf Übertragungsreaktionen zu beziehen, die sich als physische Empfindung im Körper manifestieren, der sichtbarsten Form unseres unbewussten Lebens. Die primitive Dimension von Übertragung tritt in unseren organischen Reaktionen zutage: „Ihre Worte trafen mich wie ein Schlag in die Magengrube." – „Ich bebe, wenn ich seine Stimme höre." Wir spüren eine Atembeklemmung oder eine Spannung im Nacken, wenn jemand wütend auf uns losgeht. Wir fühlen, wie uns die Knie weich werden, wenn wir jemanden sehen, in den wir verliebt sind oder mit dem wir bis vor kurzem eine Beziehung hatten, die übel endete. Während einer Massage brechen wir plötzlich in Tränen aus. Uns laufen Schauer der Erregung über den Rücken, wenn wir den süßen Worten unseres Liebhabers lauschen, der verspricht, für uns die Sterne vom Himmel zu holen.

Diese physischen Reaktionen können ein Anzeichen dafür sein, dass Übertragung auf den Plan tritt, dass hier mehr im Spiel ist, als die gegenwärtigen Ereignisse oder die anwesenden Menschen. Der Körper reagiert auf Erregung oder Trauma, ganz gleich, wie sehr unser Verstand die Dinge herunterspielen oder rationalisieren mag. Wir erfahren Reaktionen auf der Zellebene, die in uns seit dem Säuglingsalter eingeschrieben sind und die alle unverarbeitete oder unvollendete Ereignisse und Gefühle darstellen. Sie steigen auf und begegnen uns in der Gegenwart mit der Rechnung in der Hand, und sie verlangen die gesamte Zahlung oder eine Teilzahlung. Unser Körper ist gewissermaßen wie eine Kreditkarte, die wir unser Leben lang mit bestimmten Dingen belastet haben. Irgendwann präsentieren uns die gegenwärtigen Erfahrungen die Rechnung. Unser Körper erinnert sich an das, was der Geist vergessen hat, und physische Reaktionen helfen uns zu lokalisieren, wo unsere psychologische Arbeit zu leisten ist, oder fordern uns auf, unsere Vergangenheit mit mehr Sorgfalt und Aufmerksamkeit zu erkunden. Wie Freud sagte: „Der Körper lügt nicht." Unser erstes Gefühl für das Ich ist körperlich. Freud sah das Ego in erster Linie als „Körper-Ego" an.

Wie ist uns dieses Körper-Ego behilflich? Katharsis, also die Freisetzung angestauter Emotionen, ist eine körperliche Empfindung und nicht einfach ein verbale oder mentale. Gesprächstherapie oder andere Hilfstechniken wirken am besten, wenn sie zu Vehikeln werden, die uns zur somatischen Ebene der Erfahrung bringen. Dann geht es beim Ansprechen, Durcharbeiten, Auflösen und Integrieren um ein bewussteres Gefühl mit stärkerem Körpergewahrsein, das sich öffnet. Das Ego wird nicht so schnell in die Defensive gehen, wenn es das Gefühl hat, sich in einem sicheren Rahmen zu befinden, in einer tragenden Umgebung wie etwa in einer Therapie, einer intimen Beziehung oder einer spirituellen Gemeinschaft.

Unsere Bauchreaktion sagt uns unsere Wahrheit. Unser Gemüt berichtet lediglich die Standardformulierungen. Unser Verstand sagt zum Beispiel: „Das ist keine große Sache“. Aber wenn wir es anhand unserer Körper-Reaktionen überprüfen, entdecken wir Wut (vielleicht in Form eines zusammengepressten Kiefers oder einer geballten Faust). Wenn wir so auf die Wahrheit stoßen, öffnet das unsere Energie dafür, den Zorn bewusst zu empfinden, und wir mögen verkünden: „Ich bin wütend auf sie.“ Diese Empfindung nicht zu beachten, kann zu Depression führen, während man unsere mentale Haltung als Verwirrung bezeichnen kann. Es ist interessant, dass man in einigen Ländern Südostasiens glaubt, Depression rühre von den Ahnen her, um die nicht genug getrauert worden ist. Dies ist gewiss eine Metapher für die unerledigten mentalen Geschäfte, die hinter manch einer unserer mysteriösen Launen lauern.

Der Einfluss unserer Vergangenheit ist nicht nur rein mental. Unser Körper hat ständig ein körperliches Gefühl davon, wer Mutter und Vater waren, aufgezeichnet. Tief in uns wissen wir, ob sie uns wirklich „mitbekommen“ haben oder nicht. Der Grund, weshalb wir solche Information speichern, ist der, dass die Übereinstimmung mit unseren ursprünglichen Bezugspersonen für unsere Entwicklung wesentlich war. Wir tragen die Information außerdem in uns, weil wir hoffen, dass uns das, was gefehlt hat, eines Tages gegeben wird, oder dass sich das, was wir bekommen haben, wiederholen wird. Einige von uns haben die Hoffnung, solche Übereinstimmung heute in einer Beziehung zu finden, bereits aufgegeben, aber das hebt nicht unsere unbewusste Erinnerung auf oder löscht sie aus, da die Weise, auf die unsere Eltern uns behandelt haben, zum festen Bestandteil unserer Vorstellungen davon, was wir von der Welt erwarten dürfen, geworden ist.

Meine Geschichte ist nicht einfach nur eine mentale Erinnerung an das, was ich gelernt habe oder was mir widerfahren ist. Sie ist eine fleischliche Aufzeichnung. Daher hat das Durcharbeiten von Übertragung auch eine somatische Dimension. In der Arbeit geht es darum, physisch über unsere Vergangenheit hinauszugehen. Hier ein Beispiel: Unsere kontrollierende Mutter hat uns mit Sicherheit auch beschützt. Der Preis für ihren Schutz war unser Stillhalten angesichts ihrer Überschreitung unserer Grenzen. Wenn wir jetzt daran denken, uns mit einer Autoritätsperson am Arbeitsplatz anzulegen, ist dies für uns gleichbedeutend mit einem größeren Risiko, verlassen zu werden oder einen Verlust zu erleiden. Wir können in der Tat bei der bloßen Vorstellung, unserer Mutter zu widersprechen, auch heute noch erdbebengleiche Reaktionen im Körper haben. Der Körper ist nicht so leicht davon zu überzeugen, dass er in Sicherheit ist, wie der Geist. Wir sind herausgefordert, uns durch unsere Übertragungen hindurchzuarbeiten, damit die Arbeit uns auf der somatischen Ebene erreichen kann. Wie wird das gemacht?

Um ein somatisches Bewusstsein zu haben, müssen wir unsere Aufmerksamkeit darauf lenken, wie wir als verkörperte Wesen leben. Durch die Art, wie wir uns bewegen, wie wir gehen, atmen, und uns halten, können wir viel über uns herausfinden. Unser Stress sowohl aus der Kindheit als auch in der Gegenwart ist in unseren Körper eingeschrieben. Er zeigt sich als Muskelanspannung, als verkrampfte Körperbewegungen, als Einschränkung in unserer Körperhaltung und im Atem. Wie wir verkörpert sind, gibt uns wesentliche Informationen über unsere unbewussten Prozesse. Wenn wir auf die Botschaften unseres Körpers achten und sie zur Kenntnis nehmen, dann folgen wir Jungs Empfehlung, dem Körper das zu geben, was ihm gebührt.

Alles, was wir wirklich brauchen, um auf das hören zu können, was der Körper möchte, ist ein sicherer Rahmen, wie er uns von den fünf Aspekten gewährt wird. Wir können lernen, die körperliche Resonanz auf unsere Vergangenheit wahrzunehmen und zu erkennen, wie sie sich auf die Gegenwart auswirkt. Zweifellos ist es hilfreich, einen Therapeuten oder Freund zu haben, der durch somatische Resonanz ein waches Gespür für das besitzt, was wir empfinden. Durch die Begleitung, Berührung und Ermutigung erlangen wir dann leicht Gesundheit von Körper und Geist.

Körpertherapie ist insofern bei unserer Arbeit an uns hilfreich, da sie sich darauf konzentriert, wie der Körper agiert und aussieht. Sie erforscht, was der Körper uns mitteilen möchte. Werden uns die Muster unseres Stresses bewusst, kann dies zum Loslassen unserer physischen Beschränkungen führen. Wir mögen uns dann im Innern geräumiger fühlen und haben vielleicht weniger Angst, so auszusehen, wie wir sind, selbst wenn unser Körperbild nicht der Hollywood-Version von Schönheit und Jugend entsprechen mag. Wenn wir dort, wo uns etwas bindet, loslassen und uns entspannen, sodass wir uns mit uns selbst wohlfühlen, können Übertragungen zutage treten. Wir nehmen Kontakt zu ihnen auf, indem wir Erinnerungen und Gefühle, die mit Ereignissen und Personen aus der Vergangenheit zusammenhängen, in unser Bewusstsein einlassen. In dem Maße, wie wir die Parade der Gefühle durch uns hindurch marschieren lassen, werden auch wir selbst beflügelter voranschreiten.

Ihr physisch empfundener Körper ist in der Tat Teil eines gigantischen Systems von Hier und anderen Orten, Jetzt und anderen Zeiten, Ihnen und anderen Menschen – ja, des ganzen Universums. Dieses Gefühl, in einem riesig großen System körperlich lebendig zu sein, ist der Körper, wie er sich von Innen anfühlt.

–Eugene Gendlin–

Wie das Gehirn ins Spiel kommt

Das Gehirn besitzt Gänge – die hinausreichen über Materielle Orte.

–Emily Dickinson–

Die jüngste wissenschaftliche Forschung lässt uns die physiologische Dimension der Übertragung im Gehirn verstehen. Emotionale Reaktionen werden als Erinnerungen in der Amygdala gespeichert, einer Struktur im limbischen System des Gehirns, die möglicherweise schon bei der Geburt in Funktion tritt. Erfahrungen der Vergangenheit bleiben daher in unserem Körper, Geist und Verhalten als Teil der Landschaft unserer Persönlichkeit physisch gegenwärtig. Eine Landschaft wird durch den Einfluss des Wetters über lange Zeit zu dem, was sie ist. Unserer Psyche geht es ähnlich. Wir sind aufgrund all der Bedingungen, die uns verwittert haben, so, wie wir sind. Wir stehen ständig unter dem Einfluss von Ereignissen, Traumata und Erinnerungen der Kindheit. Wir bewahren ein dickes Album alter Fotos im Innern unseres Körpers auf, nicht nur im Koffer auf dem Speicher.

Die menschliche Persönlichkeit ist daher keine festgeschriebene Realität, sondern ein Muster, das sich ständig der Zeit und den Umständen entsprechend wandelt. Sie gleicht nicht einer Statue, die ein für alle Mal so bleibt, wie sie fertiggestellt wurde, sondern eher einer Melodie, die zwar festgelegt ist, aber auf die unterschiedlichste Weise gespielt werden kann. Wir sind gleichbleibend eins, wie die Mondscheinsonate *ein* Werk ist. Doch auf unsere individuelle Weise wird diese Melodie jeden Tag ein wenig anders gespielt. Von Glenn Gould gespielt, hört sich die Mondscheinsonate anders an als von Maurizio Pollini vorgetragen. Außerdem unterscheidet sich die Spielweise bei jedem einzelnen Künstler, ob er das Stück von Beethoven etwa an einem Montag im Studio aufnimmt oder an einem Samstagabend in einem Livekonzert spielt.

Welche Rolle spielen Stress und Angst? Sie führen zur Freisetzung von Cortisol, einem Hormon, das von den Nebennieren ausgeschüttet wird. In einem Zustand höchster Alarmbereitschaft wird auch der Neurotransmitter Noradrenalin freigesetzt, ein Stoff, der elektrische Impulse zwischen den Synapsen unseres Gehirns transportiert. Diese mentalen Reaktionen bereiten uns auf das vor, was wir als Gefahr wahrnehmen, sei sie nun real oder nicht. Sie tun dies, indem sie uns vollkommen in die Gegenwart bringen und unsere Reaktionen feiner einstellen, damit wir leichter kämpfen oder flüchten können.

Ereignisse in der Vergangenheit, die wir als Bedrohung, Misshandlung oder Überwältigung erfahren haben, rufen lebenslange somatische Effekte wie etwa Angst, Depression, ein Bedürfnis nach ständiger Wachsamkeit und so weiter hervor. Prozesse im Neokortex, wo unser Sprachvermögen und unsere Logik angesiedelt sind, erreichen das Mittelhirn, wo diese inneren Reaktionen auftreten oder periodisch wiederkehren, nicht. Also können wir uns nicht aus zellulär in uns eingeschriebenen Informationen herausreden. Unter Stress wird vielmehr weniger Sauerstoff in die linke Gehirnhälfte und mehr in die rechte Hemisphäre transportiert, wo unsere Emotionen und Körperreaktionen auftreten. Dies mag erklären, weshalb uns heute als Erwachsene in Zuständen höchster Erregung so oft die Worte fehlen, sowohl bei Angst als auch bei Begehren. Wir erstarren, statt zu kämpfen oder zu flüchten. Wir verlieren die Option, uns selbst zu behaupten oder davonzulaufen, um uns in Sicherheit zu begeben. Wir sind genauso paralysiert wie damals, als wir unseren betrunkenen Vater ins Haus stolpern hörten und uns gefragt haben, was er dieses Mal wohl tun würde.

Der Hippokampus integriert implizite Erinnerungen in ein verständliches Ganzes. Wenn er durch Trauma oder großen Stress blockiert ist, kann ein Ereignis nicht gänzlich verarbeitet werden. *All dies sind Anzeichen dafür, wie anfällig unsere Erinnerung für Faktoren ist, die außerhalb unserer Kontrolle liegen.* Zum Beispiel kann ein Mensch mit Depression in einer Beziehung die Pläne vergessen, die das Paar gemeinsam gemacht hat, oder das Interesse daran verlieren. Das ist kein Anzeichen für Verwirrung oder Launenhaftigkeit. Es ist ein Charakteristikum der klinischen Depression, dass man die Fähigkeit verliert, sich an Pläne zu erinnern oder die Begeisterung für etwas aufrechtzuerhalten.

Der Hippokampus liegt im Mittelhirn. Dort werden Erinnerungen unserer persönlichen Geschichte in eine korrekte Raum-Zeit-Sequenz gebracht: was geschehen ist, wo, wie, und wann es geschehen ist. Hier wird das Kurzzeitgedächtnis auf korrekte kurzzeitige Weise gespeichert. Wenn man in der Kindheit lang anhaltendem Stress ausgesetzt war, kann das zu Zellverlusten im Hippokampus geführt haben. Das hat zur Folge, dass *jetzt etwas Vergangenes in uns wiederbelebt wird, als wäre es eine Kurzzeiterinnerung, wodurch der Eindruck entsteht, es würde jetzt etwas geschehen, das in Wirklichkeit vor langer Zeit passiert ist – genau die Definition von Übertragung.*

Das Gefühl von gegenwärtiger Gefahr steigert unseren Stress. Außerdem hilft uns das Noradrenalin, uns in unserem Langzeitgedächtnis eindringlich an gefährliche Ereignisse und unsere Angstreaktionen zu erinnern, damit wir nutzen können, was wir früher gelernt haben, als wir uns in der unmittelbaren Gegenwart mit der Gefahr konfrontiert sahen. Wenn die Erinnerung genau ist, wird es uns außerdem so vorkommen, als würde sich die Vergangenheit in der Gegenwart ereignen, wodurch eine Übertragung real zu sein scheint.

Nach Dr. Allan N. Schore von der Medizinischen Fakultät der University of California in Los Angeles „werden dem Kortex des menschlichen Gehirns ungefähr 70 Prozent seines letztendlichen DNA-Gehalts nach der Geburt hinzugefügt, und dieses sich ausweitende Gehirn wird direkt von Bereicherungen aus der Umwelt und von sozialen Erfahrungen beeinflusst".

Wer wir sind, ist nicht einfach nur genetisch bestimmt, sondern mit der Qualität der frühen Fürsorge, die wir erhalten haben, verknüpft. Der präfrontale Kortex des Gehirns, der eine wichtige Rolle für die Bewahrung des autobiografischen Gedächtnisses spielt, ist bis zum Alter von zwei Jahren noch nicht voll ausgebildet. Nichtsdestoweniger entwickelt er sich das ganze Leben hindurch weiter. Insofern ist unsere Biologie optimistisch; sie bestätigt, dass weitergehendes Wachstum möglich ist. Der präfrontale Kortex reagiert auf zwischenmenschliche Erfahrungen und entwickelt sich im Einklang mit diesen. Dies ermöglicht es uns zu verstehen, warum Beziehungen einen solchen Eindruck in uns hinterlassen.

Die jüngsten Forschungen haben gezeigt, dass die Eigenschaften, die das „Ich" in uns definieren, nicht an einem einzigen Ort in unserem Gehirn lokalisiert, sondern im ganzen Gehirn verteilt sind. Es gibt nicht einen „Denker" im Kontrollturm und niemand sitzt an einem zentralen Schaltpult. Dies zu begreifen, hilft uns, uns von der Illusion eines festen Egos zu befreien, indem wir offen sind für die grenzenlose Natur unseres „Ichs", selbst in physischer Hinsicht. Dass wir ein derart großes „Ich" besitzen, bedeutet, dass dieses das ganze Universum und alles, was darin geschieht, umfasst!

Wenn wir allem, was geschieht, mit achtsamem Gleichmut begegnen, unterliegen wir weniger stark dem Drang, manche Dinge wie die Pest zu meiden und verzweifelt an anderen Dingen festzuhalten. Nun verstehen wir, weshalb so viele buddhistische Meister empfehlen, frei von Vorlieben zu sein. Dies schätzte auch Hamlet, der von seinem Freund Horatio sagt, er sei „ein Mann, der Stöß und Gaben des Geschicks mit gleichem Dank genommen, und gesegnet" habe.

Die Forscher ergründen weiter, wie unsere Emotionen und Erinnerungen überall im Körper gespeichert werden und nicht nur im Gehirn. Wir sind wahrhaftig Wesen von Körper und Geist, wie auch Shakespeare es wohl (in *Liebes Leid und Lust*) erahnt hat:

Doch Lieb' …
Lebt nicht allein vermauert im Gehirn,
Nein, mit der Regung aller edlen Geister
Strömt sie gedankenschnell durch jede Kraft
Und zeugt jedweder Kraft zwiefache Kraft,
Weit höher als ihr Wirken und ihr Amt.[5]

Übung:
Alternativen zum Erstarren

Wenn wir in Übererregung feststecken, können unsere Bewältigungsstrategien – zu fliehen oder zu kämpfen – nicht mobilisiert werden und wir erstarren. Befinden wir uns chronisch im Zustand der Vorbereitung auf eine Gefahr, so bedeutet dies, dass unsere Reaktion auf Gefahr sich nicht in die nächste Phase weiterentwickeln kann, nämlich zur Bewältigung der Gefahr. Ein Trauma unterbricht das natürliche Fortschreiten von der Erregung zur Reaktion/Verteidigung. *Wenn wir ständig auf der Hut sind, sind wir in der Erstarrungsreaktion gefangen, was erklärt, weshalb manche Menschen bei Missbrauch in einer Erwachsenenbeziehung nicht weggehen oder Gegenmaßnahmen ergreifen.* Wir nennen sie Opfer, aber sie haben vielleicht kaum eine Wahl und verdienen deshalb unser Mitgefühl. Und das gilt auch für uns, wenn wir auf diese Weise gefangen sind.

Wir sind nicht allein, noch ist uns Menschen dies neu, wie sogar die Unabhängigkeitserklärung der Vereinigten Staaten zeigt: „… alle Erfahrung [hat] gezeigt, dass die Menschheit geneigter ist, zu leiden, so lange Leiden zu ertragen sind, als sich selbst Rechte zu verschaffen, durch Vernichtung der Formen, an welche sie sich einmal gewöhnt." *Unser Gehirn lässt das stressgeladene Ereignis so erscheinen, als sei es ein und dasselbe wie das Originalereignis, dem es gleicht, und wir es nicht als Erwachsene erleben, sondern als ohnmächtige Kinder in der damaligen Zeit.* Unser Leben ist oft eher Ähnlichkeit denn Realität. Verdienen wir nicht wirklich Mitgefühl für unser Dilemma als gestresste Menschen, deren Gehirn, das ihnen helfen möchte, ihre Wahrheit dermaßen falsch darstellen kann?

Wir können eine Alternative zur Erstarrung und der Ohnmacht angesichts von Angst finden. Die ist, zu bleiben, standzuhalten und uns zu behaupten. Dies bedeutet, bei der Wahrheit unserer Erfahrung zu bleiben. Der Film *Der letzte Kuss* verdeutlicht die Metapher des Bleibens sehr schön. Ein junges Paar befindet sich in einer Krise. Der Mann war untreu und die Frau hat ihn aus dem Haus geworfen. Er weiß, dass ihre Beziehung wertvoll ist und dass sie einander lieben. Er möchte Dinge klären und hofft auf Vergebung; also setzt er sich auf die Veranda und sagt seiner Partnerin, er würde nicht fortgehen, bevor sie nicht bereit sei, mit ihm über alles zu reden. Dass er bei Regen und Sonnenschein, bei Tag und Nacht auf der Veranda ausharrt, zeigt ihr, dass er ernsthaft bereut. Nach einem angemessenen Zeitraum lässt sie ihn wieder ein. Ich sehe dies als eine starke Metapher für das Bleiben und seine Wirkung. Wir bleiben, wo wir sind, oft in Stille, und eine Tür öffnet sich.

Wenn sich etwas Bedrohliches ereignet und wir unter Stress stehen, haben wir nicht immer Zugang zu unseren Kräften zu fliehen oder zu kämpfen. Stattdessen erstarren wir vielleicht wie ein Reh im Scheinwerferlicht. Wir können diese Neigung zur Kenntnis nehmen und für das nächste Mal, wenn Stress auftritt, gewappnet sein. Wenn das dann passiert, können wir tief durchatmen, innehalten, anstatt zu erstarren, und innerhalb einer Minute zu irgendeiner Bewegung kommen, selbst wenn sie nur darin besteht, unseren Körper in eine neue Position zu bringen – was alles sein mag, wozu wir gerade fähig sind. Wir können dann jeden Schritt mit einer fokussierten Bewusstheit machen, wobei wir die Füße rhythmisch und fest auf die Erde setzen. Einfach dies im Rhythmus mit unserer Atmung zu tun, führt bereits zu Klarheit und Auflösung. Wir erinnern uns an Augustinus‘ Aussage, dass sich Dinge durch das Gehen lösen lassen. Wir gehen solange, bis wir bereit sind, eine Wahl zu treffen.

Nach dem Gehen sitzen wir achtsam und betrachten alles, was sich ereignet hat. Wir erinnern uns an die Fänge des Stresses und stellen uns bildlich vor, wie wir ihnen anheimgefallen sind. Wir bekräftigen, dass er nun seine Macht über uns verloren hat, uns von Entscheidungen abzuhalten.

Wir können zuvor auch jederzeit mit dem Bild eines Kompasses praktizieren:

Wir sehen uns auf dem Stresskompass und stellen uns vor, wie wir ihn leicht und mühelos umrunden. Wir beginnen im Nordquadranten der Wahlfreiheit mit einer Perspektive und Zeit zum Innehalten. Dies ist die neutrale Ecke, in der wir sicher und dennoch kampfbereit sind. Dann gehen wir ganz sachlich abwärts zum stressgeladenen Ereignis, ohne uns von der stressigen Energie ins Bockshorn jagen zu lassen. Dann gehen wir weiter nach Süden und erinnern uns, wie wir gelegentlich in einem Moment, in dem eigentlich eine Entscheidung notwendig war, erstarrt sind. Als Nächstes kehren wir zum Zentrum zurück und sehen, wie wir durch die stressgeladenen Ereignisse hindurchgehen können, ohne dem *Zwang* zu unterliegen, zu fliehen oder zu kämpfen. Wir stellen uns beide Möglichkeiten ausführlich vor und sehen uns als stark genug, uns für eine dieser Alternativen zu entscheiden, je nachdem, was die Situation verlangt. Dann kehren wir in den Norden und in das Freisein zurück.

Jetzt haben wir die Wahl zwischen vier Möglichkeiten, wenn wir mit Stress zu tun haben, anstatt nur einer. Vielleicht haben wir eine Lieblingsreaktionsweise bei Stress, etwa dass wir impulsiv zu einer Kampfreaktion neigen. Unsere Freiheit der Wahl besteht darin, dass wir nicht übereilt reagieren und vorschnell entweder kämpfen oder erschreckt davonlaufen *müssen,* sondern dass wir wählen können, ob wir kämpfen oder flüchten *wollen.* Wir müssen auch nicht mattgesetzt werden und erstarren; wir können auf das Problem zugehen und es bearbeiten. Und schließlich bekräftigen wir in Übereinstimmung mit unserer Verpflichtung zur Liebenden Güte den Wunsch und das Bestreben, dass alle Wesen überall dieselbe Freiheit finden mögen, die wir gefunden haben oder zu finden im Begriff sind. Wir wollen, dass die ganze Welt sich mit uns in Bewegung setzt.

Eine Bereicherung der Übung ist, wenn wir uns entschließen, in allen Situationen zuerst in den Norden zu gehen. Wir halten angesichts eines jeden Reizes inne, sodass wir unsere Kompassausrichtung festlegen können. Dann sind wir bereit zu wählen, ob wir kämpfen oder flüchten wollen. Wir bewegen uns nicht mehr im Autopilot-Modus, der uns zwingt, auf gewohnte Weise zu agieren. Dieses Innehalten beschert uns unsere Wahlfreiheit. Dann gehen wir zum zweiten Teil der Übung über und wählen die Option, die Sicherheit und Liebende Güte für uns und für andere gewährleistet. Nehmen wir beispielsweise einmal an, wir wären bislang jedes Mal, wenn uns jemand im Straßenverkehr geschnitten hat, ausgerastet und hätten ihn wütend verfolgt. Nun halten wir inne und lassen unser Adrenalin etwas abklingen. Dann stellen wir fest, dass es uns leicht fällt, die Person vorbeifahren zu lassen und ihr alles Gute zu wünschen. Der Nordstern hat uns nicht nur beruhigt, sondern uns auch seine Gelassenheit geschenkt.

Das Einzige, wovor wir Angst haben müssen, ist die Angst selbst – der namenlose, unvernünftige, ungerechtfertigte Schrecken, der die notwendige Anstrengung, einen Rückzug in ein Vorgehen zu verwandeln, lähmt.

–Franklin Delano Roosevelt–

9

DIE SEHNSUCHT NACH BEHAGLICHKEIT UND NACH HERAUSFORDERUNG

Nun beginne, Knabe, im Lächeln deine Mutter zu erkennen!

–VIRGIL, *VIERTE EKLOGE*–

Wir brauchen die Anfeuerungen unserer Mannschaftskameraden und das Zugehörigkeitsgefühl zu ihnen, bevor wir mit Zuversicht zum Schlagmal *(home plate)* gehen und unser Bestes geben können.[6] Wir benötigen die Sicherheit, auf der Basis eines „Heims" zu stehen, bevor wir uns den Bällen stellen können, die das Leben wie ein Pitcher auf uns zuschleudert. Um erwachsen werden zu können, benötigen wir eine tragende Umgebung, in der wir uns während der Zeit, die wir brauchen, um herauszufinden, wer wir sind, geliebt und geschützt fühlen. Dies ist die *Behaglichkeit,* die uns hilft, anderen zu vertrauen. Wir brauchen außerdem einen Stoß, um das Nest zu verlassen, damit wir in die Welt hinausgehen und uns der vollen Bandbreite unseres Potenzials öffnen können. Dies ist die *Herausforderung,* die es uns ermöglicht, auf uns selbst zu vertrauen. Es zeigt sich, dass wir bereit und gewillt sind, die Herausforderung zu fliegen anzunehmen, *weil* wir zuvor in einem Nest gesessen haben, in einer tragenden Umgebung, in der wir uns sicher gefühlt haben.

Unser ganzes Leben lang, in Beziehungen, am Arbeitsplatz, bei unserem Hobby, in der Religion und bei beinahe jedem Unterfangen, profitieren wir weiter von denselben zwei wichtigen Komponenten persönlichen Wandels. Wir brauchen die Behaglichkeit der Sicherheit und die Herausforderung durch das Risiko. Mit Behaglichkeit allein würden wir uns nicht zu unserer ganzen Größe entfalten. Mit Herausforderung allein könnten wir uns nicht in ein Wohlgefühl hinein entspannen und unser Gleichgewicht finden.

Wir wurden sicher im Schoß getragen. Unsere Geburt fühlte sich wie eine Vertreibung an. Plötzlich gab der Boden unserer behaglichen Welt nach und wir wurden gezwungen, unsere erste Reise nach unten anzutreten. Unser Geburtsprozess war sowohl ein Anfang als auch ein Ende, sowohl ein Verlust als auch ein Gewinn. Wir kamen als Leidtragende in die Welt, aber auch als Pioniere. Der Verlust des behaglichen Schoßes wurde in der Tat zur aufregenden Belohnung des Eintritts in eine größere und lichtvollere Welt. Dieselbe Mutter, die uns in ihrem Schoß getragen hat, hat uns auf ihren Armen getragen und wir sahen ihr Lächeln. Die Reise hat sich gelohnt. Das Paradox der Reise bleibt das ganze Leben hindurch bestehen: Wir müssen uns einer Herausforderung stellen, eine überholte Behaglichkeit zugunsten einer neuen Behaglichkeit aufzugeben, der wiederum eine neue Herausforderung folgt.

Ein Kind, das bei der Geburt mit der Leboyer-Technik begrüßt wird, bei der es sanft in warmem Wasser gehalten wird, wird ein Gefühl der Kontinuität empfinden, da es gerade aus der wässrigen Umgebung des Mutterschoßes hervorgekommen ist. Das kann in seinen Zellen als gelassene Sicherheit gespeichert werden, als ein Gefühl, dass Wandel gar nicht so gefährlich ist, da eine neue Sicherheit auffindbar ist. Das Baby – Sie und ich? –, das sofort einen Klaps auf den Hintern und Silbernitrat in die Augen getropft bekam, das gesäubert und auf eine kalte Waage gelegt wurde, angezogen, eingehüllt und mit einem Armband gekennzeichnet wurde, mag die neue Welt als ziemlich ungastlich erleben. Shakespeare beschreibt die Not des Kindes, wenn er sagt, wir weinen bei der Geburt, weil wir an Bord eines „Narrenschiffes“ kommen. Dieses Baby wird nicht das gleiche Gefühl haben, dass eine neue Sicherheit auffindbar ist. Seine

Zellen behalten die Erinnerung an einen Schock, nicht an eine Reise, an eine sterile Routine, nicht an einen warmen Empfang.

Unsere physische Geburt kann in wenigen Stunden vor sich gehen, aber unsere psychische Geburt dauert ein Leben lang. Sie geschieht in drei Stadien, die jene der Heldenreise widerspiegeln: Trennung, Individuation und Wiedervereinigung. Wir treten aus der Fusion/Symbiose im Schoß und als Säuglinge hervor in die allmählich größer werdende Unabhängigkeit als Kleinkind und dann in die gegenseitige Abhängigkeit als Jugendliche und Erwachsene.

Die Reise zur menschlichen Reife besteht also sowohl aus wiederholten Verlusten der Behaglichkeit als auch aus immer neuen Herausforderungen. Das Dilemma unserer misslichen Lage ist berührend: Ein Gefühl der Getrenntheit ist für das Wachstum notwendig, wir sind jedoch niemals vollkommen frei von der Sehnsucht nach der Behaglichkeit, die Eltern geben können. Gleichzeitig führt ein innerer Sinn unserer getrennten Identität uns dazu, dass wir allein hinausgehen, ohne unsere Verbindung mit anderen zu verlieren.

In unserer Kindheit war Behaglichkeit hoffentlich mit einer tragenden Umgebung assoziiert, in der wir uns sicher fühlten, anderen nicht ausgeliefert waren und spürten, dass unsere Bedürfnisse gutgeheißen und erfüllt wurden. Sie wurden als persönliche Optionen zugelassen und wurden nicht ständig kontrolliert, und wir hatten das Gefühl, dass unser authentisches Ich das Objekt der Liebe und Neugier unserer Eltern war, statt in eine Form gepresst zu werden, die unsere Eltern für die uns geziemende Persönlichkeit hielten. Unsere Eltern spiegelten uns eher mit Achtsamkeit, als dass sie uns durch Psychospielchen zensierten oder manipulierten.

Die Kinderärztin, Psychoanalytikerin und Objektbeziehungstheoretikerin Margaret Mahler nennt das tragende Verhalten der Mutter „die Hebamme der Individuation, der psychischen Geburt". Freud benutzte eine nette Analogie vom Bauernhof, als er sagte, ein noch nicht geschlüpftes Küken besäße alles Notwendige innerhalb seiner Eierschale, aber es benötige noch die Wärme der Mutterhenne, um sein Erscheinen in der Welt zu erleichtern und zu vervollständigen. Das Wohlbefinden an der warmen Brust ermöglicht dem Küken die vorsichtigen Schritte auf der holprigen Erde. Für uns ist das nicht anders.

Die evolutionäre Aufgabe der Trennung ist eine gesunde Loslösung aus der Symbiose, Fusion und dem Getragenwerden durch die Mutter. Sie wird zu einem bleibenden Gefühl der Verschiedenheit und Abgrenzung in Hinsicht auf unsere äußere Welt. Auf diese Weise lernen wir, Grenzen um uns herum aufrechtzuerhalten, während wir weiterhin mit anderen in Beziehung stehen.

Manchmal schenkt uns die Mutter die Behaglichkeit und der Vater gibt uns den Schubs. Väter spielen häufig die Rolle desjenigen, der uns in die Welt hinausführt, wie es im Film *Bambi* geschieht. Manchmal ist es aber auch umgekehrt und die Mütter erledigen dies für uns. Manchmal finden wir nur Behaglichkeit und Sicherheit oder nur die Herausforderung, allein auf uns selbst gestellt zu sein. Unsere ursprüngliche Erfahrung von Behaglichkeit und Herausforderung fällt schwer ins Gewicht, wenn es darum geht, wie wir unsere Beziehungen als Erwachsene gestalten wollen, welche Wahl wir treffen in Hinsicht auf unsere Karriere, unsere religiöse Ausrichtung, unseren Platz in einer sozialen Gruppe, ja im Grunde bei fast allen Entscheidungen.

Wir halten nach Beziehungen Ausschau, die uns sowohl gut tun als auch herausfordern, wie es in unserer Kindheit geschehen ist oder in einer Beziehungserfahrung aus jüngerer Zeit. Wenn wir hinreichende Erfahrungen mit dem Getragenwerden wie auch mit dem Aus-dem-Nest-Geworfenwerden gemacht haben und diese beiden in den Anfängen unseres Lebens in einem einigermaßen ausgeglichenen Verhältnis standen, dann werden wir den Dreh kennen, wo und wie wir sie in unserer gegenwärtigen Lebenssituation kombinieren können. Gesunde Menschen suchen immer danach, gleichzeitig getragen zu werden und etwas zu riskieren. Es bringt sie nicht in Verlegenheit, dass sie noch immer Umarmungen brauchen, und sie haben keine Angst, sich allein hinauszuwagen.

Die Erfüllung des Behaglichkeitsbedürfnisses gibt uns das Gefühl, dass es sicher ist, wir selbst zu sein: „Die Welt bietet mir an, was ich brauche." Die Erfüllung des Bedürfnisses nach Herausforderung erlaubt uns,

Zutrauen zu uns selbst zu gewinnen: „Ich besitze innere Ressourcen.“ Die Erfüllung von beidem sorgt für Gelassenheit und Selbstachtung. Wir sind gelassen in dem Wohlbefinden, dass wir alles haben, was wir brauchen. Wir wachsen an Selbstachtung, wenn wir sehen, dass wir gewillt und in der Lage sind, Herausforderungen anzunehmen. Auch wenn wir nicht immer Erfolg bei einem Unterfangen haben, schätzen wir uns doch dafür, dass wir es versuchen.

Seit undenklichen Zeiten haben die Menschen danach gestrebt, Behaglichkeit und Herausforderung zu verbinden. Die frühen Menschen verbrachten den Tag mit Jagen und Arbeiten. Am Abend saßen sie um das Feuer herum, erzählten Geschichten und lebten die Sicherheit und Freude einer Gemeinschaft. Für jeden von uns ist es wichtig, inmitten all der Anforderungen an uns auch Wohlbefinden und Entspannung zu finden. Unsere Tage verlaufen für uns am besten, wenn sie eben diese Kombination enthalten. Die Herausforderung dehnt uns und das Wohlbefinden lockert uns, sodass wir unter einer wohlproportionierten Spannung stehen, wie eine Gitarrensaite, die einen Ton hervorbringen soll.

Wir können lernen, unser Leben in Übereinstimmung mit unseren wechselnden Bedürfnissen nach Behaglichkeit und Herausforderung einzuteilen. Wenn wir durch zu viele Herausforderungen gestresst sind, können wir uns zurückziehen und nach Unterstützung oder Rückzug suchen. Wenn wir von einem Leben gelangweilt sind, das zu wenig Spannung enthält, können wir uns fordern, indem wir uns in etwas Neues stürzen. Wenn wir uns selbst besser verstehen lernen, spüren wir, was wir brauchen, und treffen Entscheidungen, die unser inneres Timing berücksichtigen.

Unser Bedürfnis nach Abhängigkeit oder Behaglichkeit verlangt nach Besänftigung, Empathie, Rückversicherung und Zärtlichkeit. Sind diese Bedürfnisse einmal erfüllt, können wir unserem Bedürfnis nach Herausforderung oder Wachstum Beachtung schenken: nach Kreativität, Überschreitung von Grenzen, danach, uns allein etwas auszudenken, Kompetenz in der Arbeitswelt zu erlangen, Verpflichtung in einer Beziehung zu übernehmen und auf erwachsene Weise einen Beitrag zur Welt und zur spirituellen Reifung zu leisten. *Ich hoffe, dass dieses*

Buch die Behaglichkeit der Einfühlung in meinem Verständnis für Sie mit Herausforderungen durch die Übungen, die ich Ihnen vorstelle, kombiniert.

Wir werden mit dem Potenzial geboren, alle menschlichen Gefühle zu erleben. Wenn unsere Eltern uns mittels der fünf Aspekte tragen, fördern und billigen sie das, was wir empfinden, nicht nur in der Kindheit, sondern für alle Zeit danach. Ein Gefühl – sei es Trauer, Wut, Angst oder Freude – wurde dann erfolgreich in uns angelegt, wenn es von den Eltern mit den fünf Aspekten begrüßt wurde. Auf diese Weise fördert die tragende Umgebung unsere gesunde Entwicklung. „Ich befinde mich mit meinen Gefühlen in Sicherheit, und das Beste daran ist, dass ich die schmerzlichen Gefühle aushalten kann. Ich lerne, mich selbst zu besänftigen." Das Paradox ist, dass wir unsere Gefühle um so besser allein tragen können, je mehr wir in unseren Gefühlen getragen werden. Behaglichkeit, die andere uns schenken, ist das tragende Moment, das unser Vermögen hervorbringt, Herausforderungen zu begegnen. So wird unser Potenzial zur konkreten Befähigung.

In der frühen Kindheit spalten wir das Bild unserer Mutter auf. Wir glauben, dass es eine tröstende Mutter gibt, die uns Erfüllung schenkt, und dass sie sich von der frustrierenden Mutter unterscheidet, die unsere Bedürfnisse nicht befriedigt. Am Ende unserer Kleinkindphase beginnen wir zu realisieren, dass beide Eigenschaften in derselben Person vorhanden sind. Diese Fertigkeit, anscheinend gegensätzliche Energien zu verbinden, leistet uns für den Rest unseres Lebens gute Dienste. Wir können glauben, dass jemand heute unangenehm und morgen angenehm sein kann, dass jemand heute Alkoholiker und morgen trocken sein kann, dass die menschliche Sucht nach Krieg zu einem Verlangen nach Frieden werden kann. Dies ist möglich, weil wir die Gegebenheit anerkennen, dass Menschen beide Seiten der menschlichen Medaille enthalten. Dies ist die wertvolle Medaille der Hoffnung.

Viele von uns haben keine Eltern gehabt, die ihnen die fünf Aspekte gewährt haben: Aufmerksamkeit, Annahme, Wertschätzung, Zuneigung und Zulassen. Wenn wir unsere Geschichte schließlich direkt erzählen und aufhören, andere dazu zu benutzen, sie für uns zu erzählen, dann stellen wir uns den Defiziten derjenigen, die uns vor langer Zeit geliebt haben. Gleichzeitig können wir Mitgefühl entwickeln, wenn wir begreifen, dass unsere Eltern uns nicht absichtlich etwas vorenthalten haben. Vielleicht hatten sie einfach nicht so viel zu geben, wie wir gebraucht hätten. Sie wussten damals noch nicht so viel über die Entwicklung des Kindes, wie man heute weiß. Sie waren sicherlich dafür verantwortlich, wie sie mit uns umgegangen sind, aber vielleicht nicht in vollem Umfang. Ihr unzureichender Umgang mit uns hat allerdings unsere Generation dafür bereit gemacht, Forschungen im Bereich der Entwicklungspsychologie anzustellen, und er hat zu der Selbsthilfebewegung geführt! Insofern war es letztlich eine positive Synchronizität.

Nun ist es unsere Aufgabe, an uns zu arbeiten: Wir betrauern, was uns gefehlt hat; wir lassen die Vergangenheit los; wir übernehmen die volle Verantwortung für unser gegenwärtiges Leben. Die bei unserer Trauerarbeit auftretenden unschönen Gefühle können Zerberus gleichen, dem bedrohlichen, dreiköpfigen Hund der griechischen Mythologie, der die Unterwelt/das Unbewusste bewacht. Er lässt uns erkennen, wann wir die Schwelle zu einem Gebiet erreichen, dessen Beschaffenheit uns vollkommen unbekannt ist. Wir betreten unerforschtes Gelände und finden heraus, wer wir waren und sind. Wir entdecken unsere Persönlichkeit – was die Aufgabe des Helden ist. Erst dann sind wir bereit für die Ehe mit der Prinzessin, die auf uns gewartet hat. Sie hat nicht etwa gewartet, weil sie keine Heldin sein und sich nicht selbst retten könnte. Sie hat darauf gewartet, dass wir zu uns selbst werden, damit eine wahrhaftige Du-Ich-Intimität zwischen uns entstehen kann.

Wir finden innere Ruhe bei denen, die wir lieben, und wir schaffen in uns einen ruhigen Ort für jene, die uns lieben.

–Bernhard von Clairvaux–

Übung:

Wie man trauert und loslässt

Trauerarbeit beinhaltet dieselben vier Schritte, die wir oben in Hinblick auf das Durcharbeiten eines psychischen Problems angeführt haben: Wir sprechen etwas an, arbeiten es durch, lösen es auf und integrieren es. Wir *sprechen an,* indem wir zur Kenntnis nehmen und benennen, was uns traurig macht. Wir *arbeiten es durch,* indem wir unseren Gefühlen Ausdruck verleihen. Wir *lösen* es, indem wir es loslassen. Wir *integrieren* es, indem wir zu Beziehungen weitergehen, die nicht so stark von Projektion oder Übertragung befrachtet sind.

Trauer ist unumkehrbar. Wir können sie nicht aufheben oder verändern, dennoch versuchen wir es. Dies ist nicht ungesund, da wir dadurch im Grunde unsere eigene Fähigkeit zum Trauern respektieren. Wir müssen sie auf ihre eigene Weise zu ihrem eigenen Zeitpunkt zum Vorschein kommen lassen. Das kann bedeuten, dass wir der Trauer für eine Weile aus dem Weg gehen, sie allmählich in kleinen Dosen einlassen oder gar versuchen, sie zu negieren. Wir müssen mit uns selbst freundlich in unserer Trauer sein; wir müssen ihr die Führung überlassen und uns nicht in ein Programm einzwängen, bei dem es darum geht, sie so schnell wie möglich loszuwerden.

Bei dieser Übung betrachten wir unsere Gefühle und dann die inneren Veränderungen, die uns helfen, loszulassen und weiterzugehen. Wenn Sie die folgenden Reflexionen über Trauer und Trauerarbeit durchlesen, achten Sie darauf, welche Verbindungen zu Ihrem eigenen Leben Sie herstellen können. Wenn ein bestimmter Abschnitt besondere Resonanz in Ihnen hervorruft, halten Sie inne, um Ihre Reaktion und Ihre Reflexionen schriftlich festzuhalten.

Trauer setzt sich aus drei Gefühlen zusammen:

1. Traurigkeit über etwas, das verloren gegangen ist.
2. Zorn darüber, dass es uns genommen wurde.
3. Angst, dass es niemals ersetzt werden wird.

Diese drei Gefühle können gleichzeitig oder in jeder beliebigen Reihenfolge erfahren werden. Über unsere unerfüllten Bedürfnisse in unserer Kindheit zu trauern, bedeutet, dass wir diesen drei Gefühlen Ausdruck geben: Traurigkeit darüber, dass unsere Bedürfnisse missachtet oder nicht erfüllt wurden; Zorn denjenigen gegenüber, die sie nicht erfüllt haben; und Angst, dass wir niemals einen Partner finden werden, der sie erfüllen kann.

Diese drei Gefühle, aus denen sich Trauer zusammensetzt, sind so etwas wie in uns eingebaute Technologien, die uns helfen, mit der unerbittlichen Wahrheit von Vergänglichkeit, Verlust, Verrat und Leiden umzugehen. Wir besitzen die Fähigkeit, über die Gegebenheit von Verlust, Wandel und Zuendegehen traurig zu sein. Wir besitzen die Fähigkeit, über die Gegebenheit von Verrat und Ungerechtigkeit zornig zu sein. Wir besitzen die Fähigkeit, Angst zu haben, weil wir manchmal von Bedrohung und Gefahr bedrängt werden.

Trauerarbeit gewährleistet uns Zugang zu unseren tiefsten Gefühlen und zu unserer gesunden Verletzlichkeit, die für wahre Intimität so notwendig ist. Verletzlichkeit ist dann gesund, wenn sie mit Stabilität einhergeht. Wir fühlen uns schwach, aber unsere Hilflosigkeit wirft uns nicht aus der Bahn. Wir sind verletzlich, aber keine Opfer.

Wir sind eher froh als beschämt darüber, dass wir so empfänglich für menschlichen Schmerz sind, ohne mehr davon haben zu wollen. Wir öffnen die Tür für die Schmerzen der Liebe, aber wir sind keine Fußabtreter. Unser Herz ist offen, aber nicht in Stücke zerrissen. Unsere Stirn ist „blutig, doch ungebeugt“, wie der Dichter William Ernest Henley schrieb.

Gesunde Verletzlichkeit zeigt sich auf dieselbe Weise wie Trauer:

1. Ich bin traurig darüber, dass mir wehgetan wurde.
2. Ich bin zornig darüber, dass man mich beleidigt hat.
3. Ich habe Angst, dass ich nicht darüber hinwegkommen werde.

Solche Angst ist verständlich, da es in der Trauer, wie wir oben gesehen haben, etwas Untröstliches gibt. „Ja, so spricht der Herr: Arg ist dein Schaden, unheilbar deine Wunde.“ (Jeremia 30:12)

Verletzlichkeit ist dann ungesund, wenn wir den natürlichen Fluss unserer Gefühle eindämmen: Wenn wir nur Traurigkeit zeigen, können wir uns als Opfer fühlen. Wenn wir nur Zorn zeigen, sind wir in der Defensive und fühlen uns nicht mit der Verletzlichkeit wohl, die uns liebenswerter machen könnte. Wenn wir nur Angst zeigen, scheinen wir nur weitere Misshandlung zu erwarten und laufen vor Beziehungen davon. Die Herausforderung besteht darin, alle drei Trauergefühle ohne Tadel, Groll oder Kummer zu erfahren. Die drei gesunden Gefühle beim Trauern helfen uns auf folgende Weisen:

Traurigkeit, die frei von Schuldzuweisung ist, kann uns helfen, Kontakt mit unserer zarten Verletzlichkeit aufzunehmen und sie als etwas zu sehen, das wir als ein positives Signal für unsere Fähigkeit zu Liebe und Offenheit verstehen können. Die negative, ungesunde Verletzlichkeit ruft das Gefühl hervor, dass wir ein Opfer sind.

Zorn ist nützlich, wenn er uns dazu anregt, stark genug zu werden, um unsere Angst zu durchbrechen, oder wenn er uns hilft, Abstand zu dem Menschen zu gewinnen, der uns misshandelt hat. Er ist ein Gegengewicht gegen die Traurigkeit, sodass wir uns gegen Misshandlung oder Verletzungen wehren können.

Angst kann auf positive Weise als Warnsignal bei Gefahr genutzt werden, statt nur eine uns hemmende oder zwingende Kraft zu sein. Beachten Sie, dass die Angst, das, was uns gefehlt hat, werde nie ersetzt werden, uns auch einen Schlüsselhinweis gibt: Vielleicht sind wir eine Beziehung mit der *Erwartung* eingegangen, dass der Partner für den richtigen und vollen Ersatz dessen, was uns gefehlt hat oder verloren gegangen ist, sorgen wird, auch wenn ihm nicht klar sein mag, was das sein könnte.

In dem Maße, in dem wir unsere Gefühle zum Ausdruck bringen und loslassen, vergeben wir allmählich uns selbst und anderen und können unser Leben weiterleben. Dies geschieht, weil unsere Öffnung für die Trauer paradoxerweise dazu führt, dass wir uns selbst trösten. Dies stabilisiert uns und wir können schließlich Ja zu einer Welt sagen, die uns unausweichlich Gewinne und Verluste beschert. Wir können zu uns selbst sagen: „Das Durchleben der Herausforderungen des Lebens in Beziehung lehrt mich, mich selbst zu trösten. Nun wird mein Bedauern über Verlust oder Misslingen zu den Bausteinen meines Gefühls persönlicher Vollständigkeit.“

Diese Vollständigkeit/Ganzheit resultiert aus den automatischen Veränderungen, die der Freisetzung unserer Gefühle folgen. Wir merken, dass wir die Aufladung, die das von uns Betrauerte umgibt, loslassen können. Zweitens können wir Schuldzuweisung, Groll und Klagen ebenso wie das Bedürfnis nach Rache loslassen – das heißt, wir vergeben. Klage und Mitgefühl sollten nicht gleichzeitig vorhanden sein, sondern nacheinander. Wir können nicht so leicht vergeben, wenn wir zornig sind. Aber wenn wir uns erst einmal durch unsere Trauer hindurchgearbeitet haben, folgen Vergebung und Mitgefühl als Gnade.

Dann bemerken wir, dass wir nun mit unserem Leben fortfahren und persönlich gefestigter sein können und nicht mehr so sehr den Übertragungen ausgeliefert sind, die sich im Schlepptau von unerfüllten Bedürfnissen, Bedauern, Enttäuschungen und Trauer entwickeln. Nun sind wir eher fähig, für uns selbst zu sorgen, und sind damit offener und bereiter für gesunde Beziehungen.

Mit dem Leben fortzufahren bedeutet auch, dass Angelegenheiten, die ursprünglich verheerend für uns waren, sich zu einer einfachen Tatsache wandeln. „Es hat mich fertiggemacht zu erkennen, dass meine Mutter mich nicht genug geliebt hat“ wird zu einem Ja zu diesem Umstand als einer Gegebenheit des Lebens, die keine schockierende Beleidigung mehr ist, welche uns ständig zum Opfer macht. Durch unser Ja werden wir frei dazu zu sagen: „Wie kann ich mich jetzt genug lieben?“ In der Tat läuft alle psychologische Arbeit, die erledigt wurde, wie auch alles andere, das uns widerfahren ist, darauf hinaus, eine bloße Tatsache zu sein. Das bedeutet nicht, dass wir keine Gefühle mehr haben, sondern nur, dass sie sich nicht mehr negativ auf uns auswirken. Wir vergießen noch gelegentlich Tränen, aber wir heulen uns nicht die Augen aus. Unsere Geschichte ist erträglich geworden, was das Ziel psychischer Gesundheit ist. Wenn dazu dann noch Mitgefühl für die erschöpfte oder wenig gebende Mutter entsteht, haben wir einen spirituellen Sieg errungen.

Eine Anmerkung zum Zorn könnte noch hilfreich sein. Eine Wörterbuchdefinition des Zorns lautet, Zorn sei „Unbehagen über Ungerechtigkeit". Wir empfinden im Grunde immer dann Zorn, wenn wir unglücklich oder irritiert über etwas sind, das wir als unfair ansehen. Wir mögen vielleicht nicht immer zugeben, dass wir zornig sind, aber wir können normalerweise zugeben, dass wir etwas, das geschieht, nicht mögen. Wir können üben, laut zu den Beteiligten zu sagen: „Ich mag das nicht." Das ist Zorn, da er ein Missfallen an etwas zeigt, das wir für falsch halten. Das ist eine einfache Weise, mit dem Ausdrücken dieses Gefühls zu beginnen; allmählich werden wir dann zugeben können, dass wir zornig sind, und werden frei dazu sein, dem Zorn auf angemessene Weise Ausdruck zu verleihen, ohne dass es zu einer Eskalation kommt – auch wenn wir das noch mit einem roten Kopf, erhobener Stimme und anschaulichen Gesten tun müssen.

Trauer in der Familie

Unsere Fähigkeit zu trauern hängt von unserer ersten Erfahrung mit Trauer ab: Wie haben die Mitglieder der Familie, aus der wir stammen, auf unsere Trauer reagiert oder daran teilgenommen? In der Kindheit erforderten Verluste innerhalb der Familie gegenseitig sichtbares Trauern. Wenn zum Beispiel ein Brüderchen gestorben ist, als wir noch ein Kind waren, so genügt es nicht, dass wir dies allein betrauern. In diesem Fall muss die Trauer eine Familienangelegenheit sein. Vielleicht sind Begräbnisse deshalb öffentliche Ereignisse. Wir arbeiten unsere eigene Trauer durch, indem wir uns gegenseitig die Trauer des anderen spiegeln. Wir schaffen Raum für die einzigartige Weise, wie jedes Familienmitglied seiner Trauer Ausdruck verleiht. Unsere Eltern nehmen an unserer Trauer mit zärtlicher Annahme und Wertschätzung ihres Ausmaßes teil und auch dadurch, dass sie vollkommen zulassen, dass wir sie in der uns angemessenen Weise zeigen. Die Trauer wird durchgearbeitet, wenn sie offen und häufig über den verlorenen Bruder sprechen und sich nach unseren Gefühlen ihm gegenüber erkundigen, anstatt darauf zu warten, dass wir dieses Thema anschneiden. Unsere Eltern erinnern uns immer wieder an die guten Eigenschaften des Bruders und wie sehr wir ihn alle vermissen. Shakespeare kommentiert dies in *Ende gut, alles gut:*

Das zu preisen, was verloren ging,
Macht uns die Erinnerung teuer.

Bei gesundem Trauern in einer Familie fragen die Eltern auch im Laufe der Jahre nach, wie wir die Tatsache des Verlustes verarbeitet haben, und sie erzählen uns, wie sie damit umgehen. Auf dieser Weise wird ein Zuhause bei einem Verlust in eine tragende Umgebung der Heilung verwandelt. Große klaffende Löcher, wie etwa der Tod eines jungen Familienmitglieds während der Kindheit, können niemals wirklich geschlossen werden, aber wenn sie sich im Rahmen von fürsorglicher Liebe ereignen, werden sie erträglich. Zur Auflösung gehört die Akzeptanz, dass es bei großer Trauer keinen Trost geben kann. Dies ist ein Beispiel dafür, wie Trauerarbeit geleistet werden kann, ohne dass alle losen Fäden vernäht werden, wie es das kontrollierende und zwanghafte Ego nur allzu gern tun würde.

Jede sehr starke Gefühlsreaktion kann auf einem Satz kondensierter Erfahrungen beruhen, die im Laufe der Jahre zu einem Thema gebündelt wurden. Zum Beispiel wird eine Reihe von Erfahrungen des Verlassenwerdens im Leben, die niemals ganz betrauert und losgelassen wurden, auf ihre Chance warten, Huckepack auf der jüngsten Version des Verlassenwerdens mit zu reiten. Nehmen wir beispielsweise an, dass ich extrem heftig auf den Verlust einer Beziehung reagiere, die zu ihrer Zeit relativ unbedeutend erschien und die mich ganz gewiss nicht befriedigt hat. Was ich vielleicht nicht realisiere ist, dass die Partnerin, die mich gerade verlassen hat, wesentlich mehr ist, als sie selbst; sie hat für mich vielmehr eine Bedeutung, die der Bedeutung einer früheren, wichtigeren Partnerin oder der Bedeutung meiner mich immer wieder vernachlässigenden Mutter ähnelt. Die Trauer verdichtet sich nun um den Verlust der aktuellen Partnerin und verlangt nach Aufmerksamkeit. Was sich als ein Gefühl der Trauer in der Gegenwart manifestiert, bezieht sich eigentlich auf die Vergangenheit – was die Essenz von Übertragung ist.

Physische Ereignisse lassen sich der gleichen Kategorie zuordnen. Zum Beispiel mag eine Person Angst vor einer Kernspintomografie haben. All ihre klaustrophobischen Erfahrungen mögen in diesem Augenblick auf sie einstürzen. Vielleicht ist sie einmal beinahe ertrunken, oder ein Onkel hat sie bei seinen zärtlichen Umarmungen oft zu fest gedrückt, auch wenn das gut gemeint war. Ein uneingestandenes oder unaufgelöstes Ereignis aus der Vergangenheit präsentiert seine „Rechnung" beim Auftreten eines ähnlichen Ereignisses. Wir gehen am besten damit um, wenn wir bereit sind, die Rechnung entweder völlig zu bezahlen oder auch in Raten, die unser eigenes emotionales Timing berücksichtigen.

Natürlich werden wir bei positiver Übertragung auch mit wunderbaren Blumensträußen beworfen. Es kann beispielsweise sein, dass sich eine Wanderung mit einem guten Freund herrlich belebend anfühlt. Sie erinnert uns an die vielen Male, zu denen wir in der Natur viel Trost und Zufriedenheit gefunden haben. All die Freuden unseres bisherigen Lebens treiben Knospen in uns und warten auf ihre Chance aufzublühen, wenn ähnliche Umstände auftreten. Vielleicht war es die Weisheit selbst, die uns das Bedürfnis, zu wiederholen, eingepflanzt hat.

In dieser Nacht finden die Hoffnungen und Ängste
so vieler Jahre ihre Beantwortung in Dir.

–Philips Brooks (Aus dem Weihnachtslied *O Little Town of Bethlehem*)–

Bedauern und Enttäuschung

Übertragung versucht, die vergangenen Enttäuschungen wettzumachen – und führt manchmal dazu, sie zu wiederholen. Wir sind möglicherweise von unseren ersten Bezugspersonen oder von einem vergangenen Partner verraten oder enttäuscht worden. Also suchen wir nach Menschen, die uns heute nicht enttäuschen. Es ist jedoch eine Gegebenheit des Lebens, dass die Menschen sich nicht immer für uns einsetzen. Wir mögen es bereuen, den Menschen, die uns verletzt haben, vertraut zu haben. Wir mögen Fehler im Leben und in Beziehungen bereuen und von uns selbst enttäuscht sein.

Sowohl Bedauern als auch Enttäuschung sind Formen von Trauer. Wir können lernen, sie mit einem bedingungslosen Ja zu begrüßen. Wenn wir so mit ihnen umgehen, führt unsere Annahme dazu, dass sie sich nicht allzu lange negativ auf unser Glück auswirken.

Bedauern ist wiederholtes Trauern. Bedauern wird hilfreich, wenn wir aufhören zu versuchen, uns von ihm zu befreien. Stattdessen schaffen wir im Rahmen der fünf Aspekte Raum dafür. Wir nehmen es wahr, akzeptieren es, erkennen an, was es bedeutet, lieben uns noch immer so, wie wir sind, und gestatten uns, in unserem Leben fortzufahren, ohne von ihm zurückgehalten zu werden.

Beim Bedauern, wie auch bei der Schuld, fühlen wir uns schlecht wegen unseres schlechten Gefühls. Wenn bei der Erinnerung an vergangene Fehler und Fehleinschätzungen Bedauern in uns auftaucht, so können wir es als Eintrittskarte zu Demut, zur Reduzierung des Egos und zu nützlichem Lernen anerkennen. Wenn wir uns beim Auftreten von Bedauern an die Gegebenheit erinnern, dass wir alle einmal irren, ist es nicht so schwer, damit umzugehen. Wir können Ja zu ihm sagen und damit auch zu unserem immer wieder versagenden und sich immer wieder erhebenden Ich. Wenn wir und die Welt dazu geschaffen wären, vollkommen zu sein, dann wäre unser zentraler menschlicher Archetyp nicht die Heldenreise und unsere Welt würde sich nicht auf Evolution gründen!

Origenes, ein christlicher Theologe und Gelehrter des dritten Jahrhunderts, vertrat das schöne Prinzip der Apokatastasis, dass nämlich am Ende der Zeit alle Wesen, selbst die Verdammten und die Dämonen, konvertiert und erlöst werden. Für ihn ist die Hölle nichts Ewiges; nur die göttliche Liebe ist ewig. Insofern kann alles, was geschieht, erlöst und letztlich zum Guten gewendet werden. Dies könnte eine Metapher für all jene Dinge sein, die wir getan haben und für die wir uns schämen und die wir heute bereuen. Sie können alle „erlöst“ werden, das heißt, sie können aufgenommen werden in unser positives Bild von uns als irrende Wesen, die Wege finden, um wieder auf den Weg zurückzufinden.

Wir können uns auch an die Legenden erinnern, die den buddhistischen Heiligen Padmasambhava umranken, dessen Name „Der aus dem Lotos Geborene“ bedeutet und der den Buddhismus im achten Jahrhundert nach Tibet brachte. Bei seiner Ankunft in Tibet begegnete man ihm mit Aggression, sowohl vonseiten der Bevölkerung als auch seitens der Dämonen um sie herum. Er vernichtete die Dämonen nicht, sondern konvertierte sie, sodass sie zu Schützern wurden. Unter Verwendung einer buddhistischen Metapher könnten wir sagen, dass er reine Lotosblüten aus der schlammigen Tiefe aufsteigen ließ – eine spirituelle Herausforderung für uns alle. Der heilige Bonifatius brachte das Christentum nach Deutschland, wo er Menschen vorfand, die eine Eiche verehrten. Er fällte die Eiche und baute aus ihrem Holz eine Kirche. St. Georg tötete den bedrohlichen Drachen und gab den verängstigten Dorfbewohnern von dessen Fleisch zu essen, damit sie seine Stärke erlangten. Wenn wir spirituell reif sind, zerstören wir nichts, sondern reißen nur etwas nieder und bauen unter Verwendung der ursprünglichen Materialien etwas Neues auf. Wir leiten die Energie um, anstatt sie zu unterdrücken.

Wir alle erfahren Enttäuschungen. Wir entwickeln uns dann am ehesten zu gesunden Menschen, wenn unsere Enttäuschungen – wie auch unsere Herausforderungen – in einer Trost spendenden tragenden Umgebung auftreten, und nicht in Isolation. Mit einer solchen Begleitung durch die Menschen um uns herum lernen wir, uns selbst zu tragen, uns tragen zu lassen und auch andere zu tragen. Wie Shakespeare in *Heinrich der Sechste* sagt:

> *Mein Mitleid war ein Balsam ihren Wunden,*
> *Des vollen Jammers Lind'rung meine Milde.*

In der Kindheit erkannten fürsorgliche Eltern, wo wir von ihnen und der Welt enttäuscht waren, und sie halfen uns, unsere Enttäuschung zu benennen. Sie hielten uns in einer warmen Umarmung, während wir weinten. Sie haben uns für das, was wir empfunden haben, nicht kritisiert, sondern haben uns zugehört und unsere Erfahrung akzeptiert. Sie würdigten und schätzten uns genug, um uns so zu lieben, wie wir waren. Heute suchen wir Beziehungen, die all dies bieten. Wir brauchen keine Mutter mehr, wenn wir erwachsen sind, aber wir brauchen immer noch mütterliche Momente und auch väterliche Momente. Was sind das für Momente? Es sind Zeiten, in denen wir mit den fünf Aspekten getragen werden. Es sind auch genau die Zeiten, in denen wir lernen, anderen die fünf Aspekte zukommen zu lassen. Das Ergebnis ist Intimität, mit all ihrer Behaglichkeit und Herausforderung.

Übung:
Mit Bedauern und Enttäuschung umgehen

Eine gute Methode, mit Bedauern umzugehen, besteht darin, es in einen größeren Raum zu stellen, als die Erinnerung bietet. Statt das Bedauern als etwas zu sehen, was in unserer Erinnerung geschieht, die sich verengt hat, um es zu empfangen, stellen wir uns vor, das Bedauern habe einen *Raum zum Üben geöffnet.* Dann widerfährt uns Erinnerung nicht einfach, sondern bildet ein Sprungbrett zum Erwachen.

Mündlich oder in unserem Tagebuch können wir zu allem Ja sagen, was uns geschieht, auch zu allen Entscheidungen, die wir getroffen haben. Wir können sie segnen und loslassen, ohne die Geisteshaltung des Egos, das sich selbst gern Vorhaltungen macht. Dies geschieht, wenn wir uns mit Gleichmut in der Realität dessen, was ist und was war, niederlassen. Eine solche Akzeptanz unserer eigenen Realität bringt uns dazu, den nächsten Schritt in unserem Leben zu unternehmen. Dann wissen wir, dass das Bedauern integriert ist.

Wir haben alle davon gehört, dass man aus seinen Fehlern lernen kann. Wir können zum Beispiel lernen, nicht eine heiße Herdplatte anzufassen. Das ist eine einfache Lektion, die auf einer Schmerzreaktion basiert. Dennoch kann es sein, dass wir immer wieder in schmerzliche Beziehungen zurückkehren, weil wir noch nicht gelernt haben, eine ursprünglich schmerzliche Beziehung als eine Lernerfahrung für das Leben zu betrachten. Stattdessen mögen wir nach neuen Beziehungen suchen, die genauso schlecht für uns sind. Wenn dies geschieht, befinden wir uns in den Fängen eines „Wiederholungszwangs" – das ist unwiderstehliches Bedürfnis, die Vergangenheit zu wiederholen, anstatt über sie hinaus zu gehen. Wie also können wir im Bereich von Beziehungen lernen und uns verändern?

Wir *sprechen* das Problem *an,* indem wir erkennen, dass wir uns Partner aussuchen, die uns verletzen oder enttäuschen. Wir *bearbeiten* das Problem, wenn wir über uns selbst trauern und realisieren, dass unsere Wahl auf der Vergangenheit beruht. Zur *Auflösung* gehört innerhalb einer Beziehung, dass wir neue Vereinbarungen treffen, mit denen das gestörte Muster durchbrochen wird. Wir lösen dieses Muster auf, indem wir den jüngsten Kandidaten für die Fortsetzung unserer Geschichte der Verletzung loslassen, ohne Vergeltungsgefühle, sondern mit Mitgefühl für uns und für sie oder ihn. Wir *integrieren,* indem wir darauf bestehen, dass andere unsere Grenzen respektieren und uns nicht absichtlich verletzen. Dies führt zu einer Zunahme von Selbstwertschätzung. Jetzt erkennen wir, dass wir durch Fehler wachsen und nicht einfach nur aus ihnen lernen.

Einige spirituelle Praktiken legen Wert auf das Loslassen von Verhaftung, damit wir niemals wieder Enttäuschungen erfahren. Dies klingt verdächtig nach dem Anspruch, von einer Gegebenheit des Lebens ausgenommen zu werden. Ohne Enttäuschungen fehlen uns vielleicht die Gelegenheiten, Menschen von größerer Tiefe, stärkerem Charakter und umfassenderem Mitgefühl zu werden. Wollen wir wirklich so sorgfältig allem Leiden aus dem Weg gehen, dass wir uns vor jedem Schmerz verschließen, der uns Menschen zugedacht ist, damit wir daran wachsen können? Wünschen wir uns eine spirituelle Praxis, die uns so weit vom Rest der Menschheit entfernt, dass wir deren Leiden nicht mehr verstehen können? Wollen wir unsere spirituelle Praxis wirklich dazu gebrauchen, die volle Kontrolle über das menschliche Leid zu gewinnen?

In meinem eigenen Leben habe ich festgestellt, dass meine Sorgen und mein Bedauern heute eine kürzere Lebenszeit haben als damals, bevor ich mit der spirituellen Praxis begann. Die nagenden Gedanken verlieren ihre Wucht schneller als früher. Das Bedauern wird eher zu flachen Erinnerungen als zu den zwanghaften Stacheln, die sie einst waren. Dies war eine willkommene Wohltat, und ich danke jedes Mal dafür, wenn ich es bemerke. Diese Haltung der Dankbarkeit scheint die Dämonen dazu zu bringen, sich früher zurückzuziehen, und die Engel zu überzeugen, länger zu verweilen.

Unsere spirituelle Praxis kann so weit reifen, dass sie uns nun die Gnade gesunder Behaglichkeit in unserer Trauer und gesunder Herausforderungen auf unserer Reise gewährt. Dazu kommt es, wenn wir unser Bedauern und unsere Enttäuschungen zulassen und sie betrauern. Dann sagen wir mit den Worten des Nobelpreisträgers Dag Hammarskjöld:

Dank all dem, was gewesen ist.
Ein Ja zu all dem, was kommen mag.

10

SPIEGEL UND IDEALE

Zwei wesentliche Schritte in unserer frühkindlichen Entwicklung sind, von anderen gespiegelt zu werden und andere zu idealisieren. In diesem Kapitel werden wir sehen, wie sie zu Formen von Übertragung werden können.

Ein Hauptfokus in der frühen Übertragung im Leben besteht darin, jemanden zu finden, der uns verstehen und uns spiegeln kann. Dies geschieht, wenn unsere Eltern uns die fünf Aspekte zuteil werden lassen. Später im Leben werden wir wiederum in der Lage sein, die Erwachsenen in unseren Beziehungen zu spiegeln.

Ein anderer Fokus von Übertragung richtet sich auf jemanden, den wir bewundern und dann nachahmen. In der frühen Kindheit bewundern wir die Kräfte unserer Eltern und internalisieren sie allmählich. Als Ergebnis davon können wir für uns selbst sorgen, wie sie für uns sorgen. In späteren Beziehungen werden wir in der Lage sein, für andere zu sorgen.

Wenn wir diese beiden Entwicklungsstränge in unserer frühen Kindheit betrachten – die Spiegelung durch andere, die zu Vertrauen führt, und die Bewunderung von anderen, die zur Förderung der Selbstständigkeit führt –, können wir unsere heutigen Übertragungen besser verstehen. Wir halten noch immer Ausschau nach Menschen, die uns spiegeln können, wie es unsere Eltern getan oder nicht getan haben. Wir halten noch immer Ausschau nach Menschen, die wir bewundern können, wie wir unsere Eltern bewundert oder nicht bewundert haben. Wie wir gesehen haben, gründen sich unsere Übertragungen auf das, was wir erhalten haben und von dem wir mehr haben wollen, sowie auf das, was uns gefehlt hat und was wir nun kompensieren wollen.

Unsere Suche nach der Spiegelung von Liebe

Unser Grundvertrauen entspringt einer nachhaltigen Überzeugung, dass die Welt die Erfüllung unserer Bedürfnisse zu gewährleisten vermag. Dieses Grundvertrauen wird gewonnen oder vielmehr früh im Leben in uns angelegt, wenn wir uns in der Kindheit darauf verlassen konnten, dass unsere Eltern unsere Bedürfnisse erfüllen. Unsere Eltern haben ebenfalls Vertrauen in uns eingepflanzt, wenn sie uns gezeigt haben, dass sie uns verstehen. Sie erkannten beispielsweise, dass wir Angst hatten, imitierten unseren Gesichtsausdruck von Angst und sagten: „Das macht Angst, nicht wahr? Angst zu haben ist ganz in Ordnung." Das ist Spiegelung oder Einstimmung auf unsere Gefühle. Einstimmung bedeutet, dass jemand uns verstanden hat und seine Gefühle mit unseren in Einklang gebracht hat. Das gleiche Elternteil trägt uns in unserer Angst und gibt uns so ein Gefühl von Sicherheit. Die spiegelnde Liebe hat zu einer liebevollen Handlung geführt. (Dies wird unser Leben lang die Ausdrucksweise unseres Mitgefühls sein. Wir erkennen Schmerz in anderen und er lässt sich auch von unserem Gesicht ablesen, und dann unternehmen wir etwas, um zu helfen.)

„Objektpermanenz" ist eine kognitive Fertigkeit, die der Entwicklungspsychologe Jean Piaget bei Babys ab dem 18. Lebensmonat entdeckt hat. Zu diesem Zeitpunkt begreift das Baby, dass ein Ball, der hinter das Sofa gerollt ist, nicht total verschwunden ist, sondern intakt wiedergefunden werden kann. Diese Erkenntnis gilt dann in seinem Gemüt auch für die Verlässlichkeit der Mutter, die zur Arbeit gegangen ist oder einfach nur das Zimmer verlassen hat. Abwesenheit bedeutet nicht Verschwinden, sondern nur eine Distanz, die meist nur zeitweilig ist.

Das emotionale Äquivalent von Objektpermanenz ist die Fähigkeit zu vertrauen, dass dieser Bund mit der Mutter, auf den wir uns verlassen, intakt bleibt, auch wenn sie nicht anwesend, ärgerlich oder nicht zu sehen ist. Dies ist eine Weise zu beschreiben, was in der Psychologie „Objektkonstanz" genannt wird – unsere Überzeugung, dass das Objekt unserer Liebe und unseres Vertrauens in seiner Verbindung mit uns konstant erhalten bleibt, dass es vorhanden ist, selbst wenn es abwesend ist, und uns liebt, auch wenn es ärgerlich ist. Dies geschieht, weil der Bund, den wir so sehr brauchen, *in uns weiterlebt.* Wir haben die spiegelnde Liebe unserer Eltern und das Wohlbefinden, das sie schenkt, internalisiert. Unsere Sicherheit basiert sich jetzt auf einer *inneren* Erfahrung.

Wenn uns im Erwachsenenleben jemand seine Vertrauenswürdigkeit beweist, empfangen wir sie und empfinden Wertschätzung. Bemerken wir, dass jemand nicht vertrauenswürdig ist und uns betrogen hat, dann halten wir unser Vertrauen zurück. Dies ist die erwachsene Weise des Vertrauens als Grundlage für eine Beziehung: Unser Vertrauen liegt eher in *uns* als lediglich in einem Partner. Bedingungsloses Vertrauen in einen Partner ist in der Tat eine gefährliche Missachtung der Gegebenheit des Lebens, dass Menschen nicht immer vertrauenswürdig oder verlässlich sind. Je mehr wir zu dieser Gegebenheit Ja sagen, desto mehr schätzen wir die *Momente* der Verlässlichkeit in Beziehungen und desto mehr versöhnen wir uns mit den Momenten der Unzuverlässigkeit, die wir betrauern, ohne auf Vergeltung zu sinnen.

Wenn wir gelassen mit der Vergänglichkeit leben, die dem menschlichen Verhalten eigen ist, geben wir auch keinem Elternteil mehr die Schuld dafür, dass es nicht die ganze Zeit für uns da sein konnte, noch suchen wir nach einem Partner, der das täte. Der Ausdruck „die ganze Zeit" gehört nun nicht mehr zu dem Vokabular eines Erwachsenen in einer Beziehung.

Aufgrund unseres inneren Gefühls von Sicherheit können wir gelegentlich persönlichen Verrat oder Enttäuschung erfahren, ohne unser Vertrauen in die Menschheit zu verlieren oder es von dem beeinflussen zu lassen, was bestimmte Individuen tun. In dieser Hinsicht ist ein Grundvertrauen eine machtvolle Ressource. Auch wenn bestimmte Partner uns verletzen, können sie doch nicht das nachhaltige Vertrauen, das wir der

Welt weiterhin entgegenbringen, erschüttern. Wir werden fähig, andere mit einer entspannten Umarmung zu halten, und nicht so zwanghaft, als müssten wir sie um jeden Preis festhalten. Der buddhistische Autor Stephen T. Butterfield schreibt: „Da keine Beziehung vollkommen fest und sicher sein kann, … bedeutet dies, Vertrauen in die eigene Fähigkeit zu haben, eine jegliche Konsequenz, einschließlich Verrat, als Mittel zum Erwachen zu benutzen."

Wenn wir nicht fähig sind, mit der Gegebenheit umzugehen, dass andere zeitweilig für uns nicht erreichbar sind, sind wir in Beziehungen gewissermaßen gehandicapt. Ohne ein großes Reservoir durchgängigen Vertrauens, dass wir selbst vertrauenswürdig sind, mögen wir glauben, dass jemand uns verlässt, wenn er das in keiner Weise tut. Auch Widerspruch kann als eine Form des Verlassenwerdens erfahren werden. Die Assoziation von Widerspruch mit Verlassenwerden könnte erklären, weshalb einige von uns solchen Schrecken empfinden, wenn jemand uns widerspricht, uns kritisiert oder sich von uns abwendet.

Mein Liebster hat mein Herz und ich hab seines,
Gerecht getauscht eins um das andere hin;
Ich halte seins in Ehren und er meines;
Nie bracht ein Handel redlicher Gewinn:
Mein Liebster hat mein Herz und ich hab seines.

–Sir Philip Sidney [7]–

Ich kann nicht ohne dich leben

Ohne ein grundlegendes Vertrauen in uns selbst können wir zu der Überzeugung gelangen, dass wir zusammenbrechen werden, wenn der eine Mensch, den wir so sehr brauchen, verschwunden ist. Wir stellen uns vor, wir könnten nur mit ihr und in ihrer physischen Anwesenheit überleben. Ohne sie sind wir nichts.

Vielleicht sind wir entsetzt oder geraten in Panik, wenn wir spüren oder sehen, dass unsere so verzweifelt benötigte Verbindung dauerhaft Schiffbruch erlitten hat. Das liegt daran, dass wir ursprünglich einer tragenden Umgebung bedurften, um zu überleben, also war unsere gesamte Existenz in Gefahr, wenn die Person, die wir benötigten, für uns verloren war, wenn ihre Arme uns nicht mehr umfingen, ihre Augen uns nicht mehr liebevoll und aufmerksam anblickten. Unser Bedürfnis nach Verbundenheit hilft uns zu verstehen, weshalb es uns unser Leben lang so schwer fällt, andere loszulassen, besonders am Ende einer Beziehung. Besonders schwer ist es loszulassen, wenn wir nicht so recht wissen, woran wir eigentlich festgehalten haben.

Wir haben Angst, nicht weil wir Feiglinge wären oder übermäßig abhängig sind, sondern weil wir Menschen sind und verstehen, dass dies ein gemeinsames Leben *notwendig* macht. Dieser Umstand könnte auch erklären, weshalb wir uns so viel Misshandlungen von Familienmitgliedern gefallen lassen. Wir haben auf unmissverständliche und nachhaltige Weise realisiert, dass sie verpflichtet sind, bei uns zu bleiben, was auch geschehen mag, und eine solche Gewissheit bedeutet uns mehr als aller Schmerz, dem sie uns aussetzen mögen, oder alle Kritik, mit der sie uns unter Beschuss nehmen mögen. Jetzt verstehen wir die folgende Passage aus dem Alten Testament: „Und wenn man zu ihm sagen wird: Was sind das für Wunden auf deiner Brust?, wird er sagen: So wurde ich geschlagen im Hause derer, die mich lieben." (Sacharja 13:6)

Es ist eine Gegebenheit des Lebens, dass ein Partner manchmal zufriedenstellend und manchmal frustrierend oder enttäuschend sein kann. In bedingungsloser Liebe – einer Liebe ohne Zurückhaltung, einer Liebe ohne Auslese –, können wir hingegeben bleiben, ganz gleich, was geschehen mag. Tatsächlich können wir eine Partnerin immer noch zutiefst lieben, selbst in Zeiten, da sie unsere Bedürfnisse nicht zu erfüllen vermag. Wir können lernen, eine größere Toleranz gegenüber den Grenzen des Partners und seinen dunklen Aspekten zu entwickeln, weil wir gelernt haben, Vertrauen in die Belastbarkeit der Verbindung zu setzen, ganz gleich wie viele Unzulänglichkeiten es in ihr auch geben mag.

Die Schattenseite des Vertrauens auf eine fortbestehende Bindung ist unsere Neigung zu glauben, es sei dort mehr vorhanden, als wirklich da ist. Dies kann zu Co-Abhängigkeit führen, wenn wir uns weiterhin jemandem gegenüber verpflichten, der uns ständig durch Gewalt, Verrat oder Untreue missbraucht. Wir glauben aufgrund unserer Bedürftigkeit an eine Verbindung, und dann achten wir nicht auf unsere eigenen Grenzen. Eine weitere Gefahr des Vertrauens, das wir durch die Objektkonstanz aufgebaut haben, besteht darin, dass wir zu schnell der Ansicht sind, wir müssten nur deshalb loyal gegenüber jemandem sein, weil er, wie ein Elternteil, tatsächlich immer wieder zu uns zurückkehrt. Dies schadet uns, wenn es dazu führt, dass wir zu sehr auf unsere eigene mentale Version der Realität vertrauen.

Schließlich ist es Objektkonstanz, die Glauben möglich macht: Wir können an eine göttliche Präsenz glauben, auch wenn wir nur deren Abwesenheit fühlen, wir können an das Eintreffen einer tröstenden Gnade glauben, wenn wir dabei sind, die Hoffnung zu verlieren. Glaube wird zu einer Brücke, dem Übergangsobjekt, durch das wir Zutrauen in uns selbst in der Welt haben und durch das wir uns von einer Macht, die über unser Ego hinausgeht, begleitet fühlen: „Ich fürchte kein Unglück, denn Du bist bei mir", wie es im dreiundzwanzigsten Psalm heißt. Auch ohne einen Glauben an einen persönlichen Gott können wir diese Erfahrung von Sicherheit haben, wenn wir auf den Buddha-Geist, auf eine unsere Genesung unterstützende oder eine unauslöschliche Wirklichkeit hinter den Erscheinungen von Getrenntheit und Vergänglichkeit vertrauen.

Eine Brücke erscheint

Etwa mit fünfzehn Monaten nimmt ein Baby das Nachlassen der wohligen symbiotischen Gemeinschaft mit seiner Mutter wahr. Es erkennt seine Getrenntheit und ihre. Dennoch ist Trauer ein derart komplexes Gefühl, dass das Baby es jetzt noch nicht haben oder tolerieren könnte. Daher drückt es sein Unbehagen durch Ruhelosigkeit und Überaktivität aus. Allmählich lernt es, durch den ständigen Kontakt mit den Eltern und durch Spielen, vor allem mittels Spielzeug, damit umzugehen. Wir benutzen auch heute noch Beziehungen, Spiel und unsere Erwachsenenspielzeuge zu diesem Zweck.

Ein „Übergangsobjekt“ ist ein Spielzeug oder jedes andere Objekt, das ein Kind an einen geliebten Menschen, der nicht immer präsent ist, erinnert oder ihn nachahmt. Ein typisches Beispiel ist die Schmusedecke oder der Teddybär, der die Behaglichkeit von Muttern und zu Hause transportiert. Das Kleinkind schleppt das Objekt überall mit sich herum und dadurch, durch die Macht der sinnlichen Vorstellungskraft, hat es die Mutter immer bei sich. Wir werden auf genau dieselbe Weise unser ganzes Leben lang Ersatzobjekte annehmen.

So viele Dinge im Leben eines Erwachsenen können als eine solche Brücke dienen: ein Auto, ein Haustier, ein Bankkonto, Gott, eine Flasche, eine spirituelle Praxis. Wir können sie heute benutzen, wie wir es in der Kindheit getan haben: um uns inmitten so vieler Unsicherheiten sicher zu fühlen. In gewissem Sinne fungiert das Phänomen der Übertragung auch als Übergangsobjekt. Indem wir die früher benötigte andere Person in der neu benötigten anderen Person erkennen, halten wir unsere Verbindung zum Original – eine Brücke zu ihm – aufrecht, bis wir völlig ohne es leben können.

Was aber geschieht, wenn wir die Brücke einmal überquert haben? Nach der Objektbeziehungspsychologie ist das Alter von 18 bis 24 Monate durch eine „Annäherungskrise“ charakterisiert. In dieses Stadium gelangen wir, wenn wir unsere narzisstische Größenidee aufgeben und die Tatsache akzeptieren müssen, dass unsere Eltern keine Ausdehnungen unserer selbst noch Glieder zur Erfüllung unserer Bedürfnisse sind, sondern getrennte Wesen, die manchmal für uns da sind und manchmal nicht. Unsere Aufgabe besteht darin, mit ihnen von diesem Standpunkt aus in Beziehung zu treten, um ein Bündnis, eine Annäherung herzustellen.

In der Annäherungskrise geben wir das Gefühl auf, wir selbst und unsere Eltern seien allmächtig. Wir empfinden Trennungsangst und dennoch sind wir gezwungen, uns unter dem Diktat des reifenden Egos zu trennen. Dies ist sicherlich ein Szenario, das sich in unserem Leben noch viele Male ereignen wird. Als Kleinkinder sind wir nicht in der

Lage, es allein zu bewältigen. Als Erwachsene sind wir fähig, allein weiterzugehen oder hinauszugehen, wenn wir die Arbeit getan haben, die für ein Wachstum nötig ist. Dann sind wir nicht gefangen in co-abhängiger Bedürftigkeit oder verzweifelter Suche nach Verbindung. Wir haben gelernt, mit oder ohne Begleitung über Brücken zu gehen.

Die Herkunft unserer Ideale

Wie werden wir zu Individuen, die die große Lebensaufgabe meistern, sich wie gute Eltern, die für ihre Kinder Sorge tragen, um sich selbst zu kümmern? Dieser Prozess beginnt bereits früh in unserem Leben, zwischen eineinhalb und drei Jahren, wenn wir unsere Eltern idealisieren und sie bewundern für ihre Fertigkeit hauszuhalten und ihre Kompetenz, für uns zu sorgen. Allmählich verinnerlichen wir ihre Fertigkeiten in der Fürsorge. Sie geben ein Beispiel für die Fertigkeiten; wir nehmen sie in uns auf. Die Idealisierung unserer Eltern und das Aufnehmen dieser Idealisierung in uns führen in der Tat dazu, dass wir unsere eigenen hohen Ideale und ethischen Werte ausbilden. Unser ganzes Leben hindurch idealisieren wir andere, um unsere eigenen unentwickelten Kräfte zu entdecken.

All dies bezieht sich auf das, was in der Selbstpsychologie „umwandelnde Verinnerlichung" *(transmuting internalization)* genannt wird. Dies bedeutet lediglich, dass wir die tröstenden, pflegenden und die Vertrauen einflößenden Eigenschaften unserer Bezugspersonen übernehmen und verinnerlichen. Ist diese Fertigkeit erst einmal etabliert, dann haben wir, wenn wir uns bedroht fühlen, einen innerlichen Halt, der uns ein Gefühl der Sicherheit vermittelt. Wir brauchen nicht nur im Außen nach Erfüllung unserer Bedürfnisse zu suchen. Indem wir die Kräfte verinnerlichen, ist das Königreich in uns, während wir weiterhin von Beziehungen zu anderen profitieren. Verinnerlichung ist ein politischer Akt, da er die Gewaltenteilung etabliert.

Wir vollziehen den Übergang vom Idealisieren zum Verinnerlichen, wenn unsere Eltern uns die fünf Aspekte immer wieder und beständig entgegenbringen. Ihre freudige Liebe uns gegenüber sorgt dafür, dass wir uns eher mit ihnen verbünden, als dass wir mit ihnen um Kompetenz konkurrieren. Dadurch lernen wir, uns selbst zu achten und zu vertrauen, ohne mit jenen, die wir respektieren, konkurrieren zu müssen – eine Eigenschaft, die das ganze Leben lang wertvoll für uns ist. Als Erwachsene werden wir nicht so verzweifelt Sicherheit bei anderen suchen. Wir werden in Beziehungen nicht so anspruchsvoll sein, sondern nur nach der Erfüllung *einiger* unserer Bedürfnisse streben, da wir uns bereits so viel selbst geben und in uns finden. Später in unserem Leben als Erwachsene, wird es leicht fallen einzusehen, dass nicht mehr als 25 Prozent unserer Bedürfnisbefriedigung von irgendeinem anderen Menschen kommen kann.

Wir erkennen, dass unsere Eltern kompetent genug sind, um ihre eigenen Bedürfnisse zu erfüllen, wenn andere ihnen nicht zur Seite stehen. Ein anderer Teil der Verinnerlichung besteht darin zu lernen, unsere eigenen Bedürfnisse zu erfüllen, wenn unseren Eltern dies nicht gelingt. Unglücklicherweise erinnern sich manche von uns eher an Eltern, die viel von ihnen verlangt haben, statt sie zu inspirieren. Solche Eltern bleiben uns nicht als Ideale im Sinn. Auf der Bewusstseinsebene eines Kleinkinds mögen sie allerdings recht Ehrfurcht gebietend gewesen sein. Die Natur, die unser Bestes für uns will, hat deshalb eine hilfreiche Blindheit für uns eingerichtet. Wir haben die Schattenseiten unserer Eltern erst weitaus später gesehen, als wir sie nicht mehr brauchten, um unsere wichtigsten Verinnerlichungen zu bilden. Später als Erwachsene mögen wir die Schattenseite unseres Partners erst erkennen, nachdem wir Nachwuchs gezeugt haben und mit unserer eigenen Schattenseite konfrontiert werden. All diese Formen von Synchronizität sind vielleicht andere Weisen, wie die Evolution das menschliche Timing auf förderliche Weise nutzt.

Das Geschenk des Ichs

Ein kohärentes Ichgefühl schließt die Realisierung von Wirkung und Wirksamkeit in der Welt ein: „Ich kann andere dazu bringen, eine Reaktion zu zeigen, also bin ich jemand.“ Dies ist eine Weise, die Wohltat persönlicher Bestätigung in einer Welt der anderen zu finden.

Niedriges Selbstwertgefühl und ein Mangel an stabilem Ichgefühl äußern sich als Gefühl der Wertlosigkeit, als Überzeugung, dass wir nicht die Fähigkeit besitzen, Spiegelungen bei uns wichtigen anderen hervorzurufen. Ein Mangel an Spiegelung in der Kindheit kann es uns schwer machen zu glauben, dass wir liebenswert sind. Darum bezweifeln wir unser ganzes Leben lang, dass das, was wir sind, genug ist und dass wir liebenswert sind. Also suchen wir unablässig nach anderen, zu denen wir aufblicken können, und glauben niemals völlig an uns selbst. Wir wiederholen unsere verletzte Vergangenheit, indem wir zu jenen zurückkehren, die nur verstimmte Momente mit uns zu teilen wissen, wie Klavierstimmer, die ihre Zeit damit vergeuden, zu nicht stimmbaren Klavieren zurückzukehren, weil sie einfach nicht akzeptieren wollen, dass hier keine harmonische Stimmung zu erreichen ist.

Gelingt es uns, ein Grundvertrauen und die Verinnerlichung von Idealen zu erreichen, so schenkt uns das Eigenschaften, die zu einem stabilen Ichgefühl führen. Es sind eben die Fähigkeiten, die auch das Ergebnis der Aufarbeitung unserer Übertragungen sind.

- Wir vertrauen darauf, dass wir Liebe empfangen und mit Enttäuschung umgehen können.
- Wir besitzen Selbstvertrauen und Ideale, nach denen wir leben, wodurch unsere Selbstachtung wächst.
- Wir kultivieren gesunde Bestrebungen, die zu unseren Zielen im Leben werden.
- Wir werden fähig, die unmittelbare Befriedigung unserer Impulse zu verschieben, statt uns gezwungen zu fühlen, sie auf eine Weise zu erfüllen, die uns schaden könnte.
- Wir sind in der Lage, in unseren Beziehungen mit anderen gesunde Grenzen aufrechtzuerhalten.
- Wir lernen, auf uns selbst achtzugeben, wenn andere nicht für uns da sind. Dies ist Selbstbesänftigung, das Ergebnis der Verinnerlichung der besänftigenden Kräfte der Eltern uns gegenüber.
- Wir können weitergehen, wenn ein Partner uns überhaupt nicht mehr zur Seite steht.

Paradoxerweise ist das letzte Anzeichen für ein kohärentes Ichgefühl der Umstand, dass wir Raum schaffen für Zeiten, in denen wir destabilisiert werden. Wenn wir unter Stress oder Schock stehen, verlieren wir zeitweilig den Zugang zu den gesunden Kräften unseres Ichs und werden auf irgendeine Weise dysfunktional. Dies ist eine ganz normale Erfahrung für uns alle. Worauf es wirklich ankommt, ist, dass wir diese Möglichkeit als eine Gegebenheit akzeptieren und uns so bald wie möglich von ihr erholen.

Wird uns von unseren Eltern Liebe gespiegelt, so führt das zu einem Gefühl für unsere eigene Kraft. Wir finden sie in den beschützenden und sich öffnenden Armen derer, die uns lieben. Freud formulierte es sehr berührend: „Das Wissen, von der Mutter geliebt zu werden, macht aus einem kleinen Jungen einen Eroberer." Liebevolle Eltern bleiben uns später stets in Erinnerung; sie stellen kostbare Erinnerungen an unsere gemeinsame Vergangenheit dar und überschütten uns so noch immer mit stärkender Zuneigung. Wir lernen, uns selbst eben die fünf besänftigenden Aspekte zukommen zu lassen, die unsere Eltern uns entgegengebracht haben.

Dank unseres Grundvertrauens sowie der Verinnerlichung der stärkenden Kräfte können wir die vier Hürden, über die wir im vierten Kapitel gesprochen haben, überspringen: Wir sind uns unserer selbst sicher genug, um anderen in ihrem Kommen und Gehen zu trauen. Wir können in intimen Beziehungen geben und empfangen. Wir können Ablehnung ertragen, ohne zusammenzubrechen, und können Annahme ohne Furcht willkommen heißen. Wir können loslassen und im Leben vorangehen, da wir genügend innere Kraft besitzen.

Wenn Eltern ein Kind spiegeln, werden dessen Gefühle legitimiert. Wenn ein Kind seine Eltern idealisiert, werden seine Kräfte legitimiert. Alles beides zeigt den *zulassenden* Teil der fünf Aspekte der Liebe. Wir alle tragen unseren Teil dazu bei, wie wir zu uns selbst werden.

Wie unsere Bedürfnisse übertragen werden

Unser Bedürfnis nach Spiegelung, unser Bedürfnis, die fünf Aspekte zu empfangen, und unser Bedürfnis, zu anderen aufzusehen, werden zu Formen von Übertragung. Wenn das Bedürfnis nach Spiegelung auf andere übertragen wird, laufen wir Gefahr, zu viel von ihnen zu verlangen. Wir versuchen möglicherweise elterliche Liebe von jemandem zu bekommen, der lediglich partnerschaftliche Liebe bieten kann. Wenn Idealisierung zu Übertragung wird, ist es möglich, dass wir zu jemandem als unserem Retter aufschauen. Dann laufen wir Gefahr, in unserem Bedürfnis, an jemanden zu glauben, Kinder zu bleiben. Wir laufen Gefahr zu Opfern zu werden, wenn wir glauben, jemand böte uns Zuflucht und Sicherheit. Wenn wir in einer Welt unter Gleichen leben, erfahren wir Seelenverwandtschaft mit anderen Menschen, die sich ebenso wie wir manchmal mit Liebe einsetzen, manchmal bewundernswert handeln und manchmal nicht. Diese gesunde Seelenverwandtschaft wird, wie wir sehen werden, zu einer dritten Form der Übertragung, nach der Spiegelung und der Idealisierung.

Wir übertragen aufeinander die Hoffnung, Spiegelung zu erfahren, die sich auf den Erfolg oder das Versagen der Eltern, uns Liebe zu spiegeln, gründet. Wenn wir uns von jemandem gespiegelt fühlen, auf den wir unsere Hoffnung übertragen haben, erfahren wir eine *Spiegelübertragung.*

Wir übertragen die Idealisierung unserer Eltern auf andere. So wie eine gesunde Verinnerlichung der elterlichen Kräfte Anteil am Aufbau eines stabilen Ichgefühls hat, ist auch die Idealisierung anderer etwas, das uns hilft, erwachsen zu werden. Man nennt dies *idealisierende Übertragung.* Sie führt zu einer *Verwandtschafts-* beziehungsweise *Alter-Ego-*(oder *Zwillings-)Übertragung,* in der wir ein reiferes Gefühl für Gemeinschaft und Gleichheit mit jenen erfahren, die wir bewundern.

Diese drei Bedürfnisse beziehungsweise Übertragungen sind Beispiele dafür, dass unsere Fähigkeit, uns vollkommen zu öffnen, auf Resonanz basiert, das heißt, dass es menschlicher Reaktionen bedarf, damit wir voll erblühen können. Wie die Kugelmenschen in Platos *Symposium,* die von den Göttern halbiert worden waren, streben wir ständig nach Wiedervereinigung mit dem, was uns an unserer potenziellen Ganzheit fehlt. Wir tragen so viele Paare in uns; die Psyche ist eine Arche Noah.

Beachten Sie die Abfolge:

Vertrauen, das auf Spiegelung basiert, führt zu der Überzeugung, dass andere auch dann noch an uns gebunden sind, wenn sie abwesend sind. Dies ist unsere Quelle von Behaglichkeit und unser Pfad zur Intimität.

Die Idealisierung der Kompetenz anderer führt zum Wagnis, uns diese Kompetenz selbst anzueignen. Dies ist die Quelle von Herausforderungen und unser Weg, unsere Bestrebungen und Ziele zu erreichen.

Sich anderen gleichgestellt zu fühlen, beruht auf Spiegelung und der Idealisierung. Dies ist der Weg zu Selbstwertschätzung und einem Gefühl des Einsseins.

Spiegelung hat schließlich auch damit zu tun, dass uns die fünf Aspekte zuteil werden und Menschen mit starken Gefühlen auf uns eingehen. Jeder von uns möchte von beiden Geschlechtern auf diese Weise anerkannt werden. Wenn wir diese Anerkennung in unserer Kindheit nur von Männern erhalten haben, mögen wir uns vielleicht danach sehnen, sie nun auch von Frauen zu bekommen oder umgekehrt. Vater und Onkel haben sich auf uns eingelassen, Mutter und Schwester nicht. Dieses unerfüllte Bedürfnis kann später übertragen werden. Es wird als Verlangen auftreten, von einer Managerin bei der Arbeit anerkannt zu werden oder ihr zu gefallen. Das kann auch in eine sexuelle Fantasie umgewandelt werden, wie etwa, von einer älteren Frau dominiert – und dann getragen – zu werden. Es kann zu einer Streitlust oder Wehrhaftigkeit werden, die Frauen dazu verleitet, unser Gegner zu werden. In jedem Fall streben wir nach dem emphatischen weiblichen Interesse an uns, das uns ursprünglich gefehlt hat. Es kann viele Jahre dauern, bis wir dieses Bedürfnis wahrnehmen und erkennen, wie wir es auf so viele nichtsahnende Frauen übertragen haben.

Die drei grundlegendsten Formen von Übertragung sind alle Formen eines gesunden Narzissmus, in dem wir versuchen, unser eigenes Ichgefühl durch die Interaktion mit anderen aufzubauen. Jede Übertragung ist allerdings auch eine Regression oder ein erneuter Versuch, die Erfüllung der gleichen drei Bedürfnissen zu finden wie in der Kindheit. Wir können jede dieser drei Formen von Übertragung einzeln ansehen:

Spiegelübertragung geschieht, wenn sich jemand mittels der fünf Aspekte auf unsere Gefühle einstimmt. Wir können auf den Erhalt der fünf Aspekte reagieren, indem wir auf jene, die sie uns entgegenbringen, unsere alten Hoffnungen übertragen, sie bei unseren Eltern zu finden. Der liebende Andere ist ein neues Elternteil, dieses Mal wahrhaftig großzügig und vertrauenswürdig. Am Valentinstag werden wir sagen: „Ich wollte schon immer so geliebt werden. Danke Dir."

Wenn jemand nach Aufmerksamkeit heischt, kann es darum gehen, eine Weise zu finden, gespiegelt zu werden. Haben wir ein Bedürfnis nach Spiegelung unseres Wertes oder unserer Bedeutung, so kann es sein, dass wir viel reden und den Drang haben, unsere Geschichte zu erzählen. Wenn andere dies nicht ausstehen können, mögen sie eine Gegenübertragungsreaktion von Langeweile, Unaufmerksamkeit oder gar Ablehnung an den Tag legen. Sie versäumen ihre Gelegenheit, uns die spiegelnde Liebe zu zeigen, die wir noch immer zu finden hoffen. Zuverlässige Spiegelung ist die Weise, wie Beziehungen bedingungslos werden.

Idealisierende Übertragung geschieht, wenn wir eine Person bewundern und glauben, wir könnten an ihrer Macht und Kompetenz teilhaben. Wir übertragen auf jemanden, zu dem wir aufblicken, dieselben idealisierenden Überzeugungen, die wir unseren Eltern gegenüber hatten. Anzeichen dafür, dass idealisierende Übertragung am Werke ist, sind Lob, Wertschätzung, Geschenke und Komplimente: „Du bist der beste Partner, den ich je hatte."

Diese Idealisierung kann die Form einer Verschmelzungsübertragung annehmen, bei der wir unsere eigene Identität aufgeben und mit der anderen Person verschmelzen, wobei wir in diesem Prozess alle Grenzen verlieren. Dies kann beispielsweise passieren, wenn wir einem Guru folgen oder uns einem Kult anschließen. Vertrauenswürdige Lehrer werden keine Vorteile aus der menschlichen Neigung zur idealisierenden

Übertragung ziehen, indem sie uns als Anhänger kontrollieren oder uns einer Gehirnwäsche unterziehen. Sie werden unsere Hingabe an sie zu einer höheren Macht und der Großartigkeit unseres eigenen inneren Potenzials umleiten.

In gesunder Idealisierungsübertragung projizieren wir unsere eigenen Kräfte auf andere und verinnerlichen diese Kräfte dann in uns selbst. Wenn sie zu uns zurückkehren, werden sie zu unseren geistigen Strukturen, das heißt, zu den Gefühlen und Einstellungen, die uns zu dem einzigartigen Ich machen, das unsere neue Identität darstellt.

ZWILLINGS- oder ALTER-EGO-ÜBERTRAGUNG ist eine natürliche Weiterentwicklung von der idealisierenden Übertragung. Alter-Ego-Übertragung ist keine neue Übertragung, sondern einfach eine Ausweitung und Vervollständigung des Idealisierungsprozesses. Sie bezieht sich auf den Punkt, an dem die idealisierte Person als gleichgestellt empfunden wird. Wir blickten zum Beispiel zu unseren Eltern auf und haben sie in unserer Kindheit idealisiert; jetzt respektieren wir sie, aber als Miterwachsene.

Alter Ego bezieht sich auch auf die Spiegel-Übertragung, da sie das Gefühl einer anhaltenden Verbindung mit der ursprünglichen Quelle unserer Versorgung einschließt. Sie kann als dritte Chance für uns betrachtet werden, ein kohärentes Ichgefühl aus dem Trümmerhaufen zu entwickeln, der daraus entstanden ist, dass uns Spiegelung oder Idealisierung versagt blieben. Wir finden genau den Menschen, der unser Potenzial widerspiegelt, der uns zeigt, wie wir erwachen können und der zulässt, dass wir mit ihm auf einer Stufe stehen.

Es gibt auch ein spirituelles Alter Ego, in dem wir beginnen, die Verbundenheit aller Menschen zu erkennen, eine Befreiung von Feindseligkeit anderen gegenüber. Selbst wenn wir uns durch alle Übertragungen durchgearbeitet haben und zu einem Menschen in all seiner Einzigartigkeit eine Beziehung hergestellt haben, bleibt ein starkes Gefühl von Gemeinschaft zurück. Dies ist, was Jung „die Verwandtschaftslibido" nennt, ein essenzieller Instinkt für Zwillings-Verbundenheit in unserer kollektiven Psyche.

Wir betreiben Spiegelübertragung, um die Frage zu beantworten: „Kann ich seiner Stärke trauen und dass ich von ihr getragen werde, ob ich nun bei ihm bin oder nicht?"

Wir betreiben idealisierende Übertragung, um die Frage zu beantworten: „Kann ich einen Bund bilden mit diesem machtvollen Wesen und an den Mächten teilhaben, die ich bewundere?"

Wir betreiben eine Zwillingsübertragung und beantworten die Frage: „Bin ich ein Ebenbürtiger sowohl was Unabhängigkeit als auch was Verbindung angeht?"

Um es noch einmal zusammenzufassen:

Unsere frühen Bedürfnisse sind:	*Sie führen zu entsprechenden Übertragungen:*
Dass unsere Gefühle geschätzt werden: Spiegelung von unseren Eltern zu uns.	Wir suchen Spiegelübertragung, in der wir bei anderen Menschen Übereinstimmung mit unseren Gefühlen finden.
Dass wir bei Stress und Gefahr von einer Macht beschützt werden, die wir respektieren: Idealisierung unserer Eltern durch uns.	Wir idealisieren, das ist eine Übertragung, bei welcher wir andere bewundern und zu ihnen aufblicken.
Dass wir von denjenigen, die wir respektieren, als gleichwertig anerkannt werden: Zwillingsspiegelung ist das Zeichen dafür, dass wir selbstständig werden.	Wir erfahren Alter-Ego-Übertragung, bei der wir das Gefühl haben, einen wahren Gleichgestellten, ein Alter Ego, einen Seelengefährten gefunden zu haben.

Übertragung begegnet uns überall

Auf den einzelnen Übertragungsebenen geht es um bestimmte Eigenschaften:

> Das Vertrauen, dass man sich hinsichtlich der fünf Aspekte auf den anderen verlassen kann, ist bei der Spiegelübertragung von zentraler Bedeutung.
> Der Wunsch, wie der andere zu sein, bildet den Kern der idealisierenden Übertragung.
> Die Ansicht, wir *sind* wie der andere, ist der zentrale Punkt bei der Alter-Ego-Übertragung.

Die drei Übertragungsebenen folgen einander gewöhnlich in der Reihenfolge, in der sie auch in der Beziehung zu unseren Eltern auftreten: Als Kleinkinder spiegeln sie uns. Als Kinder idealisieren wir sie. Als Erwachsene bewegt sich unsere Beziehung auf gleicher Augenhöhe.

Dieselben drei Ebenen treten in der gleichen Reihenfolge in einer Liebesbeziehung auf und spiegeln die Stadien der Heldenreise wider: In der Phase des Verliebtseins spiegeln wir einander und bauen dadurch Vertrauen auf. In dieser romantischen Phase idealisieren wir uns außerdem gegenseitig und nehmen nicht so recht die Schwächen des anderen noch dessen Schattenseite wahr. In der Streitphase einer Beziehung erkennen wir jedoch die Schattenseite des jeweilig anderen recht deutlich. Wir akzeptieren dann das dunkle ebenso wie das lichte Potenzial des anderen und erkennen dieselben Eigenschaften in uns selbst an. Schließlich wird das Einssein/das Alter Ego zu einer Seelenverbindung und zur Grundlage einer authentischen Intimität. Alter-Ego-Beziehung ist die Art und Weise, auf die es zu einer Du-Ich-Beziehung, die frei von Übertragung und Projektion ist, kommt.

Die drei Formen von Übertragung reflektieren auch genau die drei Bedürfnisse, die erfüllt werden müssen, damit wir ein stabiles Ichgefühl aufbauen können: Wir benötigen Spiegelung, um an Selbstvertrauen zu wachsen. Wir brauchen jemanden, zu dem wir aufblicken können, den wir idealisieren, wenn wir unsere eigenen Ideale etablieren wollen. Wir finden ein Gefühl der Zugehörigkeit notwendig, sodass wir spüren können, dass wir keine Außenseiter sind, sondern mit dazugehören, dass wir auf einer tieferen Weise verbunden sind.

Bei den Anonymen Alkoholikern verbinden die Stadien der Besserung alle drei Übertragungsformen. Spiegelübertragung geschieht, wenn andere emphatisch dem neuen Mitglied zuhören. Idealisierende Übertragung geschieht, wenn die seit langem trockenen Mitglieder zeigen, wie viel Arbeit sie in die Besserung gesteckt haben, und wenn die gerade erst trocken gewordenen Mitglieder sie dafür bewundern und sie vielleicht als Betreuer/Paten wählen. Alter-Ego-Übertragung findet statt, wenn die Mitglieder einer Gruppe der sich Bessernden des Programms sich gegenseitig als ebenbürtig ansehen.

Die drei Übertragungsebenen werden auch in der Religion deutlich. Wir fühlen uns vielleicht von Gott geliebt und verstanden, den wir als Wächter, Gefährten, Elternteil ansehen, was das Äquivalent göttlicher Spiegelung ist. Außerdem blicken wir zu Gott als vollkommen und unendlich barmherzig auf. Dann realisieren wir allmählich, dass Gott eine Metapher für unsere innere Sehnsucht danach ist, Liebende Güte in die Welt um uns herum zu bringen und sie zu erlangen. Vom Aufblicken zu Gott im Himmel sind wir übergegangen zum Blick in unser eigenes Herz und in die Natur, und dann begreifen wir, dass die göttliche Präsenz eins ist mit den Tiefen dessen, wer wir sind und was das Universum ist.

Im Buddhismus erkennen wir denselben Ablauf. Wir verneigen uns vor dem Bildnis Buddhas und bieten Blumen und Räucherwerk dar. Bald bemerken wir, dass Buddhas erleuchteter Zustand und die Weisheit und das Mitgefühl, die von ihm ausgehen, in uns vorhanden sind. Wenn wir dies anerkennen, sind wir hier und jetzt der Buddha, und wir haben uns auf dem spirituellen Pfad von der Idealisierung zur Metapher und dann zur Handlung fortbewegt.

Die drei Formen der Übertragung und des Aufbaus eines gesunden Egos haben eines gemeinsam: dass man andere dafür benötigt. Dies ist eine Alternative zur strengen und puritanischen Betonung des Individualismus oder der bloßen Eigenverantwortung. Der Umstand, dass wir unser ganzes Leben hindurch nach der Erfüllung dieser drei Bedürfnisse streben, ist kein Anzeichen für einen Makel in uns. Er beweist vielmehr, dass wir nicht verzweifelt sind. Wir strecken noch immer die Hand aus, ganz gleich wie oft wir zurückgewiesen wurden. Wir öffnen noch immer unser Herz, ganz gleich wie oft wir verwundet worden sind. Wir sind bedingungslos in unserem Vertrauen, dass es dort draußen einen Menschen gibt, der menschlich zu uns ist. Das ist keine närrische Fantasie oder Wunschdenken, sondern eine gesunde Hoffnung.

> *Alles ist willkürlich außer der Metapher, die die essenzielle Verwandtschaft aller Dinge aufdeckt.*
>
> –Charles Simic–

Übung:
Neue Wege des Vertrauens

Notieren Sie in Ihrem Tagebuch Ihre Fortschritte in folgenden Übungsbereichen:

1. Statt darauf zu vertrauen, dass jemand unfehlbar und permanent für uns verfügbar ist, beginnen wir auf *Augenblicke* der Vertrauenswürdigkeit bei einer Vielzahl von Menschen zu vertrauen. Wir hören nicht auf zu vertrauen; das würde uns weniger menschlich, weniger warm mit anderen verbunden machen. Wir suchen kein vollkommenes Zusammensein, sondern eine immer stärkere Annäherung daran.
2. Achtsamkeitsmeditation führt dazu, dass wir direkte Erfahrungen des Hier und Jetzt machen und schätzen können. Wir lassen unsere Vorstellungen darüber los, wie die Realität ist, sein sollte oder sein könnte. Wir ruhen gelassen in dem Zustand, in dem

sie sich gerade befindet. Wir nehmen wahr, dass wir uns nicht daran festhalten können, wie sie ist, dass unsere Gegenwart in der Realität, wie auch die Realität selbst, fließend sind. Wir nehmen unsere Unfähigkeit wahr, uns auf längere Zeit auf eine Sache zu fokussieren. Das ist keine Schwäche von uns, sondern vielmehr ein Ausdruck der vergänglichen Natur der Realität. Unsere Praxis der Achtsamkeit von Augenblick zu Augenblick hilft uns, Frieden mit dem zeitlich Begrenzten zu schließen, sowohl in Hinsicht darauf, wie sich die Realität uns darbietet, als auch in Hinsicht darauf, wie wir uns einander gegenseitig darstellen.

Übung:
Wem vertrauen wir?

Eine andere Übung besteht darin, eine Liste der Menschen, denen Sie vertrauen, und der Gründe, weshalb Sie ihnen vertrauen, anzulegen. Fragen Sie sich, ob Sie bei jedem dieser Menschen damit umgehen können, wenn er oder sie Sie auf irgendeine Weise enttäuscht. Nehmen Sie sich vor, die Augenblicke von Vertrauenswürdigkeit in jeder dieser Beziehungen wertzuschätzen. Seien Sie dankbar für die Loyalität, die man Ihnen bereits entgegengebracht hat. Bereiten Sie sich auf die Möglichkeit vor, dass diese Menschen sich nicht immer für Sie so einsetzen, wie Sie es sich wünschen. Ihre Übung ist Ihre Belohnung.

Sehen Sie sich selbst an. In welchen Bereichen sind Sie ein vertrauenswürdiger Hüter Ihres eigenen Körpers, Geistes und Ihrer Seele? Können Sie Änderungen in Ihrem Lebensstil vornehmen, die Sie zu einem verlässlicheren Hirten Ihrer selbst machen?

Beachten Sie diese Frage: Gründen sich meine Beziehungen auf bedingungsloses Vertrauen zu anderen? Dies könnte eine kindische Einstellung sein. Probieren Sie statt dessen Folgendes aus: Ich vertraue mir, Liebende Güte zu empfangen, wenn sie mir entgegengebracht wird, und mit Vertrauensbruch umzugehen, indem ich ihn betrauere, statt deswegen auf Vergeltung zu sinnen.

Wir können auch üben, uns unserer Gegenübertragung bewusst zu werden, also dessen, wie wir auf andere reagieren, die ihre Bedürfnisse auf uns übertragen. Wenn andere sich Spiegelung von uns wünschen und wir sie nicht geben können, wenn sie zu uns aufschauen und wir damit nicht umgehen können, wenn sie so sein wollen wie wir und wir das nicht ausstehen können, sind dies Gegenübertragungsreaktionen. Wenn andere Spiegelung von uns suchen oder uns idealisieren und wir dies benutzen, um sie zu manipulieren oder zu kontrollieren, ist das ebenfalls eine Gegenübertragungsreaktion.

Unsere Reaktion darauf, dass andere uns idealisieren, kann sich als Wertschätzung zeigen und/oder darin, dass wir zu einem Mentor oder Paten in einem Zwölf-Schritte-Programm werden. Dies sind gesunde Reaktionen auf die idealisierende Übertragung von anderen auf uns. Es braucht Mut und Demut, das Lob anzunehmen, das wir verdienen, und es mit Integrität zu tragen. Wir streben nach diesen Tugenden, indem wir Aussagen wie diese verwenden: „Möge ich die Liebe und Bewunderung annehmen, die andere mir entgegenbringen. Möge ich dies niemals ausnutzen. Möge ich anderen gegenüber frei und ohne Angst Liebe und Bewunderung zeigen. Mögen alle Wesen Liebe geben und empfangen, die zum Wohle aller gereicht."

Übung:
Prüfung unserer Ideale

Diese Übung ist für Menschen gedacht, die allzu sehr von einem Führer, einem Guru oder gar einem Liebespartner eingenommen sind.

Ein Mensch, den wir als Führer verehren, wandelt sich leicht in einen Elternteil-, Geliebten- oder Erlöser-Archetyp. Wir übertragen Kräfte auf den Guru, die er vielleicht gar nicht besitzt. Diese Kräfte signalisieren den Verlust unserer eigenen Kraft, mit der daraus resultierenden Gefahr, dass wir dem Guru sklavisch verfallen.

Wenn der Mentor oder Guru uns enttäuscht oder unser Vertrauen missbraucht, wird unser Angezogensein zur Aversion. Das liegt daran, dass dies eigentlich zwei Seiten eines einzigen Spektrums sind. Die

Gefahr bei unserem Gefühl, angezogen zu sein, ist die, dass wir uns vorstellen, es stünde für sich allein, dass wir nur angezogen sind. Tatsächlich hängt es jedoch direkt mit seinem Gegenpol, der Aversion, zusammen. Daher kann es sein, dass wir jemanden schließlich genauso hassen, wie wir ihn vorher geliebt haben. Der Hass ist ein Anzeichen dafür, dass wir unser ganzes Gefühl des Zorns noch nicht entladen haben. Haben wir das erst einmal erledigt, fühlen wir uns weder zum anderen hingezogen noch von ihm abgestoßen. Unser Hass wandelt sich in Gleichgültigkeit oder Mitgefühl.

Wir befinden uns dann im Zentrum des Spektrums, dem Punkt, an dem wir einen Sprung in die Freiheit machen können, uns unsere Kräfte wieder anzueignen. Achtsamkeitsmeditation hilft uns, dorthin zu gelangen, da sie eine Praxis ist, unsere Gefühle und Gedanken wahrzunehmen, ohne gezwungen zu sein, sie festzuhalten oder wegzustoßen. Stattdessen sind wir Zeugen der in einzelnen aufblitzenden Szenen vor uns vorbeiziehenden Show. Wir sind frei zuzuschauen, ohne so fasziniert zu sein, dass wir unserer Kräfte beraubt werden, und ohne so aggressiv zu sein, dass wir zum Angriff übergehen wollen.

Wenn wir über jemanden ärgerlich sind, der uns verletzt oder zurückgewiesen hat, ist es ebenfalls wichtig, dass wir unseren Zorn dadurch ausgleichen, dass wir uns für unsere Traurigkeit und unsere Ängste öffnen. Dann können wir das volle Spektrum unserer Trauer annehmen. So gehen wir aus der Erfahrung frei von der Aggression des Hasses und der Furcht, wieder verraten zu werden, hervor.

Je mehr ich mich der Welt öffnen und in ihr entspannen kann, je mehr ich ihr vertrauen und die Verantwortung übernehmen kann, auf ihre Bedürfnisse zu reagieren – was bedeutet sie zu lieben –, desto mehr fühle ich mich als Teil von ihr, eins mit anderen Menschen; und folglich gewinnen andere mehr Zuneigung zu mir und öffnen sich mir.

–David Loy–

11

WESHALB ICH DICH LIEBE, DICH ABER NICHT WIRKLICH ERKENNE

Es braucht Mut, die Welt in all ihrer verderbten Großartigkeit zu erkennen und sie dennoch zu lieben – und noch mehr Mut, sie in dem geliebten Menschen zu erkennen.

–Oscar Wilde–

Sex und unsere erotischen Übertragungen

Erotische Übertragung ist ein in der Therapie verwendeter Begriff. Er bezieht sich darauf, dass man sich in jemanden verliebt, weil er etwas Anziehendes in seinem Habitus, seiner Persönlichkeit oder seinem Aussehen hat, das uns an jemanden aus der Vergangenheit erinnert, der unsere Bedürfnisse erfüllt hat oder versprochen hat, sie zu erfüllen. Wir sind uns erotischer Übertragung bewusst, doch ihre Ursprünge in der Vergangenheit sind uns nicht bewusst.

Wir mögen uns in eine Frau verlieben, weil sie uns eine Gelegenheit zur Erfüllung von etwas zu bieten scheint, das wir haben wollten, oder das wir hatten und wieder haben wollen. In dieser Hinsicht weist uns erotische Übertragung auf unsere wahren, vielleicht unbemerkten

Wünsche hin oder auf unseren vielleicht nicht zum Ausdruck gebrachten Kummer.

Mit drei Jahren können kleine Jungen lernen, Selbstsicherheit und Behagen zu gewinnen, indem sie ihren Penis in die Hand nehmen. Vielleicht suchen wir dort weiter nach Behagen, was weder falsch noch närrisch ist. Wir beginnen, einer lebenslangen Illusion darüber anheimzufallen, welch großer Segen Sex für uns ist und was er uns bringen kann. Sex hat die Macht, mehr zu versprechen, als er halten kann. Er wird leicht zu mehr, als er jemals sein sollte, und er kann uns mit seinen marktschreierischen Versprechungen den festen Boden unter den Füßen wegreißen.

Sex ist natürlich und eine Weise, Lust zu erfahren und Liebe zu zeigen. Er kann jedoch mit der Verherrlichung des Egos assoziiert werden, dem Teil in uns, der den Versprechungen der Marktschreier Glauben schenkt: dem Zeitgeist, den Medien und der Werbung. Wir Männer mögen unsere Männlichkeit dann auf der Grundlage von sexueller Leistung oder Anatomie einschätzen – eine besondere Gefahr in der Lebensmitte. Frauen mögen glauben, ihre Weiblichkeit gründe sich auf ihr Gewicht oder ihr Aussehen. Sowohl Männer als auch Frauen können Sex mit Zuneigung verwechseln. Für manche Menschen kann Sex die einzige Form sein, in der sich Nähe sicher anfühlt, da sie währenddessen die Kontrolle behalten. Wir merken, wir können Sex als Waffe, als Taktik und als Finte verwenden. Wenn man Sex auf diese Weisen nutzt, ist es, als erwarte man von einem elektrischen Gerät, mehr zu leisten als das, wofür es konstruiert wurde – wenn man zum Beispiel einen Haarföhn als Heizlüfter benutzen möchte. Das kann eine Weile gut gehen, aber schließlich wird er kaputtgehen oder gefährlich überhitzt werden.

Erotische Übertragung erinnert uns daran, dass bei einem Paar im Bett deren zwei Elternpaare mit im Bett sind. Auf diese Weise werden uns vertraute Phantome zu unseren seltsamen Bettgenossen. Da unsere Bedürfnisse in intimen Beziehungen dieselben sind wie jene in der Kindheit – nämlich die fünf Aspekte –, ist es nicht verwunderlich, dass wir sie durcheinanderbringen können. Doch zu einer wahren Du-Ich-Beziehung kommt es nur, wenn wir wahrnehmen, wer mit uns im Bett liegt, wer neben uns steht, wenn wir uns streiten, oder von wem wir besessen sind, wenn wir freundlich oder gemein sind.

Freud nahm außerdem an, dass erotische Übertragung in der Therapie, das Sexualisieren einer Übertragungsreaktion, und die Erfahrung von Liebe, sich beide aus denselben Urerfahrungen des Lebens herleiten. Heute haben Forscher auf dem Gebiet von Kleinkindverhalten und Bindung eine frappierende Ähnlichkeit zwischen bestimmten Verhaltensweisen innerhalb der Mutter-Kind-Beziehung und jenen von erwachsenen Liebenden herausgefunden, wie etwas Küssen, Umarmen und Berühren, auch wenn das kindliche Verhalten noch keine sexuelle Dimension oder Motivation hat. So könnte erotische Übertragung im Erwachsenenleben auf erste Erfahrungen in den Armen der Mutter verweisen: *Wenn ich heute von dir auf diese Weise berührt werde, ruft deine zärtliche Zuneigung die Liebe wach, die ich in meiner Kindheit einst von meiner Mutter erfahren habe.* Sie können aber auch eine positive Auswirkung haben, wenn sie eine Vergangenheit heilen, in der unsere Bedürfnisse nicht erfüllt wurden, auch wenn wir instinktiv wussten, welche das waren: *Wenn ich heute auf diese Weise von dir berührt werde, reicht die zärtliche Zuneigung zurück und heilt die Entbehrungen und Enttäuschungen meiner Kindheitserfahrungen mit meiner Mutter.*

Auf gleiche Weise wirkt die Liebe, die wir in der Vergangenheit erfahren haben, vorwärts in die Zeit hinein und unterstützt uns heute. Als Großmutter uns die fünf Aspekte so zuverlässig und herzlich zuteil werden ließ, pflanzte sie nachhaltige Ressourcen an Selbstwertgefühl in uns ein. Sie trägt und unterstützt uns noch heute, und hilft uns, uns den Herausforderungen des Lebens zu stellen und sie zu bewältigen. Unser Vermögen, den Gegebenheiten des Lebens zu begegnen, ist zum Teil durch ihre noch immer anhaltende Berührung angelegt. Auf diese Weise lebt die Vergangenheit tatsächlich weiter und Liebe hat kein Ende.

In unserem unbeholfenen Herumtasten nach Verbindung können unsere Bedürfnisse nach Spiegelung, Idealisierung und Alter Ego auch fälschlicherweise als sexuelles Begehren erscheinen. Unser sexuelles Verlangen kann unsere lang bestehende Sehnsucht nach einer tragenden Umgebung und einem vertrauenswürdigen Elternteil oder Partner repräsentieren. So wie wir in den Armen unserer Mutter die erste Gelegenheit hatten, Behaglichkeit zu empfinden, so kann unser heutiger Partner uns die Gelegenheit bieten, in seinen Armen dieselbe bedingungslose Geborgenheit zu finden.

Sex als Sucht

Wenn wir unsere Chance zur sexuellen Erkundung in der Schulzeit versäumt haben, besteht die Möglichkeit, dass wir Sex noch immer auf süchtig machende oder nicht relationale Weise anstreben, das heißt, auf die Weise eines Teenagers. Dass wir in diesem Rahmen keine Befriedigung finden, zeigt uns deutlich, dass wir die in der Vergangenheit versäumten Erfahrungen nicht wettmachen können. Wir können lediglich beklagen, versäumt zu haben, was damals angemessen war, und zu dem weitergehen, was heute angemessen ist.

Wir wissen, dass wir zu Erwachsenen geworden sind, wenn es beim Sex nicht mehr um die sexuelle *Aktivität,* sondern um erotische oder zärtliche *Energie* geht. Dann liegt der Akzent nicht so sehr auf dem Verhalten, das Lust schenkt, wie vielmehr auf einer liebevollen Kraft, die geteilt wird.

Als gesunde Erwachsene beinhaltet unsere Verpflichtung gegenüber unserem Partner in einer Ehe oder einer ernsthaften Beziehung den Verzicht auf andere sexuelle Bindungen. Falls wir uns nicht auf eine offene Ehe oder Beziehung geeinigt haben, bekennen wir uns zur Monogamie. Dies bedeutet nicht nur, keine weiteren äußeren sexuellen Beziehungen zu haben, sondern auch keine in der virtuellen Realität – nämlich online. *Verzicht* ist ein schwieriges Wort in unserer hedonistischen Welt, dennoch ist Verzicht in vielen Traditionen eine spirituelle Praxis. Im Buddhismus wird er beispielsweise als Gegenmittel gegen Gier und Begehren empfohlen. In diesem Zusammenhang bezieht sich Verzicht nicht auf die Ablehnung unseres natürlichen Instinkts, sondern lediglich darauf, dass wir gewissenhaft damit umgehen, sodass unsere Liebesbeziehung geschützt wird. Sex ist eines von vielen Gebieten, auf denen Menschen herausfinden können, wie stark und wie ernsthaft ihr Engagement ist.

Manche Menschen benutzen Sex außerdem dazu, die Versuche eines schwachen Ichs, sich zu festigen, zu unterstützen. Auf einer tieferen Ebene benutzen wir Sex vielleicht eher dazu, Fragmentierung zu verhindern, als für die Befriedigung eines persönlichen Triebs oder für gegenseitige Unterstützung: Wir sind überzeugt, wir wären ohne *dies* nicht lebendig. Doch eine Ichempfindung sollte nicht aus dieser Ecke kommen. Robert Stolorow schreibt: „Sexuelle Aktivitäten zur Kompensation von Lücken und Mängeln der Ichempfindung sollen der Fragmentierung entgegenwirken. … Sie bilden erotisierten Ersatz für Menschen, die durch abwesende, enttäuschende oder unverantwortliche Eltern traumatisiert worden sind." Das Objekt unserer Sexsucht heilt nicht unsere Wunden, tröstet uns jedoch und lenkt uns ab von unserem durchgehenden, häufig nicht anerkannten Zustand der inneren Leere.

Aufgrund des Schreckens, das Lebens als roh und real zu erfahren, kann es zu einer Sexsucht kommen. Wir suchen nach einem Fluchtweg, nach etwas, wodurch wir unsere missliche Lage transzendieren können. Transzendenz lockt uns oft fort von der Realität (auf gleiche Weise, wie man „spirituelle" Erklärungen dazu benutzen kann, die volle Wucht der Gegebenheiten des Lebens abzumildern, statt ein Ja zu ihrer schonungslosen Wirkung zuzulassen).

Angesichts des Ausdrucks „roh und real" fällt mir eine humorvolle Geschichte ein. Eines Nachts lag ich im Bett und war kurz vor dem Einschlafen, als ich unvermittelt von dem gellenden Kreischen rolliger Katzen draußen vor meinem Fenster aufgeschreckt wurde. Das durchdringende Kreischen und Jaulen war ziemlich nervig, aber inmitten dieser Katzenmusik kam mir ein Gedanke. Wir Menschen würden vielleicht genauso klingen, wenn wir unser sexuelles Begehren wirklich völlig ungehemmt durch unsere lange Geschichte von Höflichkeit und Schicklichkeit hinausschreien würden. Es gibt in unserem menschlichen Dasein natürliche Töne für alle Gefühle, alle Lust und alle Schmerzen in uns, die wahrscheinlich niemals laut geäußert worden sind. Wir halten den Deckel über unserem barbarischen Aufschrei, und ich frage mich, zu welchem Preis? Die Katzen sagen es, wie es für sie ist, auch wenn ihnen keine Worte zur Verfügung stehen. Wir haben das *Duden-Lexikon,* aber es kann uns nicht einen einzigen Urschrei vermitteln, nur Worte, Worte und nochmals Worte.

Liebe und Verliebtsein

„Ich will ein Mädchen wie das Mädchen, das meinen alten Papa geheiratet hat", heißt es in einem alten amerikanischen Schlager, und tatsächlich sind Beziehungen oft eher eine Wiederauflage von etwas Altem als etwas wirklich Neues. Was wir für den Charme einer neuen Bekanntschaft halten, kann vornehmlich auf ihrer Fertigkeit beruhen, das uns Vertraute wieder aufleben zu lassen. Wir bilden enge Bindungen zu denjenigen Menschen, die unsere ursprünglichen Bezugspersonen nachahmen. Wir sind irgendwie überzeugt, dass Mimikry uns eine Garantie bietet: „Dies ist der besondere Mensch, der mir das geben wird, was ich nicht erhalten oder was ich einmal empfangen habe, oder der meinen nagenden Hunger nach Liebe befriedigen wird."

Die sprachlosen Zellen unseres Körpers erhalten eine Stimme, wenn wir glauben, wir würden endlich so geliebt, wie wir es uns immer gewünscht haben. Hierbei gibt es zwei mögliche Szenarios: Übertragung geschieht einerseits, wenn wir im Hier und Jetzt Liebe von jemandem akzeptieren, ihm aber nicht trauen, dass er verlässlich ist, weil sich herausgestellt hat, dass die Liebe unserer Eltern es nicht war. War die Liebe in der Kindheit andererseits zuverlässig, mögen wir erwarten, dass sie mit dem neuen Partner genauso funktioniert, und wir mögen schrecklich enttäuscht sein, wenn dem nicht so ist. Wir mögen sogar an der Partnerin wie an einem Rettungsring festhalten, wenn die Wasser des Lebens rau sind, und nicht mehr im Geringsten an ihr interessiert sein, wenn sich die Lage wieder beruhigt hat.

Wir sind uns der „Chemie" bewusst, die zwischen uns und jemand anderem wirkt, wenn wir uns verlieben. Doch die Chemie vermag uns nichts darüber zu sagen, ob er der richtige Partner ist, genauso wenig wie sie etwas darüber auszusagen weiß, ob er der richtige Kandidat für die Neuinszenierung der Vergangenheit ist. *Was wir Chemie nennen, kann die unbewusste Anerkennung dessen sein, dass wir einen geeigneten Kandidaten für Übertragung gefunden haben.*

Wir können zwei Arten von Chemie unterscheiden. Die gesunde Form von Chemie ist ein Bauchgefühl, das uns zu jemandem hinzieht. Sie entsteht aus Interesse und Enthusiasmus und schließt Projektion und Übertragung mit ein. Die abhängig machende Form von Chemie fühlt sich eher an wie ein ruheloser Zwang, der uns zu jemandem hinzieht. Diese Chemie entsteht aus Bedürftigkeit, aus Projektion, die auf Fantasie beruht, und durch Verschmelzungsübertragung, in der die Grenzen zwischen uns und dem anderen zu sehr verschwimmen.

Chemie beinhaltet auch, vom körperlichen Aussehen eines Menschen angezogen zu sein. Wir wissen, dass sich dies ursprünglich auf einen biologischen Instinkt gründet. Körperliche Attraktion hängt auch mit unserer Überzeugung zusammen, wir hätten jemanden gefunden, der uns ergänzt oder spiegelt. Das Objekt unserer Zuneigung scheint das zu bieten, woran es uns mangelt, oder das widerzuspiegeln, was wir tief im Inneren sind. Schließlich ist unser Angezogensein eine Form von Übertragung, da wir uns vorstellen, ansprechendes Aussehen würde uns etwas versprechen. Wir glauben, „gut aussehend" bedeute, dass die Person gut darin ist, die fünf Aspekte zu geben. Erwachsene, die sorgfältig nach Kandidaten für eine dauerhafte Beziehung suchen, werden sich dadurch nicht täuschen lassen. Sie werden äußere Schönheit als Dessert und innere Schönheit als die wahre Quelle der Nahrung erkennen.

In der Phase der Verliebtheit mögen wir vielleicht einige rote Flaggen und Warnsignale in Hinblick auf diesen besonderen Jemand übersehen, der ein so passender Kandidat für eine gesunde Beziehung zu sein scheint. Eine Ironie der Psychologie ist, dass wir unser klares Urteil lange genug *aufgeben müssen,* damit es zu der notwendigen Idealisierung/Übertragung kommen kann. Unsere Blindheit in der Liebe macht außerdem die Arterhaltung der menschlichen Rasse wahrscheinlicher, was vielleicht die wahre Motivation für die schlaue Mutter Natur bildet, uns so lange im Dunkeln tappen zu lassen. Später in der Beziehung erlangen wir jedoch eine klarere Sicht der Realität, sodass wir entscheiden können, ob wir einen geeigneten Kandidaten für eine feste Beziehung gefunden haben. Welch eine verwirrende Aufgabe: Wir müssen von der Sicht des vollen Spektrums einer Person Abstand nehmen, um in Kontakt zu gelangen, müssen diese Sicht dann aber rechtzeitig wiederfinden, um die richtige Bindung einzugehen.

Wenn wir verliebt sind, idealisieren wir die andere Person: Wir sehen *nur* das Gute, wo es *etwas* Gutes gibt, wir sehen die Antwort auf unsere Gebete, wo es Zweifel in unserem Glauben geben sollte. Wir Menschen finden unsere Illusionen äußerst nützlich für Kreativität und Selbstberuhigung. Und die Krönung von allem ist, dass wir gelegentlich von unserer Gefolgschaft gegenüber der Wahrheit und der Realität lassen müssen, um der Vorstellungskraft und Illusion Raum zu geben, wenn wir uns von einer Romanze oder von Poesie bezaubern lassen wollen. Wieder einmal befinden wir uns im Garten des Paradoxes, auch Garten Eden genannt.

Eine erwachsene Liebe wagen

Sobald ein Mensch weiß, dass er einem Partner trauen kann, können frühe Erinnerungen an Liebe oder Missbrauch in der Ursprungsfamilie zum ersten Mal ins Visier kommen oder sich klarer zeigen als je zuvor. Geliebt zu werden lässt die Vergangenheit aufsteigen, weil wir daran erinnert werden, was wir einst hatten oder was uns immer gefehlt hatte. Ein Mensch, der sich geliebt fühlt, kann die Liebe erwidern. Er kann auch seinen Zorn, seine Sehnsucht, seinen Kummer, seine Erregung und seine Erwartungen zeigen. Abraham Maslov verwendete den Ausdruck „sicher genug, um etwas zu wagen". Wir fühlen uns sicher genug, um es zu riskieren, unsere wahren Gefühle zu zeigen. Sicherheit ist der geeignete Kontext für jegliches Unterfangen, besonders ein solch gefährliches, wie den Partner so zu erkennen, wie er ist, statt ihn zu einem Artefakt aus der Gruft unserer Familienvergangenheit zu machen.

Das Vorhandensein von Übertragung bedeutet nicht, dass unsere Liebe nicht echt ist. Da wir Menschen sind, haben wir bei Beziehungen in der Gegenwart meistens einen Fuß in der Vergangenheit. Liebe in einer erwachsenen Beziehung macht das Implizite explizit; archaische und vergessene Sehnsüchte werden in jemandem Neuem neu angesiedelt. Der Zustand des Verliebtseins rekapituliert die ekstatische *Verschmelzung* mit unseren ursprünglichen Bezugspersonen. Sie hielten uns so zärtlich und machten die gefährliche Welt durch die tröstliche Wärme ihrer Umarmungen so sicher für uns. Oder sie haben uns nicht auf diese Weise gehalten und wir haben mithilfe von Sehnsüchten überlebt. Wir können jetzt entweder in das verliebt sein, was zu uns gekommen ist, oder in das, auf was wir gehofft hatten.

Die gesunde symbiotische Entwicklungsphase als Kleinkind, die Verschmelzung von Mutter und Kind, tritt im Verliebtsein des Erwachsenen erneut auf. Wie könnten wir da nicht ekstatisch sein? Andererseits kann die ursprüngliche Nähe auch bedrohlich gewesen sein, wenn unsere persönlichen Grenzen überschritten wurden und sich das klaustrophobisch angefühlt hat. Möglicherweise kommt die Angst vor dem Verschlungenwerden daher. Wir tragen diese Angst mit uns in unsere intime Beziehung hinein. Wir hüten uns vor der Gefahr, zerquetscht zu werden, während wir gleichzeitig die Umklammerung begrüßen. Wenn wir in einer Beziehung sowohl Nähe als auch Distanz schaffen, halten wir lediglich unsere ursprünglichen Sicherheitsmaßnahmen aufrecht und versuchen zudem intim zu sein. Alles in uns scheint auf eine Versöhnung offensichtlicher Widersprüche aus zu sein, was letztlich ein spirituelles Unterfangen ist.

Einige von uns fühlten sich jedoch bei ihren Eltern nie sicher genug, um ein Grundvertrauen aufbauen zu können, und so besitzen sie nur ein rudimentäres Vermögen, Verpflichtung in einer erwachsenen Beziehung einzugehen. Wir warten immer misstrauisch auf den nächsten Schritt, haben Angst, dass nach der Umklammerung das Verlassenwerden folgt. Wenn dies in unserer Kindheit geschehen ist, werden wir wahrscheinlich heute erwarten, dass sich die Abfolge wiederholen wird. Wir mögen sogar einen solchen Partner auswählen, der den Verrat wiederholen wird oder den wir dazu bringen können, dass er es tut.

Romeos „Ich will dich“ ist total. Für uns mag es mit Ambivalenz befrachtet sein. „Ich will dich *und* ich habe Angst.“ Diese Angst kann sich so ausdrücken: „Komm mir nicht zu nahe und versuche nicht, mich zum Bleiben zu bewegen.“ Furchtloser Enthusiasmus über zunehmende Bewusstheit kann sich dagegen so anhören: „Mein Zögern angesichts deiner Annäherung hilft mir wahrzunehmen, woran ich zu arbeiten habe, und ich beabsichtige, diese Arbeit zu leisten, indem ich mich mit meiner Angst konfrontiere.“ Ein Zeichen für eine gesunde Beziehung ist, dass die Ambivalenz anerkannt wird und weder Alarm noch Flucht auslöst. Sie wird bemerkt, eingestanden und bearbeitet.

Die Frage, die sich dann stellt, ist die folgende: Bleiben wir in unserer Beziehung, weil wir sie wirklich annehmen, oder weil es unser Stil ist, unseren Verpflichtungen nachzukommen? „Ich habe mein Wort gegeben und beabsichtige, dazu zu stehen“, ist keine Verpflichtung gegenüber der Beziehung, sondern gegenüber den eigenen Idealen. Eine wahre Verpflichtung wird jeden Tag erneuert, weil wir noch immer überzeugt sind, dass sie unsere Liebe für den anderen als auch unsere eigenen tiefsten Wünsche und Bedürfnisse widerspiegelt. Dort gibt es keine weißen Knöchel, sondern nur warme Hände, die einander im Licht und im Dunkeln halten.

Es wichtig zu beachten, dass unsere Bedürfnisse sich in dem Maße, in dem wir wachsen und gesünder werden, verändern. Die ursprünglichen Gründe, weshalb wir zusammengekommen sind, mögen keine Geltung mehr besitzen. Unsere Beziehung entwickelt sich am Besten, wenn wir unsere authentischen Bedürfnisse beachten, sie darlegen und ihre Erfüllung immer wieder aufs Neue aushandeln. Ein einfaches Beispiel kann dies erläutern: Unser Sohn brauchte uns einst, damit wir ihm die Windeln wechselten; heute braucht er uns, damit wir ihm für eine Anzahlung auf ein Haus Geld leihen. Wenn wir lieben, gehen wir mit der Zeit.

Im folgenden Beispiel weisen Rolf und Tina diese mysteriöse Kombination von Angst vor dem Verlassenwerden und Angst vor dem Verschlungenwerden auf, die so viele gestörte Beziehungen charakterisieren.

Tina realisiert: „Ich will mehr, als Rolf mir zu geben bereit ist.“ Dies ist ein Hinweis auf das Vorhandensein von zwei Ängsten in einer Beziehung: Tina fürchtet, verlassen zu werden, und Rolf fürchtet, verschlungen zu werden. Rolf benötigt Raum und Zeit für sich allein, und Tina hat Mühe, dies zuzulassen, ohne sich unsicher zu fühlen. Sie vermutet, er habe Geheimnisse, und wünscht sich, er würde so viel von sich mitteilen, wie sie es tut. Rolf hat gelernt, Geheimnisse für sich zu behalten – als eine Weise, seine Privatsphäre zu wahren. Fragen empfindet er als aufdringlich und sie machen ihn zornig.

Rolf nimmt Tina für selbstverständlich und hat sogar den Anspruch, von Tina versorgt zu werden, was sie bereitwillig tut. Aber für Rolf fühlt es sich so an, als würde sie es übertreiben, und ihr Klammern und ihre Nähe lassen ihn noch mehr in den Rückzug gehen. Um ihr Schuldgefühl, sie sei für Rolf nicht gut genug, wettzumachen, überlässt Tina ihm die volle Kontrolle. Seine Vorlieben haben Vorrang vor den ihrigen und er trifft alle wesentlichen Entscheidungen. Rolf hat deswegen den Respekt für Tina verloren, aber es würde ihm noch mehr Angst machen, wenn sie sich auf gleiche Stufe mit ihm stellte.

Tina bedarf der Zuneigung, hat aber Angst, sie zu empfangen. Andererseits, warum mit Rolf zusammen sein? Ihre Bedürftigkeit veranlasst sie dazu, Sex mit Zuneigung gleichzustellen. Rolf genießt den Sex mit Tina, denn er hat gelernt, ihn auf athletische Weise zu absolvieren, ohne sich dadurch intim zu binden. Er hätte Angst, wirklich auf sexuelle Weise intim zu sein und Sex zu haben, der zu einer Bindung führen würde, die sich seiner Kontrolle entzöge.

Tina redet die Dinge schön. Sie findet Ausreden dafür, dass er sich zurückzieht und sie damit zurechtkommt. Rolf geht auf die intellektuelle Ebene. Er erklärt seine Gefühle und Ängste weg. Tina zeigt ihre Angst davor, Rolf zu verlieren, nicht jedoch die Angst davor, eine funktionierende Beziehung zu haben. Sie zeigt ihren Zorn nicht, weil dies das bisschen, was sie hat, aufs Spiel setzen könnte. Rolf zeigt seinen Zorn, nicht aber seine Angst. Jemandem, der sich ihm zuwendet, seine Angst zu zeigen, würde bedeuten, zu lange in ihren Armen gehalten zu werden.

Tina fühlt sich unsicher in ihrer Beziehung zu Rolf, aber das ist ihr alles aus ihrem Elternhaus in der Kindheit her vertraut. Ihr Vater ging emotional auf Abstand und ihre Mutter war nur periodisch verfügbar. Tina hat niemals von den beiden die fünf Aspekte erfahren. Auch wenn beide Elternteile Liebe anzubieten schienen, konnte man sich bei keinem von beiden darauf verlassen, dass sie wirklich für einen da waren.

Rolf wurde als der kleine Prinz erzogen, dem alle Bedürfnisse erfüllt wurden und der nicht verpflichtet war, etwas zurückzugeben. Ein Liebling bedarf später keiner Bestätigung, nur der Anerkennung seiner Ansprüche. Gleichzeitig war Rolf von Frauen umgeben, die viel Aufheben um ihn machten und ihn zu sehr mit ihren eigenen bedürftigen Armen umschlangen. Dies mag der Grund sein, weshalb Rolf von Tina verlangt, an Ort und Stelle zu bleiben, während er nach eigenem Gutdünken kommt und geht. Er kommt und geht häufig, denn zu viel Zeit mit ihr fühlt sich erstickend an. Rolf weiß sehr wohl, dass zusammen verbrachte Zeit zu einer engeren Bindung führt, die nach einer erwachseneren Verpflichtung verlangt, nach einer weiteren Aufgabe von Kontrolle.

Sowohl Tina als auch Rolf geben Tina die Schuld. Sie glaubt, es sei ihr Fehler, dass Rolf so ist, wie er ist. Sie hat nicht gelernt, dass Rolf schon vor langer Zeit auf diese Weise programmiert worden ist. Rolf empfindet Tina als einen belastenden und schwierigen Partner. Er realisiert nicht, dass Tina die meiste Zeit ein zelluläres Programm und unbewusste Übertragung ausagiert.

Keinen Partner trifft die Schuld, noch können die beiden sich innerhalb des bestehenden Musters verändern. Veränderung ist nur dann möglich, wenn jeder seine Urängste und Verletzungen durcharbeitet, die sich aus familiären Verhältnissen aus lang vergangener Zeit in ihre Beziehung eingeschlichen haben.

Tina hat sich selbst aufgegeben, so wie sie in der Kindheit aufgegeben wurde und jetzt von Rolf aufgegeben wird. In ihrer Vaterübertragung tut sie sich das an, was man ihr angetan hat. Sie hat genau den richtigen Schauspieler für die Rolle des Vaters in diesem Drama angeheuert. Rolf hütet sich davor, noch einmal von jemandem so verschlungen zu werden, wie es ihm in der Kindheit widerfahren ist. Indem er dies tut, gibt er seine Chance auf Veränderung auf. Beide haben den Kontakt zu der Begeisterung verloren, aus der Rolle herauszutreten, so zu tun, als hätten sie keine Angst, und dadurch zu entdecken, wie die Angst allmählich schwindet.

Rolf agiert aus einer tiefen Befangenheit gegenüber Frauen heraus – aus einer Frauenfeindlichkeit. Ironischerweise verbirgt er gerade die Eigenschaften, die ihn liebenswerter machen würden. Das führt zu einer sich selbst verwirklichenden Prophezeiung: „Ich kann nicht darauf vertrauen, dass Frauen mich auf angemessene Weise lieben werden. Da man Frauen nicht trauen kann, muss ich meine weichere Seite verstecken und meinen Partner auf Abstand halten, der mich schließlich zurückweisen wird und damit beweist, dass ich recht hatte mit meiner Ansicht, dass man den Frauen nicht trauen kann!" Wenn Eltern ihr Kind übermäßig behüten, fühlt sich das für das Kind wie eine Zurückweisung an, da es das Kind um sein Recht auf Freiheit bringt. Rolf wusste dies, im tiefsten Innern, sein Leben lang. „Im tiefsten Innern" heißt unbewusst und dennoch im bewussten Leben wirksam.

Rolf besitzt einige Dinge, die für ihn sprechen: seinen Charme, sein gutes Aussehen und seine finanzielle Stabilität. Diese machen ihn auf so vielfältige Weisen anziehend, dass er über die Runden kommt, ohne intim sein zu müssen. Sein Vermögen ist vielversprechend und macht das Leben angenehm. Seine Beziehung könnte andauern, wenn Tina gewillt bleibt, ihren Schmerz mit ihm auszuhalten, oder wenn sie darauf verzichtet, ohne die fokussierte Verpflichtung weiter zu leben, die Männer wie Rolf niemals eingehen können. Ironischerweise ist wahrscheinlich Tina diejenige, die die Beziehung eher verlassen wird. Sie könnte insgeheim bereits nach einem Ersatzpartner suchen, zu dem sie überwechseln kann, wenn Rolfs Rückzug und Distanzierung unerträglich werden. Rolf wird dann in seinem Misstrauen gegenüber Frauen bestärkt werden und den Kreislauf aufs Neue in Gang setzen, mit ihr oder mit einem neuen Partner – ebenso wie Tina.

Das Herausarbeiten unserer Beziehungskonflikte

Es geht hier nicht nur um einen Austausch zwischen dir und mir, sondern jeder von uns tauscht sich durch den anderen mit seinen Eltern aus. Bei diesem ganzen Theater ging es einzig und allein darum, über das hinwegzukommen, was in unserer Kindheit geschehen ist.

–Kommentar eines Klienten zu seiner Partnerin während einer Therapiesitzung.–

Wir glauben immer weiter, dass die Wiederholung der Vergangenheit Dinge aus dem Weg räumen könne, doch das Einzige, was dies tatsächlich zu bewirken vermag, ist die Bereitschaft, die Situation mit vollkommener Verantwortlichkeit für die Tränen anzusehen, die noch zu vergießen wir aufgerufen sind. Unsere Wunden werden zu Toren, wenn wir es wagen, durch die Trauerarbeit in sie einzutreten. Mut entsteht als Folge dieses Wagnisses. Wenn man Angst vor dem Fallen hat, besteht, wie C. G. Jung sagte, die einzige Sicherheit darin, absichtlich zu springen. Die Aufrechterhaltung einer unbewussten Übertragung lässt uns am Rand des Abgrunds stehen bleiben, wo wir es nicht einmal wagen, in das Wasser unter uns hinabzusehen.

Wenn eine Beziehung ernsthaft wird, kommt es auf immer komplexere Weise zur Übertragung. Ernsthaft zu werden kann in der Tat bedeuten, dass Übertragung sich eingeschaltet hat und unbewusst abläuft, wie sie es immer tut. Eine lockere Beziehung könnte man als Beziehung mit minimaler Übertragung definieren.

Freud schrieb, jeder Konflikt müsse in der Sphäre der Übertragung ausgefochten werden, denn wenn alles gesagt und getan sei, sei es nicht möglich, jemanden in Abwesenheit oder als Bildnis zu zerstören. Wir können heute nicht mehr auf unsere Eltern losgehen, aber wir können unseren Nächsten und Liebsten gegenüber aggressiv sein. Vielleicht ist die fast schon zwanghafte Gewalttätigkeit, die unsere Gesellschaft charakterisiert, irgendwie ein Nachspielen solchen Übertragungen. Wir reagieren auf der Grundlage persönlicher Erfahrungen auf das Kollektiv.

Das folgende Beispiel zeigt, wie Übertragung in einem Konflikt in Erscheinung treten kann. Eine Frau kümmert sich um ihren Mann und er zeigt Wertschätzung und bemerkt nicht wirklich, dass sie letztlich Kontrolle über ihn ausübt. Mit ihrer Betreuung imitiert die Frau ihre kontrollierende/betreuende Mutter. Der kontrollierte Ehemann glaubt: „Diese Frau macht mir das Leben leicht und muss mich wirklich lieben, weil sie so viel für mich tut." In seiner Kindheit wurde ihm Liebe durch die ständige Betreuung durch die Mutter gezeigt, woraus eine Abhängigkeit entstand. Keiner der Partner bemerkt, wie er oder sie die Vergangenheit fortsetzt. Wenn eine erwachsene Beziehung uns in eine vertraute Umgebung bringt, mögen wir uns so sicher und bequem fühlen, dass wir unser kritisches Gespür für das verlieren, was wirklich vor sich geht.

Hier ein anderes Beispiel: Eine Partnerin beschimpft ihren Liebhaber und klingt dadurch wie der Vater des Mannes. Er sträubt sich, weil er es hasst, dass man ihm immer noch sagt, was er zu tun habe und wer er sei. Dies löst Zorn bei ihm aus, der sich auf beide richtet, sowohl auf den Vater als auch auf die Partnerin, und vielleicht auch auf eine frühere Partnerin. Aus diesem Grunde können unsere Gefühle so dramatisch und verwickelt werden. Sie treten in unseren Beziehungen selten in ihrer reinen Form hervor, da sich keine Beziehung nur zwischen zwei Menschen abspielt. Die meiste Zeit sind mindestens vier Personen im Raum.

Unsere an Übertragung reichen Gefühle speisen sich aus Handlungssträngen, Vorstellungen und Geisteshaltungen. Unsere rohen gesunden Gefühle andererseits fließen einfach, da sie keine kritischen Urteile enthalten. Mit einer Übertragung verknüpfter Zorn ist nicht einfach nur Missfallen bei einer wahrgenommenen Ungerechtigkeit, sondern enthält gewöhnlich Elemente von Urteil und Tadel und verlangt vom Partner, dass er sich ändere – was uns durch den Zorn eines Elternteils uns gegenüber in unserer Kindheit vertraut war. Wenn wir durch solche Ego-Schichten hindurch mit unserem Gefühl in Kontakt treten, ist ziemlich wahrscheinlich, dass hier mehr im Spiel ist als nur die aktuelle Situation. In einem anderen Fall sind wir vielleicht traurig darüber, dass ein Partner uns verlässt. Aber in der Übertragung können wir das auf schmerzliche

Weise mit Dingen überlagern, die uns ebenfalls traurig gemacht haben, mit Beleidigung, Zurückweisung, Verrat oder Verlassenwerden. Diese Überlagerungen sind Schlüsselhinweise auf das, was wir im Austausch mit unseren Eltern und anderen für uns bedeutsamen Erwachsenen empfunden haben. Unglücklicherweise werden sie viel öfter zu Übertragungen als zu Bereichen, die behandelt und geklärt werden.

Wie Co-Abhängigkeit entsteht

Die Arbeit besteht zwar darin, mit Übertragung zu arbeiten, dann jedoch in der unmittelbaren Situation zum Handeln überzugehen. Wir bleiben oft zu lange bei dem, was nicht funktioniert, das heißt, wir werden co-abhängig. Wir versuchen vielleicht, einen Ehepartner besser zu machen. Wir mögen geduldig ertragen, wenn er unsere Grenzen oder die unserer Kinder überschreitet. Es ist nicht so dienlich, um die Anpassung an eine Beziehung, die nicht funktioniert oder verletzend ist, zu ringen, wie es hilfreich ist, sich um eine Entscheidung, was zu tun ist, zu bemühen. Die Entscheidung ist dasselbe wie die Arbeit mit Übertragung an sich – wir müssen das Problem ansprechen, damit wir es durcharbeiten und Veränderung herbeiführen können.

Ein Partner, der sich weigert, sich uns bei diesen Bemühungen anzuschließen, und der einfach weiter macht mit seinem gestörten Verhalten oder der Misshandlung, ist kein Partner mehr, sondern eine Bedrohung für unser Wohlbefinden. An diesem Punkt kann unsere Angst zu einer Falle werden und uns weiter lähmen oder ein Signal sein, dass es höchste Zeit ist, sich zu befreien. Wir tun uns den größten Gefallen, wenn wir unseren Ehering betrachten und uns fragen, ob er für eine schöne Erinnerung steht, ein echtes Symbol ist oder Handschellen gleicht.

Co-Abhängigkeit ist ein Begriff, der sich ursprünglich auf den Partner eines Alkoholikers bezog; dahinter stand die Absicht zu verdeutlichen, dass Alkoholismus eigentlich eine Familien- oder Beziehungskrankheit ist. Der nicht trinkende Partner ermöglicht es dem anderen, seine Sucht fortzusetzen, indem er ihn entschuldigt und trotz des Missbrauchs bei ihm bleibt. In früheren Epochen wurde diese Art von Beziehung als

Zeichen von Liebe und persönlicher Stärke angesehen; die Beziehung abzubrechen oder auszuziehen, wurde als egoistisch angesehen.

Die Verwendung des Begriffs Co-Abhängigkeit zur Bezeichnung eines Problems in uns schlägt eine Brücke zu einer neuen und gesünderen Sichtweise dessen, worum es in der Liebe geht. Misshandlung hinzunehmen und ohne Aussicht auf Veränderung in einer schmerzlichen Situation zu bleiben, das ist Loyalität, aber keine Liebe. Diese Art von Loyalität schadet beiden Parteien. Um es auf diese Weise zu sehen, müssen wir davon überzeugt sein, ein Recht auf Glück zu haben, was eine Ursache und ein Ergebnis von Selbstachtung ist. Wir müssen daran glauben, dass Liebe keine Einbahnstraße und die Ursache und ein Ergebnis gesunder Intimität ist. Wir müssen daran glauben, dass bedingungslose Liebe nicht bedeutet, dass man bedingungslos dazu verpflichtet ist, in einer festgefahrenen Situation stecken zu bleiben. (Dieses reifere Verständnis von Liebe ist eine Ursache und ein Ergebnis eines ausgeglichenen Lebens.)

So gesehen revolutioniert der Begriff Co-Abhängigkeit unser Verständnis von Liebe und befreit uns von der Vorstellung, dass das Leben endlose Duldsamkeit von uns verlangt. Jetzt können wir erkennen, dass es im Leben ums Teilen geht und nicht nur ums Geben. Es geht um Liebe, die mit einschließt, dass man glücklich ist. Das ist nichts wirklich Neues, diese Sichtweise war schon immer Teil der Weisheit in der kollektiven menschlichen Psyche. Darum sagte der Dichter Sir John Suckling aus dem siebzehnten Jahrhundert:

Allein geliebt zu haben,
Wird uns nicht Genüge tun,
Wenn wir nicht ebenfalls so weise waren,
Unsere Lieben zu genießen.

Übung:
Sich der Liebenden Güte verpflichten

Verräterische Spuren des Egos werden offensichtlich, wenn wir *gegen* unseren Partner reagieren: Wir versuchen einen Fall gegen die andere Person aufzubauen, ihr die Schuld zu geben, sie zu verurteilen, unsere Position zu verteidigen, es abzulehnen, ihr legitimes Feedback uns gegenüber anzuhören, und wir wollen uns rächen. Zu Anzeichen des Egos, wenn wir *auf jemanden zugehen,* gehören Bedürftigkeit, das Bestehen auf der Erfüllung unserer Erwartungen und Versuche, den anderen zur Beendigung unserer Einsamkeit oder zur Vermeidung der Arbeit an uns selbst zu benutzen.

Es gehört zu der Arbeit in einer Beziehung, mit der Übertragung des Partners auf uns zu arbeiten. Die Übung besteht darin, in der Offenheit der fünf Aspekte zuzuhören, während wir die Einstellungen des anderen ohne Zensur wahrnehmen. Wir lassen uns nicht dermaßen aufstacheln, dass wir auf die gleiche Weise reagieren. Wir empfinden vielmehr den Schmerz in den zum Ausdruck kommenden Gewohnheitsmustern des Egos. Wir können unsere Aufmerksamkeit darauf richten, für den anderen in Liebender Güte offen zu sein und dabei gleichzeitig uns selbst treu zu bleiben.

Dann können wir üben, gesunden Zorn zu zeigen, wenn wir uns ausgenutzt fühlen. Wir können üben, negative Reaktionen auf uns ohne Schuldzuweisung wahrzunehmen und ohne auf Vergeltungsmaßnahmen zu sinnen. Mittels Liebender Güte nach einem Gleichgewicht zu streben, ist ein wahrlich Menschen-würdiges Bemühen und eine machtvolle spirituelle Errungenschaft. Liebe wird für uns real, wenn wir nicht über das, was man uns angetan hat, Buch führen. Dies kann eine Selbstverpflichtung sein, die wir in einer intimen Beziehung eingehen.

Sagen Sie als Übung zu Ihrem Partner: „Ich verpflichte mich, niemals Vergeltungsmaßnahmen gegen dich zu unternehmen, ganz gleich, was du tust." Sie können aus dieser Verpflichtung auch ein Geschenk machen oder es auf eine Karte schreiben. Beachten Sie, ob Sie irgendwelche Widerstände gegen diese Vorstellung haben. Beobachten Sie, ob Sie innerlich darauf bestehen, dass Ihr Partner dasselbe für Sie tun müsse – eine überflüssige Geste, wenn Sie wirklich meinen, was Sie sagen. Sie können Ihre Verpflichtung auch ausweiten und mit einschließen, dass Sie keinerlei Sarkasmus, Spott, Retourkutschen, Necken oder irgendein anderes passiv-aggressives Verhalten benutzen werden. Wenn es Ihnen widerstrebt, eine solche Verpflichtung einzugehen, gibt Ihnen das wichtige Informationen über die Natur Ihres Egos und das Ausmaß Ihrer Liebe.

Übung:
In die Welt des anderen eintreten

Die Übung schwebender Aufmerksamkeit ist der Ausgangspunkt für diese Praxis. Unsere geschickteste Antwort auf die Reaktionen des anderen besteht darin, nicht auf gleiche Weise zu reagieren, sondern in die Welt des anderen einzutreten. Wir öffnen uns einfach für das, was wir sehen, ohne zu versuchen, es anzuhalten, zu korrigieren oder dagegen anzukämpfen. Solange wir versuchen, „Missverständnisse" über uns „auszuräumen", oder zeigen wollen, dass wir zweifellos „Recht" haben, ist die Kommunikation in Gefahr, weil unser Hauptziel darin besteht, die Kontrolle zu erhalten, anstatt offen zu sein. Wir können zwei spirituell reife alternative Verhaltensweisen einüben: 1. Eindrücke von uns nicht mehr zu korrigieren, und 2. das Mitgefühl heraufzubeschwören, das am leichtesten zu Liebender Güte führen kann. Mitgefühl verläuft meistens von uns zu anderen. Liebende Güte dehnt sich zu einem Mitgefühl aus, welches so umfassend ist, dass es auf uns selbst, auf andere und auf die ganze Welt gerichtet ist.

Wir bemerken vielleicht eine Übertragung vonseiten unserer Ehefrau, bevor sie sich ihrer bewusst wird. Uns mag auch etwas auffallen, das zu erkennen unsere Partnerin noch nicht bereit ist. In einem solchen Fall besteht der Weg des Mitgefühls darin, langsam vorzugehen und ihr Timing zu respektieren. Wir sollten auch auf eine zornige Reaktion darauf gefasst sein, dass wir es gewagt haben, sie in ihren Übertragungen zu ertappen. Sie mag vielleicht nicht gerade dankbar dafür sein, dass wir sie darauf hingewiesen haben, worin ihre Arbeit liegt, sondern mag sich mit einer feindseligen Reaktion verteidigen und uns dann nicht mehr trauen oder es uns später heimzahlen. Dieser Übertragungswiderstand und die Projektion machen intimen Kontakt ziemlich unmöglich, bis alle sich beruhigt haben. Wenn Ängste des Egos geweckt werden, ziehen wir uns besser für eine Weile zurück.

Wir können auch das Verhalten des anderen falsch interpretieren. Verwechslungskomödien illustrieren auf humorvolle Weise Beispiele für Übertragung, zeigen aber auch, dass das äußerlich Sichtbare und Greifbare nicht die ganze Geschichte ist. Es gibt eine verborgene Bedeutung hinter den Erscheinungen. *In einer wahrhaft intimen Beziehung möchte jeder in dieser tiefen Bedeutung erkannt werden.* Es bedarf Demut unsererseits, sich vor dem Geheimnis, das der andere ist, zu verneigen, statt zu glauben, wir würden den anderen in- und auswendig kennen. Dann macht Wissen der Weisheit Platz. Sich zu verneigen heißt, unser Ego vor einer höheren Macht, als es selbst ist, zu beugen. Vielleicht hilft es uns, wenn wir zu Hause des öfteren üben, uns zu verbeugen.

> *In der Zen-Praxis verneigt man sich vor dem Buddha-Prinzip, dem bevorstehenden Erwachen in uns selbst. … Eine Verneigung ist eine wundervolle Weise, der Welt um uns herum Aufmerksamkeit zu schenken.*
>
> –Peter Matthiessen–

12

ÜBERTRAGUNGEN IN UNSEREN BEZIEHUNGEN ERKENNEN

Jeder Zustand von Liebe reproduziert infantile Prototypen. Die Entdeckung eines Liebesobjekts ist tatsächlich eine Wiederentdeckung.

–Sigmund Freud–

Die Kommunikation in unserer Hauptbeziehung wird klarer und effektiver, wenn wir die Dimension der Übertragung in unseren Auseinandersetzungen miteinander anerkennen: „Ich sehe meine Mutter in dir, und sie von dir zu trennen, ist das, woran ich zu arbeiten habe." Dieses Eingeständnis kann den Unterschied ausmachen zwischen dem Durcharbeiten von etwas und der Eskalation zu einer ständigen Verstimmung. Unsere Eltern und früheren Partner sind bei jedem Streit als Phantome präsent. Können wir sie bei Namen nennen, statt unseren Partner zu beschimpfen?

Wir arbeiten mit unseren Übertragungsproblemen nicht nur, indem wir ihren Ursprung identifizieren, sondern auch, indem wir unserem Partner unsere Bedürfnisse bewusster und auf gesündere Weise präsentieren. Wir zeigen unsere Gefühle, sprechen unsere geheimen Wünsche aus und legen der neuen Bezugsperson unsere Erwartungen direkt dar.

Dann repräsentiert sie nicht mehr einen Menschen aus der Vergangenheit, und wir leben nicht mehr in der Vergangenheit.

Wenn wir schließlich – aus der Verstrickung in so viele Übertragungen befreit – unsere wirklichen Bedürfnisse erkennen, mögen wir einen zweiten Blick auf unseren Partner werfen und uns vielleicht fragen, ob er/sie diese wirklich erfüllen kann. Dies ist ein wichtiger – und vielleicht riskanter – Augenblick in einer Beziehung, zu dem neue Verhandlungen beginnen können oder ein Abbruch die Folge sein kann. Unsere Aufgabe besteht darin, das zu verlangen, was wir brauchen, oder uns mit der begrenzten Fähigkeit unseres Partners, unsere Bedürfnisse zu erfüllen, abzufinden. Wir können eine Therapie machen, um zu erkennen, ob eine Veränderung möglich ist. Wir können uns ansehen, wie wir beide zu der Unzulänglichkeit beitragen. Wenn alles fehlschlägt, können wir uns fragen, ob es überhaupt jemanden gibt, der solche Bedürfnisse, wie wir sie haben, erfüllen kann? Vielleicht ist der geringfügige Teil, den unser Partner zur Erfüllung unserer Bedürfnisse beizutragen weiß, ein fairer Austausch für die Gesellschaft von jemandem, den wir so sehr lieben. Dann sind wir herausgefordert, Wege zu finden, diesen Mangel auszugleichen, indem wir uns selbst erfüllen.

Wenn wir in den Kreisläufen der Übertragung gefangen sind, gibt es kein wirklich neues Ereignis. Wir haben erst dann Gelegenheit, neue Erfahrungen zu machen, wenn wir unsere Übertragungen durcharbeiten, indem wir sie bewusst machen und das Wagnis eingehen, neue Wege des Verhaltens und der Reaktion einzuschlagen. Wir können beginnen, indem wir zu uns sagen: „Dies geschieht jetzt, nicht damals." Indem wir uns derart in die richtige Zeit einordnen, zentrieren wir uns auch. Dann operieren wir aus einem geerdeten Jetzt und nicht auf der Basis des Treibsandes eines Damals.

Übung:
Uns von Konflikten helfen lassen

Es folgen nun ein Beispiel und eine Übung, die zeigen, wie das Erkennen des Übertragungselements in einem Beziehungsproblem beiden Partnern helfen kann. In der Kindheit sind wir häufig missverstanden worden. Nun erzürnt es uns, wenn unser Partner unsere Motive missversteht. Diese Überreaktion kann bedeuten, dass sich das Missverstandenwerden für uns noch in seiner „Damals"-Form abspielt. Wir empfinden es nicht einfach als ein neues Ereignis. Wenn wir in die körperliche Empfindung dieser Erfahrung hinabtauchen, können wir unser Problem, missverstanden zu werden, zu dem Punkt zurückverfolgen, da es sich in der Vergangenheit als Verlassenwerden angefühlt hat. Das ruft die Angst vor Trennung hervor, und es ist *eben das,* was wir heute empfinden, wenn wir missverstanden werden – daher unsere heftige Reaktion.

Störungen und Konflikte in unserer erwachsenen Beziehung können die Arbeit an unseren Übertragungen erleichtern, weil sie uns, wie großartige Theaterstücke und Filme, unsere ursprünglichen Spannungen mit unseren Eltern in Erinnerung rufen oder diese fortsetzen. Wenn dies geschieht, können wir vielleicht laut sagen: „Hoppla, das ist ja genau das, was ich als Kind empfunden habe. Doch jetzt bin ich erwachsen. Diese Frau ist nicht meine Mutter. Wie sieht meine Antwort als Erwachsener aus?" Wenn wir auf diese Weise unsere Gefühle ansprechen, durcharbeiten, auflösen und integrieren, hilft uns das, uns durch die Illusion der Vergangenheit-in-der-Gegenwart hindurchzuarbeiten.

Wir können zu uns sagen: „Ich werde nicht verstanden, aber das muss nicht bedeuten, dass ich verlassen werde." Ein Teil dieser Übung besteht darin zu erkennen, dass unsere Antenne für das Missverstandenwerden im Laufe der Jahre immer empfindlicher geworden ist. Jetzt sollten wir uns fragen, ob es vielleicht leichter geworden ist, auf dem Mythos zu beharren, dass wir dazu verdammt sind, missverstanden zu werden, als das volle Gewicht des eigentlichen Ursprungs unseres Gefühls der Verlassenheit zu empfinden. Dass wir uns so auf die falsche Fährte konzentriert haben, war eine Defensive gegenüber unserem authentischen Gefühl.

Wir können kühne Affirmationen wie die folgenden üben:

Ich lockere mein verzweifeltes Bedürfnis, verstanden zu werden.

Ich lasse meine Angst, missverstanden zu werden, los.

Ich bin zufrieden damit, wie etwas ausgeht, anstatt nur zufrieden zu sein, wenn es nach meinem Willen ausgeht.

Natürlich ist das Bedürfnis, verstanden zu werden, durchaus berechtigt, auch wenn die Gegebenheiten des Lebens nicht immer dessen Erfüllung zulassen. Wahre Reife in der Intimität besteht nicht darin, dass man seine Bedürfnisse hinter sich lässt, sondern vielmehr in drei Errungenschaften:

1. Wir betrauern das, was uns in der Vergangenheit an den fünf Aspekten gefehlt hat. Insofern beginnt die Arbeit mit der Herausforderung, wieder eine Bindung herzustellen oder zu etablieren, nachdem wir betrauert haben, was unsere Beziehung in der Vergangenheit, sowohl in der Kindheit als auch in früheren Beziehungen, gestört hat. Dieser direkte Ansatz befreit uns von unserem Zwang, unsere Vergangenheit in unbewusste Übertragungen zu überführen, was ein so fehlgeleiteter Versuch ist, Heilung zu finden.
2. Wir rekrutieren Unterstützer, die uns eine altersgerechte und gesunde Spiegelung geben können, und wir werden offen dafür, sie zu empfangen, wo sie auch herkommen mag. Wir nehmen zur Kenntnis, dass niemand perfekt darin ist, uns all das zukommen zu lassen, dessen wir bedürfen, und so versöhnen wir uns mit der Tatsache, dass wir nur die menschliche Dosis bekommen. Dies ist ein Ja zur Menschheit, wie sie ist.
3. Wir schätzen alles, was wir von dem Menschen, den wir lieben, erhalten, und dies führt dazu, dass wir die fünf Aspekte als Gegengabe geben.

In der Liebe öffnen sich die Tore meiner Seele, lassen mich einen neuen Wind der Freiheit atmen und mein eigenes läppisches Selbst vergessen. In der Liebe strömt mein ganzes Wesen aus den strengen Schranken der Engstirnigkeit und Selbstbehauptung hinaus, die mich zu einem Gefangenen meiner eigenen Armut und inneren Leere machen.

–Karl Rahner–

Beziehungen, die „gut genug" sind

Freud sprach in Hinsicht auf eine Beziehung zwischen Therapeut und Klient, die die Vergangenheit aus der Gegenwart austreibt, von einer „geteilten Liebe zur Wahrheit". In einer erwachsenen Bindung haben Partner gemerkt, wie sie aufeinander übertragen, und sie arbeiten an jedem vergangenen Problem, das noch der Möglichkeit einer authentischen Du-Ich-Beziehung in die Quere kommt. Übertragung verschwindet, ebenso wie die Vergangenheit, niemals vollständig. Zu einer wahren Beziehung kommt es, wenn es mehr Du-Ich-Augenblicke gibt als Übertragungsmomente. Dies geschieht, wenn das beobachtende Ego einen Schritt zurück tut und über die Übertragung reflektieren kann, ohne ihr nachzugeben.

Der Psychologe D. W. Winnicott behauptete bekanntlich, dass alles, was wir in der Kindheit bräuchten, eine „ausreichend gute Bemutterung" sei. Unsere Mutter muss nicht hundert Prozent der Zeit vollkommen auf uns eingestimmt sein, damit wir uns zu gut angepassten Kindern und Erwachsenen entwickeln. Sie muss uns die fünf Aspekte nur oft genug zukommen lassen. Gleichermaßen müssen wir in Beziehungen nicht nach Perfektion streben, sondern wir können in Hinsicht auf unseren intimen Partner sowie unsere Familie und Freunde von einer „ausreichend guten Beziehung" sprechen. Wenn wir die fortlaufende Übertragung in unserem täglichen Leben zur Kenntnis nehmen und eine größere Anzahl von Du-Ich-Augenblicken zulassen, ist dies eine Beziehung, die „gut genug" ist. Wir müssen die Vergangenheit nicht vollkommen ausräumen und könnten dies auch niemals tun. Sie ist ein Teil von uns, schenkt unserem Leben Farbe und Reichtum und gibt uns ein Gefühl der Kontinuität. Eine völlige Trennung von der Vergangenheit zu erstreben wäre so, als würden wir das Familienalbum verbrennen, um Raum für die Zeitung zu schaffen.

Wie Emily Dickinson in ihrem Gedicht „Ich bin abgetreten, gehöre ihnen nicht mehr" können wir uns unserer Kindheit erinnern:

Doch diesmal – Ebenbürtig – Aufrecht
Willens auszuwählen oder zurückzuweisen …

Wir erkennen nun, dass das Durcharbeiten unserer Übertragungen uns für gesunde Beziehungen ausrüstet. Gleichzeitig erlangen wir mehr Klarheit darüber, wer wir sind, wie uns die Vergangenheit beeinflusst und wie wir aus ihr herauswachsen können. Auf diese Weise bekommen wir mehr als eine Chance auf eine glückliche Kindheit. Auf diese Weise leeren wir endlich den Kessel auf der Warmhalteflamme. Wir können uns entspannen in unsere Freiheit von den einschränkenden Banden des Damals und zufrieden sein in unseren Beziehungen zu anderen im Hier und Jetzt. Sich von der Übertragung zu verabschieden heißt, Achtsamkeit willkommen zu heißen.

Es ist uns jetzt klar geworden, dass unsere Beziehung zu wichtigen anderen ein Dialog zwischen deren Unbewussten und unserem Unbewussten ist. Die Möglichkeit einer Du-Ich-Beziehung eröffnet sich, sobald das, was zuvor unbewusst/implizit war, nun bewusst/explizit wird. Ein solches Durcharbeiten von Übertragung geschieht nicht sofort und auch nicht ein für alle Mal. Es ist, wie das Leben selbst, ein kontinuierlicher Prozess, und nicht ein fertiges Produkt. Es ist eine Reise und kein abgeschlossenes Geschäft.

Wenn man sie fragt, würden die meisten von uns sagen, sie würden gern von dem Einfluss von Übertragungen frei sein, um ganz und gar in einer Du-Ich-Beziehung leben zu können. In vielen von uns gibt es jedoch einen Widerstand gegenüber der ununterbrochenen Intimität, die dies nach sich ziehen würde, wenn es überhaupt möglich wäre. Wenn es uns an Vertrauen zu uns selbst, zu anderen oder zu Beziehungen fehlt oder das Vertrauen noch nicht gefestigt ist, wird es uns Angst machen, unsere Übertragungen und Projektionen lange genug fahren zu lassen, um jemanden in der Totalität dessen, was er oder sie ist, in unser Leben einzulassen. Wir werden sicherstellen, dass niemand ganz neu ist; die Kandidaten für eine Beziehung mit uns müssen Reproduktionen sein.

Dennoch haben wir das Potenzial, uns selbst gegenüber geduldig und mitfühlend zu sein für die Zeit, die es braucht, um direkt wahrzunehmen und ein wahrhaft neues Gesicht zu erblicken. Wir sind ohnehin nicht darauf eingestellt, etwas oder jemanden vollkommen und beständig zu erkennen. Das kann daher rühren, dass man uns in der Kindheit beigebracht hat, es sei unhöflich, etwas oder jemanden anzustarren. Das mag der Grund sein, weshalb Religion und Mythologie uns lehren, wir könnten Gott nicht ansehen und das überleben. Diese selig machende Schau sei für die Zeit nach dem Tod bestimmt: „Jetzt schauen wir in einen Spiegel / und sehen nur rätselhafte Umrisse, / dann aber schauen wir von Angesicht zu Angesicht.“ (1 Kor. 13:12)

Außerdem ist es wichtig, uns daran zu erinnern, dass Übertragung nicht immer einer Auflösung bedarf. Übertragung ist dann positiv, wenn wir einen Partner mit wohlmeinenden Figuren aus der Vergangenheit assoziieren und uns aufgrund dieser Ähnlichkeit in seiner Gegenwart wohlfühlen. Das wohltuende Vertrauen, das innerhalb der tragenden Umgebung der fünf Aspekte entsteht, hilft uns beim Aufbau einer erwachsenen intimen Verbindlichkeit. Wir leben ohne Anachronismen in der Gegenwart, aber mit geschätzten Erinnerungen, die nun auf wohltuende Weise wieder belebt werden.

Die introvertierte/extrovertierte Dimension in Beziehungen

Manchmal gewöhnen wir uns an ein Maß des Engagements unseres Partners, das unseren Bedürfnissen nicht gerecht wird. Eine Du-Ich-Beziehung hat einen verbindlichen Fokus, nicht die ganze Zeit, aber ganz sicher, wenn es um ernsthafte Interaktion geht. Ein Partner, der nur selten zuhört oder der einen abwesenden Blick hat, wenn wir von uns sprechen, ist nicht wirklich für Intimität zugänglich. Eine lange Geschichte mit einem solchen abwesenden Partner mag dazu führen, dass wir über seine narzisstische Unzugänglichkeit hinweggehen. Dies bedeutet, dass wir unser eigenes Bedürfnis nach Intimität herabwürdigen. Wir müssen uns fragen, ob wir insgeheim mit dem Schmerz, nicht gehört zu werden, konspirieren, der in der Kindheit begann und jetzt wiederholt wird.

Vielleicht verwechseln wir einen Narzissten mit einem Introvertierten, da beide kalt oder distanziert wirken können. Aber das ist nicht das Gleiche. Einem Introvertierten mag es schwerfallen, einen verbindlichen Fokus in einer intimen Beziehung zu gewährleisten. Für den Partner sieht es so aus, als sei er abwesend oder nicht zugänglich, während er in Wirklichkeit Raum benötigt, um Nähe auf seine Art und Weise zu zeigen. Wir müssen darauf achten, worauf der andere wirklich aus ist, und müssen seine spezielle Weise zu lieben begrüßen und uns auch daran gewöhnen. Jeder liebt, aber nicht unbedingt auf die Weise, die wir wiedererkennen, wenn unsere Version der Liebe sich darauf gründet, wie wir sie zeigen, wollen oder erinnern. Geliebt zu werden erfordert eine Offenheit für neue Sorten von Küssen.

Introvertierte können nicht zu viel von der Welt oder von der Wirkung der Präsenz eines anderen in sich hineinlassen. Sie fühlen sich im Allgemeinen durch Kontakt ausgelaugt, auch wenn er minimal erscheinen mag. Einen extrovertierten Partner mag es erzürnen, dass der Introvertierte erschöpft ist. Manche Extrovertierte nehmen möglicherweise zu viel auf und stehen unter Stress. Sie werden durch Kontakt angeregt, verlieren aber manchmal das Gefühl für Grenzen in diesem Prozess. Ein Introvertierter setzt Grenzen in Hinblick darauf, wie viel er in sich hereinlassen will, ist dabei aber manchmal rigider als nötig, um seine Sicherheit zu gewährleisten. Ein Extrovertierter ist viel offener, besitzt manchmal jedoch weniger Grenzen als nötig, um seine Gelassenheit zu gewährleisten.

Die Unterscheidung zwischen introvertiert und extrovertiert hilft uns zu erkennen, wie wir zu viel oder zu wenig in uns aufnehmen können, indem wir entweder nicht genug oder zu viel von anderen und der Welt um uns herum hereinlassen:

Zu viel aussperren:	*Extreme Öffnung:*
Der andere hat keine Auswirkung oder törnt uns ab.	*Wir lassen den anderen zu nahe an uns heran.*
Wir schlafen ein oder schweifen ab, während der andere spricht.	Wir werden durch die Präsenz des anderen überstimuliert.
Wir sind gelangweilt, abgelenkt und nicht bei der Sache.	Wir sind so fasziniert, dass wir alles andere aus den Augen verlieren.
Wir sind gleichgültig.	Wir sind besessen.

Wir werden in der Gesellschaft des anderen leicht oder unangemessen reizbar.	Wir sind dem anderen gegenüber zu nachsichtig, auch wenn er schwer zu ertragen ist.
Wir vergessen Verabredungen.	Wir sind allzu aufgeregt bei dem Gedanken, den anderen zu sehen.
Bei Besuchen kommen wir zu spät und gehen früh.	Wir können vom anderen nicht genug bekommen.
Wir zeigen Geringschätzung oder Ungeduld.	Wir bewundern den anderen sehr, auch wenn er es nicht verdient hat.
Wir können keine Empathie für den anderen empfinden und wollen uns auch nicht darum bemühen.	Wir erfahren eine Form von *Folie à deux*, wobei wir empfinden, was der andere fühlt, und das Gefühl für unsere eigene Individualität verlieren.
Wir vergessen wichtige Informationen über oder von jemand anderem.	Wir erinnern uns an jedes Detail aus dem Leben des anderen.
Uns entgehen Andeutungen.	Wir bemerken alles.
Es interessiert uns nicht sonderlich oder aufrichtig, was mit dem anderen geschehen mag.	Wir haben Rettungsfantasien.
Wir hüten uns vor Nähe.	Wir sind zu vertraulich.
Wir haben nur wenig oder keinerlei Interesse an den Erfahrungen des anderen, besonders bei inneren Erfahrungen.	Wir ziehen unangemessene Erkundungen über die privaten Angelegenheiten des anderen ein.
Es werden keine Gefühle hervorgerufen.	Wir werden von Gefühlen überflutet.
All dies summiert sich zu einer Unteraufnahme: Es wird nicht genug hereingelassen.	*All dies summiert sich zu Überaufnahme: Wir lassen zu viel herein.*

Diese Liste gilt auch für die Reaktionen von Therapeuten auf ihre Klienten bei der Gegenübertragung.

Die gesunde Alternative zu Über- oder Unteraufnahme ist ein ständiger Zyklus von Nähe und Distanz, die immer mit Respekt einhergehen.

Gesunde Menschen besitzen das, womit Säuglinge geboren werden: eine Reizschwelle, ein instinktives Abschalten ungewünschter Reize, ohne die Verbindung mit dem anderen abzubrechen. Dies bildet eine Alternative zur Abspaltung oder Zurückweisung des anderen. Zurückweisung kann auch die Form von Sarkasmus oder Hänselei annehmen. Gesunder Humor kommt mit einer Überraschung, auf die Entzücken folgt. Sarkasmus und Hänselei sind Überraschungen, auf die Schmerz folgt. Diese sind passive – und schmerzliche – Weisen, für die Nähe oder Intimität, die wir dem anderen gestatten, Grenzen zu setzen.

Wenn wir Angst haben, vom anderen verlassen zu werden, können wir unsere Grenzen aufs Spiel setzen, sodass wir unsere Selbstachtung verlieren. Wenn wir Angst haben, vom anderen verschlungen zu werden, können wir unsere Grenzen so abschotten, dass die Liebe nicht mehr frei fließen kann. Ein Kleinkind, das krabbelt, fällt oder gegen Gegenstände stößt, gewinnt ein Gefühl für Grenzen. Können wir Fehlschläge und Schicksalsschläge vielleicht auf gleiche Weise als Hilfsmittel ansehen?

In der Zeit zurückgehen

Auch wenn wir uns als Erwachsene eines gewissen Alters betrachten, enthalten wir doch alle früheren Altersstufen in uns. Ich erinnere mich noch heute genau an die Stundenpläne meiner Grundschule, die ich in den 1940er Jahren besucht habe, und tief im Innern bin ich auf vielfältige Weise noch immer das Kind, das dort zur Schule ging. Vor einigen Jahren habe ich mein Zeugnis aus der vierten Klasse gelesen, und die Kommentare zu meinem Verhalten spiegeln exakt die Züge meiner heutigen Persönlichkeit wider! Meine Lehrerin hat meine Persönlichkeit ziemlich gut erfasst, und ich bin auf vielerlei Weise noch immer dieses Kind. Dies mag erklären, warum ich mich in der Gegenwart meiner Mutter heute noch oft wie ein Kind fühle, auch wenn sie nichts tut, um solch eine Empfindung bei mir auszulösen. Allein ihre Stimme genügt, um den alten Austausch mit ihr wieder wachzurufen. Welch ein Beweis für die Langlebigkeit von Übertragung!

Wir haben vielleicht an der Liebe gezweifelt, die uns von unserer kontrollierenden Mutter angeboten wurde, oder an der angeblich vorhandenen Liebe unseres distanzierten Vaters, die er uns aber niemals gezeigt hat. In einer erwachsenen Beziehung können wir mit einem Partner zusammen sein, der uns liebt, ohne uns zu verschlingen, und dadurch die Imago unserer Mutter umkehrt, also das innere Bild und dessen Bedeutung, die wir mit uns herumtragen. Dieser Partner verhält sich auch liebevoll, ohne das an die große Glocke zu hängen, und damit wird auch unsere Vater-Imago umgebildet. Nun passieren paradoxerweise zwei Dinge. Wir lassen Liebe herein und wir trauen der Liebe, sei sie ausgesprochen oder nicht. Die bedrohliche Liebe unserer Mutter und die zweifelhafte Liebe unseres Vaters bleiben zwar in Erinnerung, haben aber weniger Auswirkung auf uns. Es zeigt sich, dass wir weniger Zorn oder Angst empfinden, wenn wir aufhören, unsere Eltern zu tadeln, während wir uns ihrer Verantwortung bewusst bleiben. Dies heilt die Erinnerung, das heißt, wirkt zurück in die Vergangenheit.

Das Heilen einer Erinnerung ist dasselbe, wie uns vom Bedürfnis, etwas auf jemand anderen zu übertragen, zu befreien. Denn das, was zuvor bedrohlich war, ist nun sicher geworden, und so hindert uns die Vergangenheit nicht mehr daran, auf neue Weise in Beziehung zu treten. Wir werden nicht so stark zur Übertragung gedrängt, weil wir die Vergangenheit begraben haben.

Von einem vertrauenswürdigen Partner geliebt zu werden, ist eine der Möglichkeiten, wie es zur Auflösung kommen kann. Jetzt können wir die Liebe einlassen, ohne Angst zu haben, verschlungen zu werden, und dies führt dazu, dass die Gesten, die wir mit der Bemutterung unserer Mutter assoziieren, weniger Einfluss auf unsere gegenwärtige intime Beziehung haben. Wir können Liebe mit stärkerem Vertrauen darauf, dass wir nicht bald wieder verlassen werden, einlassen, und das wirkt zurück und macht Vaters Abwesenheit weniger traumatisch, wenn wir uns heute daran erinnern.

Shakespeare sagte: „Liebe ist nicht Narr der Zeit.“ (Sonett 116)

Wir können hinzufügen: „Lass die Zeit von Liebe heilen.“

Wir können wirklich jetzt hier sein

Dass in unseren Beziehungen die Übertragung so häufig ihr Haupt erhebt, macht uns deutlich, dass wir im Hier und Jetzt nicht immer wie Erwachsene interagieren. Dies sollte uns nicht entmutigen, weil wir die Übung achtsamer Bewusstheit lernen können, die dazu führt, dass wir die Übertragungen von unseren Eltern oder früheren Beziehungen erkennen.

Hier ein Beispiel, wie das aussehen kann: Auf einer Party widmet Ihr Partner eine übermäßig lange Zeit einer anderen Frau. Ihnen fällt auf, wie aufmerksam er ihr gegenüber ist, und er hat sich in jüngster Zeit nicht mit einer solchen Intensität mit Ihnen beschäftigt. Sie sind zornig auf ihn, weil Sie dies als eine Beleidigung und sogar als eine Art Untreue empfinden. Was jedoch wirklich in Ihnen geschieht, ist weitaus unkultivierter. Das Kind in Ihnen benutzt keine Wörter wie *Untreue.* Es schreit heraus: „Er mag sie lieber als mich. Ich will, dass er mich lieber mag als sie." Oder es kann vielleicht noch heftiger sein: „O weh, jetzt sehe ich, dass mich niemand jemals auf die Weise lieben wird, wie ich es mir wünsche." So hörte sich das in der vierten Klasse an, wenn uns etwas Ähnliches widerfahren ist. Wir waren damals viel mehr in Kontakt mit unseren wahren Gefühlen und brachten sie genau so zu Ausdruck, wie sie waren. (Gleichwohl mögen wir uns selbst in der vierten Klasse daran erinnern, wie wir uns gefühlt haben, als unser kleiner Bruder geboren wurde und sich alle Aufmerksamkeit auf ihn richtete. Ja, selbst in so jungen Jahren erlebten wir Übertragungsreaktionen.)

Eine hilfreiche und vielleicht peinliche (da sie das Ego enttarnt) Übung ist, so wie im obigen Beispiel *in den Worten eines Viertklässlers* mit uns selbst darüber zu sprechen, was uns in unseren Beziehungen widerfahren ist. So formulieren wir auf aufrichtige Weise, wie wir unsere Erfahrung unter dem Strich empfinden – und das hilft uns, die ursprüngliche Tiefe unseres Bedürfnisses und die folgende Übertragung zu erkennen. Dann verstehen wir, worum es bei unserer ängstlichen und tadelnden Reaktion wirklich geht, und übernehmen Verantwortung dafür, wie wir die Vergangenheit auf die Gegenwart, Eltern auf Partner und frühere Partner auf neue Partner übertragen. Wenn wir es scheuen, kindisch zu klingen, dann lassen wir uns eine wertvolle Quelle hilfreicher Information entgehen.

Natürlich ist unsere Geschichte von der Party hier noch nicht zu Ende. Wenn das Fest vorüber ist, können Sie ohne Vorwürfe zu Ihrem Partner sagen, dass es Ihnen wehgetan hat, sich so beiseitegeschoben zu fühlen, auch wenn Sie wissen, dass ein Teil der Verletzung Ihre eigene Übertragung war. Sie sagen ihm, Sie wünschten sich eine Übereinkunft, dass er mehr Rücksicht auf Ihre Gefühle nimmt und bei künftigen Partys mehr Zeit mit Ihnen verbringt. Durch eine solche Kombination von selbstbewusstem Vorgehen, Verantwortlichkeit und Demut arbeiten wir gleichzeitig an uns selbst und an unserer Beziehung.

Wir können unsere Geschichte ein wenig abwandeln, um zu sehen, wie unsere innere Welt zu einer persönlichen tragenden Umgebung werden kann, in der wir die Ereignisse und Erfahrungen unseres Lebens empfinden, verkraften und durcharbeiten können, bevor wir unserem Partner entgegentreten. Eine Frau verdächtigt beispielsweise ihren Partner, dass er unangemessene Intimität gegenüber einer ihrer Mitarbeiterinnen an den Tag legt. Wenn sie ihre Gefühle für sich behalten kann, sodass deren Wahrheit erst einmal zu ihr selbst spricht, wird es wahrscheinlich nicht so leicht zu einer dramatischen Situation kommen.

Wenn wir lernen, inne zu halten und ein inneres Gefühl der Geräumigkeit um das Ereignis in der Beziehung zuzulassen, werden wir uns Bedeutungen bewusst, die uns durch eine sofortige Reaktion entgehen würden. Dass es uns möglich ist, das Geschehene im Behälter unseres geheimen Ichs aufzufangen, gibt uns mehr Selbstvertrauen. Wir wachsen in der Stärke, die es uns erlaubt, unserem Partner auf genau die Weise gegenüberzutreten, die funktioniert, wenn der richtige Zeitpunkt gekommen ist.

Übung:
Innehalten, um eine Situation zu überprüfen und sich einzustimmen

Wir können effektiv an schwierigen Beziehungsproblemen arbeiten, wenn wir wissen, wie wir uns beruhigen können. Wie können wir unser inneres Selbst für stille Offenheit vorbereiten? Hier eine Übung:

1. *Wir üben das Innehalten zwischen Reiz und Reaktion;* das ist die Essenz von Freiheit.
2. *Wir empfinden ganz und gar, was wir fühlen, bevor wir darauf reagieren.*
3. *Wir überprüfen unsere Körperreaktionen.* Wir fragen uns: „Wo empfinde ich dies und welche Auswirkung hat es auf meinen Körper?“ Dies ist hilfreich, weil es uns Informationen schenkt, die unser Verstand nicht in Worte fassen kann.
4. *Wir nehmen unsere Gefühle achtsam zur Kenntnis,* statt uns in die gewohnheitsmäßigen Reaktionsmuster des Egos zu verfangen: Urteilen, Kontrollieren, Verteidigen, Hängen an einem Ergebnis, Rechthabenwollen und die Angst, sich der Wahrheit dessen zu stellen, was gerade geschieht. Alle diese Reaktionen stellen eine Weigerung dar, die Realität so zu akzeptieren, wie sie ist.
5. Wir *respektieren* das Timing, das nötig ist, um ein Problem mit jemandem zur Sprache bringen zu können.
6. *Wir hören auf anzunehmen, wir wüssten, worauf die anderen hinauswollen.* Wir machen den Versuch, uns drei oder mehr Erklärungen als Alternativen zu dem auszudenken, was uns im ersten Eindruck in den Sinn gekommen ist oder was unsere Schlussfolgerung aus dem ist, was jemand gesagt oder getan hat. Wir sehen häufig nur das Verhalten von jemandem und stürzen uns auf unsere Lieblingserklärung. Zu begreifen, dass es mehrere mögliche Erklärungen geben kann, befreit uns vom Muster der Vermutungen, die aktiv werden, wenn es keine solche Möglichkeiten gibt.
7. *Wir fließen mit schwebender Aufmerksamkeit mit dem Fluss der Ereignisse,* das heißt, mit einer lauschenden Haltung oder der Haltung eines Zeugen. Dies entlässt unser Ego aus dem Mittelpunkt der Bühne. Mit dem Fluss zu fließen, ist in der Tat eine Weise, das Ego loszulassen. Denn unser Ego ist ein Satz von uns in Fleisch und Blut übergegangenen, gewohnheitsmäßigen und hochgradig konditionierten Reaktionen. Unser Ego wird arbeitslos, wenn wir weniger auf unser Anspruchsdenken fokussiert werden, weniger auf bestimmte Ereignisse reagieren und weniger

auf das fixiert sind, was uns gegen den Strich geht. Wir entdecken die Geruhsamkeit grüner Weiden und stiller Gewässer. Der Sturz des Regimes des Egos führt zu einem Erwachen in eine himmlische Welt, wo der Löwe der Kontrolle sich schließlich neben das Lamm des Seinlassens niederlegt.

8. *Achtsamkeit ist der letzte Schritt.* Die Geisteshaltungen des Egos sind Projektionen. Sie sind Formen der Unterhaltung für den Geist, der nach Dramen statt nach Gegenwärtigkeit verlangt. Die Geisteshaltungen des Egos erregen den Geist mit falschen Gefühlen, anstatt einen annehmenden Raum zu öffnen, wie es die Achtsamkeit tut. Um in einer Beziehung das Ego zu transzendieren, muss man diese Geisteshaltungen loslassen, da sie eine Identifizierung mit der Geschichte von Richtig und Falsch, Angst und Verlangen, Kontrolle und Illusion darstellen.

„Identifizierung" bedeutet, irrtümlicherweise zu glauben, dass wir unsere Gedanken und Gefühle *sind,* und diese nicht als mentale Konstrukte zu begreifen, die uns fest in ihrem Griff haben. Achtsamkeitsmeditation hilft uns, den Griff zu lockern, sodass wir über unsere üblichen Geisteshaltungen hinaus in das von Moment zu Moment neue Formen zeigende Kaleidoskop der Realität blicken können. Dann blasen wir unsere Gedanken nicht zu überproportionaler Wichtigkeit auf; sie sind nicht bedeutsamer als ein Festzugswagen in einem Umzug, der an uns vorüberzieht. Wir finden heraus, dass wir in bestimmten Augenblicken auf eine neue Weise gewahr sein können, die diskursives Denken transzendiert: Unsere Aufmerksamkeit ist durchdringend und unmittelbar, da sie nicht mehr von Worten oder Syllogismen vermittelt wird. Gedanken sind Ornamente; Achtsamkeit ist der Baum der Befreiung von Äußerlichkeiten, was ein anderes Wort für Erleuchtung/Erleichterung[8] ist. Wir haben uns erleichtert und unseren Geist lichter gemacht.

In der Achtsamkeit werden unsere Geisteshaltungen beim Namen genannt und nicht länger aufrechterhalten. Dann sind wir für uns und andere in hingebungsvoller Loyalität für das Jetzt präsent: wie ich bin, wie du bist, wie es ist. Wir sind nicht mehr durch unsere Überzeugungen,

Projektionen und Erwartungen konditioniert. Wir kommen zur unmanifestierten Wirklichkeit, dem unsterblichen, demantenen Nicht-Ich, das die konditionierte Ego-Welt transzendiert. Authentische Liebe kann sich nur in dieser demantenen Essenz der Ichlosigkeit ereignen. Der Grund, weshalb das aufgeblasene, vom Geist eingenommene Ego nicht lieben kann, liegt darin, dass es diese demantene Essenz nicht tolerieren kann, und so bricht es – tragischerweise – den Kontakt zu der eigentlichen Quelle der Liebe ab.

In seinem Gedicht *Poetry of Departures* (Lyrik der Abschiede) verwendet Philip Larkin die Formulierung „ein waghalsiger, reinigender, elementarer Schritt". Der mutigste derartige Schritt besteht darin, nicht mehr durch die Ego-Ansprüche und Ego-Forderungen zu leben, sondern in völliger Hingabe an die reale und liebende Gegenwart. Die Übungen in diesem Buch können uns helfen, dorthin zu gelangen. Alles andere ist Sache der Gnade.

Manchmal geschieht es, dass wir die Kraft empfangen, „Ja" zu uns zu sagen, dass Friede in uns einkehrt und uns heilt, dass Selbsthass und Selbstverachtung aufhören und dass unser Selbst mit sich selbst wiedervereinigt wird. Dann können wir sagen, dass die Gnade über uns gekommen ist.

–Paul Tillich, *Religiöse Reden*–

13

VON DER ÜBERTRAGUNG ZUR TRANSFORMATION

Nachhaltige emphatische Erkundung ...
führt zur Aufdeckung der unbewussten,
strukturierenden Prinzipien des Klienten
und macht sie für Transformation zugänglich.

–Robert Stolorow–

Unsere psychologische Arbeit

Übertragung hilft uns beim Wachsen, wenn sie die Rolle des Souffleurs und nicht die des Besetzungschefs spielt. Wir hören auf, die Bühne freizumachen und die Schauspieler aufzustellen. Stattdessen betrachten wir die aufgebaute Bühne und die angeworbenen Schauspieler und nehmen all dies zum Anlass, uns an unseren Text zu erinnern: „Dieses Drama wurde in Übereinstimmung mit meiner Vergangenheit in Szene gesetzt. Jetzt kann es zu meinem Souffleur werden, der mir hilft, im Augenblick meine Wahrheit auszusprechen."

In dem Maße, in dem unsere Bewusstheit zunimmt, kommt die Übertragung ans Licht und verliert ihre Kraft, unser gegenwärtiges Leben so zu bestimmen, wie sie es einst getan hat. Dann wird, wie Freud es formulierte, das „Hindernis Übertragung" zu die „Verbündete Übertragung". Wir realisieren, dass wir in den meisten Beziehungen Widerspiegelungen gesehen haben, und wir treffen die Entscheidung, durch den Spiegel hindurch in die Realität dessen zu gehen, wer andere wirklich sind und sein können. Auf diese Weise wird Übertragung zur Transformation.

Heinz Kohut verwendet den Ausdruck „Schmelztiegel der Übertragung". Dieser Ausdruck spiegelt den schmerzlichen und dennoch belohnenden alchemistischen Prozess wider, durch den wir uns von unseren Fehldarstellungen erholen. Die lang anhaltenden Erfahrungen der Kindheit können Wasser auf die Mühlen der Transformation sein. Dann wird das Blei der Übertragung zum Gold der Selbst-Verwirklichung.

Im Hinblick auf Übertragung in der Therapie sagte Freud, wenn man nicht mit Übertragung arbeite, so sei das, als würde man einen Geist aus dem Totenreich herbeirufen und ihm dann keine Fragen stellen. Wir können lernen, unsere unmittelbare Realität zu erhellen, wenn wir einen vergangenen Prototyp benutzen oder evozieren. Denn wir bearbeiten ständig vergangene Erinnerungen und Erfahrungen in Übereinstimmung mit unseren unbewussten Fantasien und übertragen sie dann auf die Gegenwart. Wir können diesen Hang unserer Psyche so nutzen, dass er uns hilft, unsere Probleme zu bearbeiten. Unsere Aufgabe besteht nicht darin, Dinge hastig zu begraben, sondern in einer sorgfältigen Exhumierung zu erkennen, was wirklich geschehen ist. Erst dann kann man zu einem echten Begräbnis übergehen.

Bei der Arbeit mit Übertragung trennen wir Projektionen von der Realität und sehen die individuellen Eigenschaften von Menschen, statt sie als originalgetreue Kopien oder Archetypen zu betrachten. Dies ist die krönende Errungenschaft unserer psychologischen Arbeit mit der Übertragung. Durch diese Arbeit wird das Leben zu etwas, das sich öffnet, statt sich nur zu ereignen. Ein Raum öffnet sich in dem Sinne in uns, dass wir nun erkennen, dass wir nicht in alten Überzeugungen feststecken oder von fesselnden Zwängen gefangen sein müssen. Übertragung erhält ihre buchstäbliche Bedeutung, sie *trägt uns hinüber* über die Schwelle hin zur Auflösung unserer geheimnisvollen Vergangenheit.

In der Psychoanalyse ist die Interpretation von Übertragung das Hauptwerkzeug, das uns hilft, durch Einsicht in unser Verhalten einen Wandel herbeizuführen. Im Buddhismus wird Einsicht als Ausweg aus dem Leiden angesehen. Einsicht/Bewusstheit ist nicht einfach nur eine mentale Errungenschaft. Sie besitzt auch eine zutiefst zelluläre, mit Sinn erfüllte Weise, die Realität zu begreifen. Das ist nicht etwa so, als wüsste man etwas über Geografie. Es ist vielmehr wie das Wissen, dass der Ofen heiß ist, weil man ihn berührt hat, wie das Wissen, wie eine Rose duftet, weil man an ihr riecht, oder wie das Wissen, wie schmerzlich es sein kann, jemanden zu verlieren, auch lange noch, nachdem es sich ereignet hat.

Zu Bewusstheit kommt es, wenn unser inneres Trio seine Melodie spielt: unser Kopf weiß; unser Herz empfindet, unser Bauch stimmt zu. Wir müssen auf der Bauchebene wissen, dass wir einen anderen Menschen so behandeln, wie wir unseren Vater am liebsten behandelt hätten. Gleichzeitig berücksichtigen wir den Umstand, dass andere tatsächlich immer mehr sind als sie selbst. Sie lassen unsere alten Beziehungen in neuem Gewand wiederauferstehen; sie sind Widerspiegelungen von uralten menschlichen Archetypen; und sie sind Schattenfiguren unseres eigenen verleugneten Ichs. So erkennen wir an, dass Übertragung niemals vollkommen verschwindet, noch dass dies notwendig wäre. Die Vergangenheit kann nicht abgetötet werden, aber sie kann an Gewicht verlieren. Allmählich bemerken wir, dass wir das Hängen an unserer Vergangenheit loslassen können („Hängen an der Vergangenheit" ist eine andere Beschreibung von Übertragung). Die „Leute an der Macht" können zu Leuten werden, *die an der Macht waren.* Wenn sie lediglich als mentale Erinnerung existieren, verletzen sie uns nicht mehr und komplizieren auch unsere Beziehungen nicht mehr. Es ist das Festkleben, was wehtut. Bei unserer Arbeit an Übertragung versuchen wir, den Klebstoff zwischen Vergangenheit und Gegenwart zu entfernen. Dann sind wir in der Lage, auf neue Weise in Beziehung zu treten, sodass wir eine luftige, ganz neuartige und geräumige Erfahrung von jemandem machen können. Wir schaffen Raum für die Realität dessen, wer andere an sich selbst sind.

Übung:
Eine Checkliste

Die bisherigen Übungen haben geholfen, unsere Übertragungen und die ihnen zugrunde liegenden Probleme durch Ansprechen, Durcharbeiten, Auflösen und Integrieren zu verarbeiten. Es folgt eine Liste von Eigenschaften, die sich einstellen, wenn ein Übertragungsproblem vollkommen aufgelöst und, soweit es möglich ist, integriert wurde. Verwenden Sie diese Checkliste, um zu bestimmen, wie viel dessen, woran Sie bislang in den Übungen gearbeitet haben, Sie realisiert und abgeschlossen haben:

- Die Erinnerung bleibt, aber ihre Auswirkung verringert sich mit der Zeit. Wenn sie als Zehn auf einer Skala von Eins bis Zehn begonnen hat, stellen wir jetzt fest, dass sie auf unter Fünf gerutscht ist und unterhalb des Mittelwerts bleibt. Wenn sie gelegentlich wieder auf Zehn hinaufschnellt, bleibt sie dort nicht lange, sondern kehrt zu ihrem neu gesetzten Wert zurück, der mit der Zeit noch weiter absinkt.
- Der Gedanke an das, was geschehen ist, kehrt in einem neuen inneren Zusammenhang zu uns zurück. Es ist eher ein Kontext der Geräumigkeit denn einer der Überfüllung oder des Zerfalls. Er ist nicht mehr das plötzliche Herabstoßen eines Pterodaktylus, sondern das Vorüberfliegen eines neugierigen, doch nicht hungrigen Falken.
- Wir müssen nicht mehr unser ungeschicktes Verhalten ausagieren. Wir können zum Beispiel zugeben, dass wir am liebsten wegrennen würden, dies unseren Füßen aber nicht gestatten. Wir können einem Partner ein Gefühl mitteilen, anstatt es zu vermeiden oder wieder in ein altes Muster zurückzufallen, das der Beziehung schadet. Wir sind nicht gezwungen; wir haben eine Wahl.
- Unsere Wunde scheint uns nun zu helfen. Wir fühlen uns stärker, da wir sie durchlebt haben. Schmerzliche Ereignisse zu Hause sind wie Spinnen im Dachgesims geworden. Wir leben mit ihnen in dem Gefühl, dass sie uns nützen, aber es wäre auch in Ordnung, wenn sie verschwänden.

- Ein Problem geht auf andere Weise durch uns hindurch. Zuvor war es Godzilla, der die Landschaft und auch Bambi zerstört hat. Nun tapst er vorsichtiger durch unseren inneren Dschungel und wir nehmen keinen Schaden oder bekommen Angst bei seinem Erscheinen. Das Problem oder die persönliche Imago aus unserer Vergangenheit wohnt in uns, aber nicht als ein vernichtender Schlag, sondern als eine milde Tatsache. Das Problem stört unsere Gelassenheit, unsere Beziehungen oder unsere Arbeit nicht mehr. Es bestimmt, mit anderen Worten gesagt, nicht mehr, wie wir unser Leben leben oder wie wir unsere Liebe zeigen.
- Jeglicher Wunsch nach Vergeltung gegenüber jenen, die uns verletzt haben, ist verschwunden. Vergeltung uns selbst gegenüber in der Form von nagenden Schuldgefühlen oder unnützem Bedauern hat beträchtlich abgenommen oder ist ganz verschwunden.
- Wir sehen eine gewisse Komik in unserer Übertragung und in unseren Reaktionen darauf.
- Gelassenheit und Gleichmut sind für uns wichtiger denn je geworden. Wir wollen geistige Ruhe und keine Hysterie, Chaos oder Drama in unseren Beziehungen. Frei von emotionalem Wirrwarr, der durch Projektion und Übertragung verursacht wird, bemerken wir, wie sich ein Raum tief aus unserem Inneren öffnet. Dies ist unsere reine Identität ohne die Überlagerung durch Geschichten. In dieser räumlichen Weite beginnen wir, Entscheidungen zu fällen, die zu weniger Belastung und keinerlei Verstrickung führen.
- Wir legen weniger Gewicht auf das, *was* geschieht, und mehr Gewicht darauf, *wie* wir mit dem Geschehen umgehen. Wir versuchen nicht mehr, die Kontrolle über die unvermeidlichen Herausforderungen oder Fakten des Lebens zu erlangen, noch sie abzuwenden, damit sie uns etwas nicht empfinden lassen. Wir vertrauen darauf, dass wir in der Lage sind, alles zu bewältigen, was uns über den Weg läuft. Die Angst ist zu einem Ja geworden.
- Wir haben mehr Mitgefühl mit denjenigen, die auf uns übertragen, und wir finden es leichter, Liebende Güte zu praktizieren.

Wie spirituelle Praxis uns erneuert

Spirituelle Praxis ist eine Ergänzung zu unserer psychologischen Arbeit. Wir fangen an zu erforschen, wie Spiritualität uns helfen könnte.

In der buddhistischen Psychologie kommt es zu klarem Erkennen, wenn wir von den verdunkelnden Schleiern unserer persönlichen Reaktionen oder von der Beteiligung des Egos an einem Ergebnis frei sind. Diese erleuchtete Sichtweise begrüßt die Wirklichkeit mit Achtsamkeit, das heißt, ohne die Pläne oder Anweisungen eines konditionierten Geistes oder eines von Angst oder Verlangen beherrschten Egos. Das ist ein reiner Kontakt mit der Wirklichkeit, eine stete Befähigung, die jeder menschlichen Psyche innewohnt.

Wir hören von vier Lehrern, die diese erleuchtende Tatsache erkannt haben:

Der spanische Mystiker Johannes vom Kreuz sagt: „Schnell, ohne dass etwas verschont würde, werde ich [mein Ego] vollkommen ausgelöscht."

Der mystische Dichter William Blake schreibt, er müsse alles loslassen, „damit das Gericht nicht käme und mich unzerschlagen fände und ich in die Hände meiner eigenen Ichheit übergeben würde".

Der buddhistische Bodhisattva sagt: „Ich gelobe all jene zu befreien, die sich vor den äußeren Phänomenen fürchten, welche ihre eigenen Projektionen sind."

Der jüdische Philosoph Martin Buber schrieb, Gott habe Adam gefragt „Wo bist du?", nicht weil Gott es nicht wusste, sondern damit Adam seinen eigenen Aufenthaltsort zu erkennen vermochte. „Adam versteckt sich, weil er vermeiden möchte, Rechenschaft abzulegen, und der Verantwortung für seine Lebensweise entfliehen will. Jeder Mensch verbirgt sich zu diesem Zweck, denn jeder ist Adam und befindet sich in Adams Situation."

In dem Maße, in dem die Bewusstheit um unsere Motive und Reaktionen zunimmt, entdecken wir die vielen Verstecke, die uns davon abhalten, unseren eigenen Aufenthaltsort zu kennen. Unsere Übung, achtsame Bewusstheit in das zu bringen, was im Verborgenen lag, ist eine Alternative zu unserer Gewohnheit, unserer Vergangenheit durch

Übertragung auf die Gegenwart aus dem Weg zu gehen, sie zu vergessen oder auszumerzen. Stattdessen können wir auf ihr aufbauen. Eine Hürde wird zur Brücke. Ein Loch wird zu einer Öffnung. John Donne schreibt in seinem Gedicht „Der Morgengruß" wie ein Nirgendwo zu einem Hier wird: „Liebe … macht einen kleinen Raum zum Überall."

In einem „Defizit"-Modell sehen wir uns selbst als verbesserungsbedürftig. Dies ist sinnvoll, wenn es sich auf unsere Arbeit am Ego bezieht. Durch den Hinweis auf die Tatsache, dass Vollkommenheit nicht möglich ist, schützt unsere Psyche uns vor Hybris und Überheblichkeit. Gleichzeitig können wir anerkennen, dass wir aus der Perspektive unseres essenziellen Selbst, der Quelle archetypischer Ganzheit, tatsächlich schon immer vollkommen waren und es bereits sind.

Hinter den Ängsten und Selbstanschuldigungen in unserem Ego-Geist waren und sind immer reine Glückseligkeit, reines Bewusstsein und reine Liebe vorhanden. Die spirituelle Herausforderung besteht nicht darin, uns zu verbessern, sondern die Öffnung für das zuzulassen, was in und um uns herum ist. Offenheit liebt das, was uns begegnet, als unseren Weg. Offenheit bejaht das, was wir sind, als unseren Pfad. Hakuin, ein japanischer Zen-Meister des 18. Jahrhunderts, formuliert das so: „Durch das direkte Hinweisen auf den Herz-Geist, schaue ich meine erleuchtete Natur."

Verborgene Hilfe

Eine unbewusste Beziehung ist machtvoller als eine bewusste.

–Sören Kierkegaard–

Sind die Hilfsmittel für die Arbeit an unserer Übertragung nur bewusst? Kann unser Unbewusstes uns auf dem Pfad der Transformation ebenfalls Hilfe leisten? In der psychologischen Arbeit geht es um ein gesundes Ego. Es geht darum, frei genug von Angst und Verwirrung zu sein, damit wir unsere persönlichen Ziele erreichen, angesichts von Stress

Gleichmut bewahren, frei von Zwängen leben und effektiv lieben können. Spirituelle Praxis konzentriert sich auf das Loslassen der Egozentrik zugunsten von universalem Mitgefühl. Aber zu einer Demontage des Egos kann es sicherlich auch in außerkörperlichen Erfahrungen, Nahtoderfahrungen oder anderen mystischen Zuständen kommen. Es ist hier, wo sich tief gehende Heilung viel machtvoller vollziehen kann als in einer Gesprächstherapie. Wir können uns für das öffnen, was in unseren Intuitionen, Visionen und Träumen auftaucht; wir können auf bedeutsame „Zu-fälle“ (Synchronizität) achten; wir können Gedichte lesen; wir können Astrologie, das *Yijing* („Buch der Wandlungen“) oder Tarot erkunden und diese als alte archetypische Pfade respektieren und sie nicht einfach als Formen der Weissagung verstehen, die unsere Ego-Belange befriedigen.

Wir können auch Körpertherapien nutzen, die einen engeren Kontakt mit unseren unterdrückten oder verdrängten Gefühlen herstellen und manchmal veränderte Bewusstseinszustände hervorrufen. Beispiele hierfür wären Somatische Therapie, Intuitive Massage, Holotropes Atmen (entwickelt von dem Psychiater Stanislav Grof) oder der Rebirthing-Prozess, der helfen kann, Zugang zu tief liegenden, unausgedrückten Emotionen zu gewinnen, die in unserem Unterbewusstsein verschlossen sind (es sind dies die nicht anerkannten Emotionen, die in unseren Übertragungen ausagiert werden). Wenn unsere Emotionen auf stark aufgeladene Weise hervorbrechen, dann befreien sie sich aus ihrer Einkerkerung im Körper und gehen hinaus in die Atmosphäre, wo sie sich auflösen. Denn die totale Freisetzung einer Emotion führt zu ihrer Verdampfung. Was in einem engen Raum eingesperrt – in unseren Körper verdrängt – war, öffnet sich nun durch unseren Körper. Wir öffnen uns, um uns zu befreien. Das Ergebnis der Öffnung ist immer ein Loslassen.

Auf diese Weise finden wir eine Antwort auf unsere Frage, wie unser Unbewusstes uns helfen kann, die Übertragung zu transformieren. Die innere Reise zur Freiheit von Übertragung setzt sich aus drei Phasen zusammen: Wir bewegen uns *aus* dem Ego *durch* das Unbewusste *zu* vollerem Bewusstsein.

Dies ist eine wahre Heldenreise, weil wir unsere Einkapselung in das Ego verlassen, durch bewusste Wahrnehmung hindurchgehen und dann dorthin zurückkehren, wo wir angefangen haben, jetzt jedoch in einem erwachteren, belebteren Zustand. Eine Heldin bringt anderen das Licht, das sie gefunden hat. Das Licht ist das Licht des Bewusstseins. Wir handeln außerdem so, weil wir dann, wenn wir uns von der Herrschaft unserer Übertragungen befreit haben, klarer zu anderen in Beziehung treten können, sodass sie an unserer Befreiung von Defensivität und Illusion teilhaben können. Dann ist der Zyklus der Heldenreise von der Vergangenheit in die Gegenwart abgeschlossen.

An alldem zu arbeiten, erfordert Bemühung und Initiative. Aber wir können auch das Potenzial zur „Öffnung und zum Fließen" in uns respektieren, das die Daoisten *wu wei* nennen. Es ist die Energie des Zulassens, das Dinge geschehen lässt, des Nichttuns, der Nichteinmischung, also eine Empfänglichkeit für alles, was kommen mag. Dies ist eher ein Einlassen, welches das Unerwartete mehr als Geschenk der Gnade begrüßt, als es als Eindringling zu fürchten. Wir achten auch auf Träume, in denen Angehörige unserer Familie oder Kindheitserinnerungen sich in die Gestalt des heutigen Lebens verwandeln. In Träumen verbündet sich das Unbewusste mit uns, indem es das Rohmaterial von Übertragung sichtbar macht. Auf diese Weise kann uns unser Unbewusstes beistehen und nicht nur Ärger verursachen, indem es alte Gefühle auf neue Menschen überträgt. Dies ist ein Ansatz, der den Mut verlangt, eine Öffnung für Kräfte, die nicht unserer Kontrolle unterliegen, zu riskieren. Dann öffnet sich Übertragung wie ein lange geschlossenes Fenster und wir blicken schließlich durch die Tageslicht-Realität dessen, wer wir sind und auch wer andere sind. Die gute Nachricht ist, dass das, was wir sehen, niemals so schlecht ist, wie das, was wir befürchtet haben.

Wie alles zusammenkommt

Wenn der Schmerz der Fortsetzung unserer alten Muster größer ist als der Schmerz, aus ihnen hinauszutreten, sind wir bereit für eine Befreiung des Egos und die Erleuchtung des Geistes. Anaïs Nin sagt es in ihre

Tagebüchern auf diese Weise: „Es kam eine Zeit, da das enge Eingeschlossensein in die Knospe schmerzlicher wurde, als es war, das Risiko des Erblühens einzugehen."

Wir erkennen, dass das Feststecken in unbewusster Motivation und Projektion an sich eine Form von Schmerz ist. Dieser Schmerz ist stechender als der Schmerz, den es bedeutet, unserer wahren Geschichte bewusst zu werden und über sie hinauszugehen. Physischem Schmerz sollte man früh Beachtung schenken, bevor er sich auf unsere neuronalen Bahnen auswirkt und chronisch wird. Mit der unbewussten Übertragung halten wir es anders: Wir lassen sie gewöhnlich so lange anhalten, dass sie chronisch wird.

Wie können wir die psychologische Arbeit an der Übertragung in unsere spirituelle Praxis integrieren? Wir erinnern uns, dass die psychologische Methode des Umgangs mit Problemen darin besteht, das, was uns widerfahren ist, anzusprechen, es durchzuarbeiten, aufzulösen und zu integrieren. Wenn uns zum Beispiel ein Partner wegen einer anderen verlässt, gestehen wir uns ein, dass wir verletzt sind, erkennen unseren Anteil daran, gehen durch unsere Gefühle von Trauer (Betrübnis, Zorn, Angst) hindurch, nehmen zur Kenntnis dass das, was sich gerade ereignet hat, besonderes Gewicht bekommt, weil es die Empfindung des Verlassenwerdens aus unserer Kindheit wiederholt, entschließen uns, mit unserem Leben fortzufahren, ohne unserem Partner Schuld zuzuweisen, und entscheiden uns schließlich, in Zukunft gesunde Beziehungen einzugehen.

Aus medizinischer Hinsicht ist Heilung einfach eine Rückkehr zur normalen Funktionsweise oder der Freiheit von Symptomen. Psychische Heilung können wir auf eine tiefere Weise verstehen: Heilung als die Wiederherstellung von Ganzheit, ungeachtet dessen, ob die Symptome bestehen bleiben oder nicht. Heilung in diesem Zusammenhang ist die Wiederherstellung von Gleichgewicht. Wir finden diese Heilung nicht durch Willenskraft oder indem wir alles Störende säuberlich ausräumen. Wir finden sie durch Öffnung – der Voraussetzung für spirituelle Erfahrungen. Heilung vollzieht sich offenbar dann am besten, wenn wir uns unserer eigenen psychospirituellen Wirklichkeit öffnen, der Wirklichkeit unserer selbst im Gleichgewicht.

Hier ein Beispiel für eine spirituell bewusste Reaktion innerhalb einer Beziehung: Eine Partnerin sagt oder tut etwas, das garstig und verletzend ist. In Liebender Güte tut sie uns Leid und wir sagen dann, entweder innerlich oder in direkter Weise, mit aufrichtigem Mitgefühl: „Oh, welch' schreckliche Dinge müssen dir in deiner Vergangenheit widerfahren sein, dass du so etwas Gemeines sagst/tust." Wenn wir auf diese Weise reagieren, zeigen wir, dass der Schutz unseres eigenen Egos nicht mehr unser Hauptanliegen in der Beziehung ist; es ist vielmehr Liebende Güte. Wenn die Worte beleidigend werden, können wir so zugleich auf nicht aggressive Weise für uns eintreten. Wenn ein Dialog unmöglich ist, suchen wir einen schützenden Raum auf, während wir Mitgefühl in unserem Herzen empfinden.

Übung:
Sich für den spirituellen Wandel öffnen

Liebende Güte stellt sich am leichtesten ein, wenn wir unser neurotisches Ego dekonstruieren, das von dem beherrscht wird, was man im Buddhismus die drei Gifte nennt: Gier, Hass und Verblendung. Sie sind Widerstände gegen das, was ist, sind Hindernisse für eine Erleuchtung. Die Gier will besitzen und hängen an dem, was wir uns wünschen; der Hass zerstört oder vermeidet, was wir nicht wollen; in der Verblendung glauben wir, das zu bekommen, was wir uns wünschen, würde uns dauerhaftes Glück bescheren, und das zu vermeiden, was wir nicht wollen, würde uns anhaltende Sicherheit schenken.

Wir können diese drei fehlgeleiteten, aber natürlichen Neigungen in geschickte Mittel umwandeln, die dem Wachstum förderlich sind: Gier wird zum Ausstrecken der Hand allein nach dem, was gut für uns ist. Hass wird zum Engagement gegen Ungerechtigkeit, jedoch nur auf gewaltfreie Weise. Verblendung wird zur gesunden Vorstellungskraft, die uns an eine Welt jenseits unserer Geschichten glauben lässt. Auf diese Weise können wir einen spirituellen Ausweg aus der Mühsal der Gefangenschaft im Ego stoßen.

Es folgen hier einige Übungen, die uns bei der Integration unserer psychologischen und spirituellen Arbeit helfen können:

1. Statt uns einfach auf Selbsthilfetechniken und unsere Geschicklichkeit, sie in die Tat umzusetzen, zu verlassen, bitten wir die Heiligen und Bodhisattvas um Hilfe und Führung. Dies ist eine Anerkennung der Beschränktheit der Anstrengungen unseres Egos und von psychologischen Antworten, und es öffnet uns für die ständige Verfügbarkeit von Gnade, dem Archetyp der helfenden Kraft in uns und um uns herum. Diese Kraft ist es, die uns über die begrenzte Bemühung und das Wissen des Egos hinausgehen lässt und uns in die umfassenderen Bereiche von Effektivität und Weisheit hinein ausdehnt.
2. Wir sitzen ohne Einmischung der Geisteshaltungen des Egos achtsam mit dem, was in unseren Beziehungen geschieht, das heißt, in der reinen Erfahrung des Hier und Jetzt. Damit vermögen wir uns für die Wirklichkeit zu öffnen und Raum für sie zu schaffen, ohne dass unsere Ängste, nicht in der Lage zu sein, mit einer Angelegenheit umzugehen, uns einschränken, und ohne Fixierung auf das, was wir meinen besitzen zu müssen.
3. Wir sagen bedingungslos Ja zur Realität, wie sie ist, und zu den Menschen um uns herum, genau wie sie sind. Wir bestätigen und akzeptieren die Wahrheit der Vergänglichkeit, der Gefahr von Anhaftung und der Wichtigkeit, sich dem bewussten Weg intensiver zu verpflichten, dem Weg des Herzens.
4. Wir handeln mit Liebender Güte und verzichten auf jegliche Art von Vergeltung, besonders jenen gegenüber, die unsere Übertragung ausgelöst haben. Wir strahlen Liebende Güte nicht nur zu jenen Menschen aus, die heute Bestandteil unserer Lebensgeschichte sind, sondern zu allen Menschen überall, die sich heute den gleichen Problemen gegenüber sehen wie wir. Dies führt zu einer bewussten Verbindung mit der ganzen Menschheit. Es ist genau dies, was wir schon immer erstrebt haben, denn wie die Geschichte uns so erbarmungslos und unausweichlich zeigt, gibt

es ohne diese Verbundenheit keine Sicherheit in der Welt. Die Mauern, die wir normalerweise zwischen denjenigen, die wir lieben, und denjenigen, die wir nicht mögen, ziehen, verschwinden in der Liebenden Güte, da wir ihnen allen gleichermaßen Glück wünschen. In diesem Sinne ist Liebende Güte unermesslich.

5. Wir sagen Danke und zeigen Dankbarkeit für die Gnadengeschenke, die uns geholfen haben, achtsam in unserem Schmerz zu sitzen, effektiv mit ihm umzugehen und durch ihn eine Öffnung zu finden.
6. Fortlaufende Verbindlichkeit in Hinsicht auf die Meditation rundet unsere spirituellen Übungen ab. In achtsamer Meditation kämpfen und ergeben wir uns gleichzeitig. Wir investieren so viel Energie in das Sitzen, dass wir den besten Kontext für erfolgreiche Meditation schaffen, und wir akzeptieren die Tatsache unserer ständigen Ablenkung. Unser Erfolg liegt darin, dass wir immer wieder von vorne anfangen. Dies ist eine Metapher für das Leisten der Arbeit, sowohl auf psychologischer als auch auf spiritueller Ebene. Wir widmen uns unseren Übungen und wir akzeptieren die Tatsache unseres beschämenden Versagens. Das Einzige, worauf es ankommt, ist, dass wir einmal öfter wieder aufstehen, als wir zu Boden gehen, es einmal mehr versuchen, als wir versagen, dass wir einmal mehr weitergehen als zurückweichen.

Diese sechs spirituellen Übungen geben dem, was die psychologische Arbeit lediglich einleiten kann, den letzten Schliff. Ohne die Durchführung der psychologischen Arbeit kann es andererseits sein, dass wir uns nicht in unserer spirituellen Übung verankern können und sie uns nicht hilft, uns selbst zu erkennen und aus dem zu lernen, was uns widerfahren ist. Die psychologische Arbeit allein ist nicht ausreichend, die spirituellen Übungen allein sind es ebenfalls nicht. Um ganz und gar Mensch zu sein, müssen wir nicht nur unsere psychische Gesundheit kultivieren, sondern auch unser spirituelles Potenzial.

Der Weg zum Nicht-Ich – einem Gefühl dafür, dass wir verbunden und wechselseitig abhängig, statt getrennt und total unabhängig sind – führt durch das gesunde Ich. Statt zwischen Ich und Nicht-Ich zu unterscheiden, sollten wir vielleicht lieber untersuchen, auf welche Weise wir anhaften und wie wir loslassen können. Dann erkennen wir, dass der Weg zum Nicht-Ich, der Freiheit von Verhaftung, durch das gesunde Ich führt. Es ist dadurch gesundet, dass es seine Ängste und Begierden losgelassen hat. Der Weg zu einer stabilen Selbstwahrnehmung führt zur Befreiung von der Gefangenschaft im Ego. Deshalb vollzieht sich Heilung so gut, wenn wir in dem Bemühen, eine Erfahrung zum Abschluss zu bringen, sowohl unserer psychologischen als auch unserer spirituellen Arbeit treu sind.

Die Ergebnisse unserer Praxis sind an sich wieder spirituelle Verbindlichkeiten:

- Ich werde zum Beobachter der anderen, während ich meine Neugier und Fürsorge bewahre.
- Ich nehme das, was geschieht oder gesagt wird, mehr als Information, statt es persönlich zu nehmen, wie ich es in der Vergangenheit getan habe.
- Das Verhalten anderer hat weiterhin Auswirkungen auf mich, während meine Gelassenheit gleichzeitig intakt bleibt.
- Ich lasse mich von anderen nicht mehr provozieren oder niederschmettern, sondern nur berühren und anregen.
- Ich passe mich dem Geschehen an, statt zu versuchen, es so hinzubiegen, dass es mich zufriedenstellt oder mir Trost spendet.
- Ich handele liebevoll, ungeachtet dessen, wie ich behandelt werde, und gleichzeitig dulde ich keinerlei Missbrauch.
- Ich bin dankbar dafür, wie meine Lehrer sich für mich eingesetzt haben und wie meine Praxis mir geholfen hat.

Gnade macht uns unzweifelhaft deutlich, dass wir zur Erfüllung unserer Bedürfnisse nicht allein auf Menschen bauen müssen.

Wenn Liebe meine einzige Verteidigung ist, bin ich unbesiegbar.

–Chinesische Spruchweisheit–

14

ÜBERTRAGUNG ÜBER DAS PERSÖNLICHE HINAUS

Die Reise mit Vater und Mutter über viele Leitersprossen hinauf und hinab repräsentiert die Bewusstmachung infantiler Inhalte, die noch nicht integriert worden sind. … Dieses persönliche Unbewusste muss immer zuerst bearbeitet werden …, sonst lässt sich das Tor zum kosmischen Unbewussten nicht öffnen.

–C. G. Jung–

Für Freud ist das Unbewusste personal, das Ergebnis der Verdrängung von Erinnerungen. Jung spricht zusätzlich von einem angeborenen kollektiven Unbewussten, an dem alle Menschen teilhaben und das daher transpersonal ist. Personales und Transpersonales sind nicht zwei Bereiche. Unsere personale Lebenserfahrung ist einfach der Bereich, in dem sich die transpersonale Dimension unserer Psyche manifestiert.

Personale Übertragung hat ihre Quellen in den Figuren unseres persönlichen Lebens, beispielsweise in unserem Vater und unserer Mutter. Einige unserer Erinnerungen/Erwartungen bleiben in unserem personalen Unbewussten erhalten, und dies führt im späteren Leben zu Übertragung.

Jeder von uns ist ein einzigartiger Ausdruck einer gewaltigen archetypischen Welt, sodass wir manchmal Gefühle erleben, die nicht unserer eigenen Biografie entstammen, sondern der Geschichte der Menschheit. In unserem kollektiven Unbewussten sind Symbol und Zeichen enthalten, die allen menschlichen Gesellschaften gemeinsam sind. Dazu gehören beispielsweise eine Mutter Erde und ein Vater Himmel. Diese kollektiven Archetypen/Prototypen können ebenfalls zu einer Quelle von Übertragung von uns auf andere oder von anderen auf uns werden. Wir mögen unsere Ehefrau unbewusst als Mutter Erde ansehen, die uns nähren und beschützen wird. Eine Gruppe kann in ihrem Führer das Gesicht eines Helden sehen – in der Hoffnung, er sei ein verlässlicher Beschützer. Als Nation können wir den abgefeimten oder dämonischen Schatten in jenen sehen, die wir fürchten oder hassen – ein gefährliches Spiel, das unseren Einsatz von Gewalt oder Krieg rechtfertigt.

Wir mögen spüren, dass unser Gefühl, von unserem Vorgesetzten am Arbeitsplatz bedroht zu werden, dem gleicht, was wir unserem Vater gegenüber empfunden hatten. In diesem Fall kommt es zu einer personalen Übertragung. Manchmal potenziert sich die Angst vor einer Kündigung so sehr in uns, dass sie zu einem Schrecken vor drohendem Unheil wird. Wenn dies geschieht, erfahren wir vielleicht eine archetypische Übertragung, die unserem vererbten Entsetzen vor dem Tod, dem Jüngsten Gericht und Armageddon entstammt.

Auf positive Übertragung lässt sich das gleiche Konzept anwenden. Unsere Bewunderung oder Ehrerbietung für eine Person kann sich auf ihre Ähnlichkeit mit unserer Tante gründen, die uns aufgezogen hat. Oder die Person kann für uns übermenschliche Züge annehmen, weil sie eine Übertragung aus dem kollektiven Unbewussten hervorruft, die auf dem Mutter-Erde-Archetyp basiert. In einem solchen Fall schreiben wir einer Person die Energie einer Göttin zu und übersehen die Tatsache, dass sie dieselben Fehler machen kann wie jeder andere oder uns enttäuschen kann wie jeder andere Mensch. Je intensiver wir übertragen oder projizieren, desto nachdrücklicher ignorieren wir das Faktum der universalen Unzulänglichkeit. Wir können unsere paradoxe Lage zu einem spirituellen Streben machen: „Möge ich den Kreis meines Mitgefühls ausweiten, Erwartungen loslassen und andere in all ihrer wunderbar vielfältigen Menschlichkeit akzeptieren."

Die Archetypen, mit denen wir leben

So wie alle menschlichen Körper eine ähnliche physische Anatomie besitzen, haben alle Menschen auch eine ähnliche Psyche. Sie enthält universelle und ewige Motive. Es sind dies die Archetypen, die der kollektiven Psyche innewohnenden Energien. Sie werden in der Imagination, in Geschichten, Mythen und Träumen abgebildet. Sie sind für alle von uns erkennbar und bedeutsam. So sind zum Beispiel die Charaktere in den Märchen Archetypen, die in der ganzen Welt wiedererkannt werden: der Held, der Bösewicht, Mutter, Vater, König, Königin, helfende oder böswillige Kräfte, weise Führer, Schwindler, verwundete Heiler und so weiter. Viele der üblichen Themen in Märchen, besonders in religiösen Legenden, sind ebenfalls Archetypen, wie etwa Wiederauferstehung, Reinkarnation, Offenbarung, das Gericht, Initiation, Leben nach dem Tode, Karma, Erlösung.

Die heiligen Schriften aller Religionen sind gleichfalls machtvoll, da sie unsere kollektiven Urängste und Wünsche widerspiegeln. Sie drohen mit Bestrafung für unsere Sünden und verheißen uns Belohnung im Himmel. Wir können erkennen, dass die archetypische Ebene sowohl die primitive Seite der Menschheit als auch die sich kontinuierlich entwickelnde Seite anspricht. Wie kultiviert wir auch geworden sein mögen, wir tragen noch immer den alten Aberglauben und den Schrecken unserer Ahnen in uns und projizieren diese auf entsprechende Kandidaten, besonders solche, die mit Autorität ausgestattet sind.

Die Objekte unserer archetypischen Faszination, besonders in religiöser Verehrung, können eine archetypische Übertragung evozieren. Wir können in der Jungfrau Maria oder Guanyin (Göttin der Barmherzigkeit) die Mutter finden, die bedingungslos liebt; wir können den Feind/Misshandelnden in der Form von Satan oder dem Dämon Mâra aus der buddhistischen Lehre fürchten. Der Archetypus des weisen Führers kann sich uns als Bodhisattva, Schutzengel oder Heiliger Geist zeigen.

Filme und Geschichten, sowohl mythische als auch religiöse, haben umso größere Wirkung auf uns, je stärker sie archetypische Charaktere und Themen aufzeigen. *Der Zauberer von Oz, Star Wars, Matrix* oder *Harry Potter* beeindrucken uns deshalb so nachhaltig, weil sie so erfolgreich archetypische Charaktere und Themen verarbeiten. Dies spricht uns an, da wir in den Filmen im Grunde unsere eigene innere Welt mit all ihrem Potenzial wiederfinden. In ihrer Gesamtheit spiegeln die Archetypen das gesamte uns innewohnende Potenzial wider.

Ein Nachteil der archetypischen Übertragung kann sein, dass wir dadurch das Potenzial des Helden oder eines anderen Archetypen *in uns selbst* verleugnen können. Wir sehen nicht das Licht oder den Schatten in uns selbst, während wir das Licht in anderen bewundern oder den Schatten anderer verurteilen. Eine Klientin mag zu ihrem Therapeuten als Quelle von Weisheit aufschauen und dabei ihr eigenes Vermögen zur Einsicht übersehen. Ein Ehemann oder eine Ehefrau mag den untreuen Ehepartner nicht mögen oder sich von ihm bedroht fühlen, weil er den Archetyp des Tricksters verkörpert, der auch in ihm oder ihr selbst gegenwärtig, wenn auch verborgen ist.

Bei der personalen Übertragung liegt etwas Unvollendetes vor, das der Aufmerksamkeit bedarf. Bei kollektiver Übertragung geschieht dasselbe. Das kollektive Unbewusste ist Ganzheit, das heißt, es enthält alle archetypischen Energien der ganzen Menschheit und ist eine vollkommene Kombination aller offensichtlichen Gegensätze. In einem von den konkurrierenden Ängsten und Wünschen des Egos beherrschten Leben gelingt es uns nicht, uns die Ganzheit dieser Kräfte anzueignen. Dies wird in der Psyche als Unvollständigkeit registriert, als ein Versagen, dem größeren Leben jenseits des Egos gerecht zu werden, das immer und überall in uns zum Vorschein kommen möchte.

Wenn eine personale Übertragung zu einer archetypischen geworden ist, erkennen wir das daran, dass sie größer erscheint, als es der Situation angemessen wäre, oder wenn sie menschliche Züge, die guten oder die schlechten, weit übersteigt. Zum Beispiel präsentiert uns eine Autoritätsperson, auf die wir unbewusst den Archetypen des Göttlichen Richters projiziert haben, unsere Missetaten oder unseren Egoismus ihr gegenüber. Wir scheinen nicht genug Buße tun zu können. Wir empfinden Reue in dem Sinne, dass wir fürchten, hart bestraft zu werden, auch wenn sie nicht damit droht. Wir sind der Gnade eines Archetyps ausgeliefert, der so groß ist wie das Jüngste Gericht, das die mittelalterlichen Menschen in ihrer Vorstellung heimsuchte.

Hier ein anderes Beispiel für Archetypen, die bei der Übertragung am Werke sind: Ein Kind ist vielleicht von seinen Eltern nicht gefördert worden, weil die Eltern emotional abwesend waren, besonders wenn sie unter Alkoholismus oder Geisteskrankheiten litten. Infolgedessen kann es sich als der benötigte Elternersatz empfunden haben, indem es für seine Geschwister sorgte, zuweilen sogar für seine Eltern. Das Kind selbst wird dann zu einem Elternteil, während es als elternloses Kind zum Waisen wird. Das gefährliche und häufig auftretende Dreieck der drei Archetypen Kind, Mutter und Waise kann im Leben des Erwachsenen zu Verwirrung hinsichtlich seiner Rolle in einer Ehe führen. Bin ich hier der Elternteil? Habe ich die Hoffnung aufgegeben, dass meine Kindheitsbedürfnisse jemals erfüllt werden? Versuche ich zu sehr, sie von meinem Partner erfüllt zu bekommen? Wann bin ich an der Reihe, eine Kindheit zu haben, oder ist es falsch, noch eine zu erwarten? Die Verwechselung von Personalem und Archetypischem kann für viele Konflikte in Beziehungen verantwortlich sein.

Archetypische Themen sind Veranlagungen, die uns dazu veranlassen, eine Sache stärker wertzuschätzen oder uns mehr dazu hingezogen zu fühlen als zu etwas anderem. Entsprechend mögen wir dann unser Leben danach ausrichten. Ein Mensch schätzt zum Beispiel Bücher, weil er einen natürlichen Hang zum Gelehrten- oder Weisheitsarchetypen hat. Ein anderer hat von Geburt an eine natürliche Begabung für Kunst und eine dritte ist fasziniert von dem Wissen um die Kräuterheilkunde. Ein Mensch mit der Begabung für Sport oder Mechanik fühlt sich geradezu gezwungen, sich auf diesem Gebiet zu erproben. Wir alle tragen sämtliche Archetypen in uns. Da jedoch bestimmte Archetypen eine zentrale Rolle in uns spielen, können sie uns zu unserer Berufung führen. Tatsächlich spiegeln unsere tiefsten Bedürfnisse, Werte und Wünsche, welcher Archetyp am stärksten in uns vertreten ist. Unser Lebenszweck wird dann am Besten umgesetzt, wenn wir die Energien dieses einzigartigen Archetyps, den auszudrücken wir geboren wurden, ausleben. Diese Verbindung zwischen unserer Passion und unserem Lebenszweck wird Erfüllung des Schicksals genannt.

Unser Lebensstil ist uns über viele Generationen hinweg überliefert worden und auf diesem Weg haben sich Überzeugungen, Mythen und Ängste angesammelt, die eine nachhaltige und zwingende Dimension besitzen. Wir wachsen niemals aus der Vergangenheit heraus, weder personal, noch kollektiv. Das muss uns weder Angst machen noch uns deprimieren. Wir können es zur Kenntnis nehmen und damit arbeiten. Allein schon darüber informiert zu sein, hilft uns, unsere Verletzlichkeit für archetypische Übertragungen zu erkennen, und das ist der Schritt des Ansprechens, der den Anfang unserer Arbeit bildet.

Unsere Ganzheit anerkennen oder leugnen?

Die Grundlage menschlicher Hoffnung ist der Umstand, dass die Psyche uns niemals aufgibt. Etwas in uns möchte unsere Ganzheit wiederherstellen, deshalb sind wir mit einem tiefen Drang zu dieser versehen. In der Tiefe unseres kollektiven Unbewussten ist eine organismische Integrität vorhanden, von der Margaret Mahler, eine Theoretikerin der Objektbeziehung, gesagt hat, sie sei „eine angeborene Gegebenheit, ein Drang hin zur Individuation, der während des ganzen Lebenszyklus anzuhalten scheint". Wir sind, mit anderen Worten, während unserer gesamten Lebenszeit darauf hin orientiert, mehr und mehr von unserer Ganzheit zum Ausdruck zu bringen. Es ist an uns, diese Aufgabe zu erfüllen. Das Ergebnis nannte Jung die Individuation, in der man zu dem Menschen wird, der man „sein soll".

Emma Jung, die Frau von C. G. Jung, beschrieb diese Dringlichkeit als eine innere Ganzheit, die uns mit ihren noch unerfüllten Ansprüchen unter Druck setzt. Der Dalai Lama formuliert dieselbe Vorstellung: „Das Vermögen zur positiven Transformation ist natürlich in der Struktur des Geistes angelegt." Formulierungen wie „wir sind auf etwas hin orientiert", wir „sollen etwas sein", „innere Ganzheit" und „natürliche

Veranlagung" zeigen, dass etwas an uns ein Geschenk ist. Wir brauchen nichts weiter zu tun, als es zu öffnen. Auf unserem Weg zur Individuation ist Gnade in uns am Werk. Deshalb geben wir uns selbst oder andere niemals auf. Unsere Arbeit ist nicht so sehr Streben nach Wandel als vielmehr eine Einstimmung auf dessen Entwicklung. Wir können darauf vertrauen, dass Ganzheit sich manifestieren will. Unser ganzes Leben hindurch wird sie nicht lockerlassen oder uns aufgeben. Ganzheit ist wie bedingungslose Liebe.

Eine erleuchtete Stimme in uns verlangt nach Transzendenz des Egos, nach spiritueller Ganzheit. Wenn wir archetypische Kräfte auf andere übertragen oder projizieren, erkennen wir diese innere Stimme an, aber wir machen bei den Personifizierungen halt, wie sie durch andere repräsentiert werden, statt sie in uns selbst zu öffnen. Auf diese Weise bleibt der Archetyp der Ganzheit – eine Kombination sowohl unserer lichten als auch unserer dunklen Seite – in uns selbst unerkannt. Wir denken an die „Ode auf die Melancholie" von John Keats:

> *Ja selbst im Tempel der Lust*
> *Hat die verschleierte Melancholie ihren Hochaltar.*[9]

Wenn wir statt Ganzheit und Tugend auf andere zu projizieren, Gemeinheit und Bösartigkeit projizieren, und damit zugleich unser eigenes positives Potenzial verleugnen, ist dies für die Welt weitaus gefährlicher als jedes andere individuelle destruktive Verhalten. Es ist gut, sich daran zu erinnern, dass all diejenigen, die Böses getan haben oder die Gutes gezeigt haben, mit demselben Potenzial begonnen haben, wie wir es jetzt haben.

Sobald wir menschliche Größe als etwas außerhalb von uns, oben auf einem Thron Existierendes ansehen, mindern wir unser Vertrauen in unsere eigene Weisheit und liefern unseren Geist anderen aus, die ihn missbrauchen können. Ist das Böse nur außerhalb von uns vorhanden, dann sind Krieg, Genozid, Rache, Folter, Verbrechen aus Hass und Massenvernichtung gerechtfertigt. Wenn wir unsere Projektionen zurücknehmen und unsere Übertragung anerkennen, machen wir die ersten Schritte zur Aufdeckung unserer eigenen Ganzheit.

In einer positiven archetypischen Übertragung von anderen auf uns werden wir als gottgleich oder als allwissender Guru angesehen. Die Herausforderung besteht darin, diese Ehrerbietungen nicht persönlich zu nehmen und kein aufgeblähtes Gefühl unserer eigenen Macht zu bekommen. Stattdessen ermutigen wir den anderen, lieber Buddha oder Christus oder die göttliche Natur in uns allen zu preisen, also unsere spirituelle Identität jenseits des Egos: „Was du in mir bewunderst, ist auch in dir vorhanden." Wir alle haben den Papst, ganz sicherlich eine Quelle kollektiver Übertragung, auf dem Balkon des Petersdoms gesehen. Wenn die Menschen ihm zujubeln, hebt er beide Arme und weist mit den Händen zum Himmel. Dies ist eine Weise zu sagen: „Jubelt nicht mir als Mensch zu, sondern erhebt all euer Lobpreisen in den Himmel zu Gott." Dies ist eine Empfehlung des Papstes an die Menge, mit der Übertragung auf ihn aufzuhören und sie in die richtige Richtung zu wenden.

Menschen können negative kollektive archetypische Kräfte des Bösen/Schattens auf uns übertragen. Sie mögen uns als Schurken bezichtigen, der bestraft werden müsse, als Waisen, der allein gelassen werden müsse, Häretiker, den man aus der Gemeinschaft ausschließen sollte, als Ungeheuer, das man eliminieren müsse. Als Angehörige eines menschlichen Kollektivs empfinden wir automatisch Angst angesichts eines Urteils, das solche archetypischen Dimensionen besitzt. Diese schreckliche Angst ist ein Warnsignal, aufzupassen und nicht vermessen zu sein. Manche gerissenen Menschen schüren absichtlich eine solche Reaktion. Sie scheinen in ihrer Demagogie mehr Autorität zu besitzen, als tatsächlich der Fall ist. Unsere Arbeit besteht darin, dieses Getue zu durchschauen und uns nicht von ihren Manipulationen einfangen zu lassen.

In solchen Augenblicken können wir auch an die archetypischen Urkräfte, die für uns durch Bodhisattvas und Heilige zugänglich sind, appellieren. Wie Jung sagte, ruft jeder, der in Urbildern spricht, die wohltätigen Kräfte herbei, die es der Menschheit seit eh und je ermöglicht haben, Zuflucht bei Gefahr zu finden und ihre längsten Nächte zu überstehen. Dies ist wiederum der Archetyp der spirituellen Hilfe, die Gnade genannt wird, des frei gewährten Beistands, der über alles hinausgeht, was wir durch eigene Bemühung erreichen können.

Unter dem Strich sehen wir jetzt, wie die Ganzheit der Psyche durch die Verbindung zweier Richtungen funktioniert:

Das personale Unbewusste …	*Das kollektive Unbewusste …*
besteht aus leeren Seiten, die bald zu einem Familienalbum werden.	ist eine angeborene und zeitlose Weltbibliothek der Kunst und der Weisheit.
baut auf Erfahrungen mit Familienmitgliedern auf.	ist ein Behälter von Archetypen, die quer durch alle menschlichen Kulturen universale Gültigkeit besitzen.
offenbart sich in persönlich ausgerichteten Träumen und in personaler Übertragung.	offenbart sich in kollektiv orientierten Träumen und archetypischen Übertragungen.
wird von dem Wunsch nach einer Beziehung zu bestimmten Menschen motiviert.	wird von einer spirituellen Sehnsucht nach Verbundenheit mit allem, was ist, motiviert.
enthält ein inneres Kind, das in jedem von uns einzigartig ist.	ist im Göttlichen Kind enthalten, einem in uns allen identischen Archetypen.
ist ein narratives und zelluläres Gedächtnis, das in uns erhalten bleibt und das durch Geschehnisse in Beziehungen ausgelöst wird, sodass es zur Übertragung kommt.	ist ein instinktives Gedächtnis, das im menschlichen Kollektiv fortbesteht und in bestimmten Momenten auftaucht, sodass sich Offenbarungen ereignen können.

Patriotismus als Beispiel

Der Begriff „Patriotismus" geht auf dasselbe lateinischen Wort zurück wie „Vater". Blinder Patriotismus ist eine kollektive Übertragung. Darin wird der Staat zu Eltern und wir Bürger gewähren ihm unsere Loyalität, um seinen Schutz zu gewährleisten. Vielleicht sind wir durch unsere Erziehung in den staatlichen Schulen, durch unsere Familie, Religion oder Kultur im Allgemeinen dazu erzogen worden, uns auf diesen Handel einzulassen. Wir assoziieren Sicherheit mit Gehorsam gegenüber einer Autorität, also zum Beispiel der Zustimmung zur Politik der Staatsführung. Wir machen dann die Pflichterfüllung, wie sie von der Nation definiert wird, zu unserer nicht mehr hinterfragten Aufgabe. Dies ist meist nicht durch Liebe zu unserem Land motiviert, sondern vielmehr durch die Angst, ohne ein Land zu sein, das uns und unser Eigentum verteidigen wird. Verbindung ist überaus wichtig für uns; Exkommunizierung entspricht dem Tod, jener Finalität, die unbestreitbar ist. Die gesunde Loyalität eines Erwachsenen ist eine Tugend, die weder aus Angst, die Verbindung zu verlieren, zu blindem Gehorsam führt noch zu totaler Verehrung, sodass wir unsere Grenzen verlieren.

Unser ziviler Gehorsam kann so tief gehen, dass er die Sorge für jene, die wir lieben, ja sogar für unsere Kinder, überwiegt. Ein Beispiel: Eine junge Mutter erfährt, dass ihr Sohn gegen Erdnüsse und Erdnussöl allergisch ist. Als er in den Kindergarten kommt, informiert sie die Leitung über die Allergie ihres Sohnes. Seine ganze Kindheit hindurch passt sie auf und stellt sicher, dass er vor Erdnüssen in jeglicher Form sicher ist. Achtzehn Jahr später gibt es Krieg und er wird eingezogen. Dieselbe Mutter, die so sorgfältig aufpasste, dass ihrem Kind nichts geschieht, winkt ihm nun zum Abschied zu, zwar mit einer Träne im Auge, *aber ohne Protest.* Die Erziehung, die die Mutter in der Schule und ihr ganzes Leben hindurch genossen hat, macht sie glauben, dass das Leben ihres Sohnes entbehrlich sei, ob der jeweilige Krieg nun gerechtfertigt ist oder nicht. „Patriotismus" ist so tief in ihr verwurzelt, dass sie sich nicht einmal eine Alternative vorstellen könnte, auch wenn das Leben ihres Sohnes auf dem Spiel steht.

Außerdem ist es natürlich so, dass Eltern biologisch gesehen gerade dann bereit sind, ihre Kinder gehen zu lassen, wenn der Staat bereit ist, sie einzuziehen. Welch eine schlaue Synchronizität. Zusätzlich machen sich die alten Männer, die über Krieg oder Frieden entscheiden, sich dieses Timing ebenfalls zunutze. Der Archetyp des Kriegers ist in Achtzehnjährigen besonders lebendig, sodass sie gewillt sind zu kämpfen. Die Mittdreißiger, deren Archetyp der Hausbesitzer ist und der, der auf seinem Gebiet besonderes leistet, zeigen kein Interesse an blutigen

Schlachtfeldern. Die Häuptlinge rechnen mit der Tatsache, dass junge Tapfere Männer (und heute auch Frauen) den Krieger-Mythos wörtlich nehmen, statt ihn als eine Metapher für den inneren Kampf zu verstehen. Sie werden bereit sein, ihr Leben aufs Spiel zu setzen, um den kollektiven Mythos der Gesellschaften auszuleben, die nicht zum Weg der Gewaltlosigkeit gefunden haben. Unsere kollektive Natur scheint insofern dafür eingerichtet zu sein, den Krieg für ein legitimes Unterfangen zu halten. Bei manchen Menschen ist der Archetyp des Friedensstifters stärker ausgeprägt – leider scheint die Natur diese Population kleiner gemacht zu haben.

Unsere Kultur hat uns dazu geschult, auszuhalten und zu ertragen, nicht jedoch zu protestieren und zu rebellieren. Jede Zelle unseres Körpers hat diese Lektion gelernt. Das muss keine Tugend sein; es kann auch Angst sein. Wir mögen glauben, Zorn zu zeigen, sei gefährlich, weil er sich gegen die Autoritäten wendet, die wir beschwichtigen und besänftigen müssen, wenn wir überleben wollen. Dies erklärt, weshalb wir jemanden so bewundern, der es wagt, Nein zu sagen und der für seine Überzeugung einsteht oder gar dafür stirbt. Dieser Mensch ist nicht der kollektiven Verführung anheimgefallen.

Als ich bestimmte Quiz-Shows im Fernsehen sah, fiel mir auf, dass das Publikum besonders stark applaudiert, wenn ein Spieler mit hohem Risiko seinen Gewinn aufs Spiel setzt. Der gesunde Anteil in uns bewundert großen Wagemut. Als positive Übertragung spiegelt unsere Bewunderung unser eigenes nicht eingestandenes oder verborgenes Potenzial wider. Auch wir tragen es in uns, etwas zu wagen. Wir können für unsere Wahrheit einstehen und jegliche Bequemlichkeit aufs Spiel setzen, wenn wir nur unser seit langem verängstigtes Ego besänftigen und uns dem Anteil in uns öffnen könnten, der frei leben möchte. Joseph Campbell sagt ermutigend: „Der Anteil in uns, der wachsen will, ist furchtlos."

Religion und Übertragung

Übertragung geschieht nicht nur horizontal von Mensch zu Mensch, sondern auch vertikal von einem Menschen zu einer höheren Macht, die gewöhnlich als Gott personifiziert wird. Wenn Gott „unser Vater" ist, neigen wir wahrscheinlich dazu, Züge unseres eigenen Vaters oder eines Vaters, den wir gern gehabt hätten, auf ihn zu übertragen. Wenn uns machtvolle Vaterfiguren begegnen, mögen wir ihre Hand als göttliche Hand ansehen und ihr entsprechend gehorchen. Gewiss kann die Göttliche Mutter die Mutter sein, die wir nicht hatten. Wir mögen vielleicht auch eine Frau, die wir bewundern, als Madonna behandeln.

Die Religionen, die ihren Ursprung im Mittelmeerraum hatten, repräsentieren das Göttliche auf eine Weise, die viel mit Überzeugungen und Ängsten aus der Kindheit zu tun hat. Vorstellungen von einem Gott, der uns belohnt, wenn wir lieb waren, und der uns bestraft, wenn wir ungehorsam waren, nisten sich leicht in der Psyche ein, weil sie uns so vertraut, nämlich aus der Familie bekannt sind. Diese Themen beeinflussen, wie wir zu unseren allmächtigen Eltern in Beziehung stehen und wie wir später zu Partnern oder Autoritätspersonen stehen, die uns Ehrfurcht einflößen oder bedrohen. Übertragung ist im Spiel, wenn unsere Beziehung zu archetypischen Kräften auf Individuen angewendet wird.

Es funktioniert auch umgekehrt. Wir sehen unsere eigenen elterlichen Bilder in Vorstellungen von Gott. Das rührt daher, dass der göttliche Vater und die göttliche Mutter Archetypen sind, die in der kollektiven menschlichen Psyche vorhanden sind. Sie können für die Psyche ebenso real sein wie unsere eigenen Eltern. Wie wir oben gesehen haben, wird unser Leben nicht nur durch unsere eigene Familie konditioniert, sondern auch durch das uns angeborene Erbe der menschlichen Familie.

Die Gefahr liegt im Aberglauben, in irrationalen Überzeugungen, die zu Angst anwachsen, Selbstverneinung oder der Rechtfertigung von Aggression. Der gesunde Glaube eines Erwachsenen basiert nicht auf derartigem magischen Denken, sondern auf dem Wissen darum, wie religiöse Werte unser Leben und unsere Beziehung zur Gesellschaft bereichern. Dazu gehört, dass wir unser Bild von unseren Eltern von der Vorstellung von Gott abtrennen und unser Bild von Gott von der Vorstellung von unseren Eltern. Dann kann sich eine personale Beziehung zu Gott herausbilden, eine Verehrung, die frei von Übertragung ist.

Wenn unser Bild von Gott dem unseres eigenen Vaters ähnelt, ist es möglich, dass wir glauben, Gott sei Liebe und dennoch auch strafend. Dieser Widerspruch war bei unserem Vater offensichtlich, daher mag er durchaus auch bei Gott zu finden sein. Für manche von uns hat das Kruzifix tatsächlich diese Transaktion legitim erscheinen lassen: Der Vater hat das Recht, seinen Sohn zu verletzen, da er ihn liebt.

Unsere Vorstellung von Gott reflektiert elterliche Muster. Wenn die Eltern freundlicher werden, jagt Gott weniger Angst ein: „So kommt denn und lasst uns miteinander rechten“ (Jes 1:18) tritt dann an die Stelle von „Denn ein Feuer ist entbrannt durch meinen Zorn“ (Dtn 32:22). Das Bild eines Vaters ist heute freundlicher als in früheren Generationen, aber unser eigenes inneres Bild von Gott als Vater mag dieses Update an Freundlichkeit vielleicht noch nicht widerspiegeln. Unser Gefühl für Gott mag vom Archetyp des strengen, unbeugsamen Zuchtmeisters stammen, der den Vater früherer Generationen widerspiegelt. Seine Liebe ist bedingt. Seine Regeln müssen befolgt werden, denn Vater weiß es am Besten. Diese Regeln sind absolut und nicht unbedingt auf unsere eigenen persönlichen Eigenschaften, Bedürfnisse und Nöte zugeschnitten. Aus patriarchalischer Sicht ist Relativierung unmoralisch und gefährlich. Die Betonung liegt hier auf dem „Entweder-Oder“, Gut oder Böse“. Die Haltung des strikten Vaters oder Führers ist: „Du bist entweder für mich oder gegen mich.“ Und die Bestrafung ist sicher, wenn man seinen Regeln nicht gehorcht.

Eine Religion mag verkünden, die Regeln eines richtenden/strafenden Gottes seien göttliche Offenbarungen und unantastbar. Unsere Aufgabe als Gläubige bestehe lediglich darin, sie zu kennen und ihnen zu gehorchen. Um das zu überwachen, gibt es eine festgelegte patriarchalische Autorität: *Männer,* die dazu ernannt worden sind, uns zu lehren und uns zu überwachen. Sie mögen uns erklären, dass Uniformität notwendig sei, um die Orthodoxie zu bewahren oder um unsere Seele zu retten, aber das eigentliche Ziel kann auch sein, uns unter Kontrolle zu halten. Im Kontext einer solchen unreifen religiösen Sichtweise arbeitet Übertragung gegen uns: Wir werden anfällig für die Angst davor, eine etablierte Hierarchie herauszufordern, wenn sie dem autoritären Vater ähnelt.

Die negative Schattenseite des Patriarchats liegt in seiner Exklusivität: Es gibt immer jemanden, der drin ist, und jemanden, der außen vor ist. Eine Mitgliedschaft ist zum Überleben notwendig, denn zu der Herde zu gehören, bietet den einzigartigen und einzigen Zugang zu der Gnade und dem Trost, die so notwendig sind, um uns für die Gefahren der Welt zu wappnen. Die Autoritätsfiguren, die uns ihre Regeln unter Androhung von Strafe aufoktroyieren, ähneln eher dem rachsüchtigen Ego als einem Gott der Liebe, des Mitgefühls und der Großzügigkeit.

Die Drohung, für unsere Sünden verurteilt zu werden, kann die Angst hervorrufen, dass wir von jenen abgelehnt oder gemieden werden, auf deren Unterstützung wir angewiesen sind, auch noch über das Grab hinaus. Eine patriarchalische Struktur, wie zum Beispiel eine institutionalisierte Kirche, mag unsere primitive Angst davor, die Regeln zu brechen, ausnutzen. Wir haben dann zu große Angst, den Mund aufzumachen oder die Autorität in Frage zu stellen, weil uns Bestrafung droht, vor allem die Strafe, ausgegrenzt zu werden. So gelingt es uns nicht, auf den Heiligen Geist zu vertrauen, der weht, wo er will – derselbe Geist, der die Freiheit von Getrenntheit ist, der die Fiktion von Innen kontra Außen fortgeblasen hat und der uns alle ebenbürtig gemacht hat.

Einige religiöse Lehren nutzen die Förderung eines fortlaufenden Gefühls von Sünde und Unwürdigkeit, um uns auf Kurs zu halten. Sie werden zu Einladungen für Übertragung, wenn sie uns an unsere Eltern erinnern, die uns gegenüber überkritisch oder strafend waren, wenn wir die von ihnen gesetzten Grenzen überschritten haben – hinein in den einzigen Raum, in dem einzigartige Identität möglich ist. (Dort verblassen alte Bilder im Lichte des Neuen.)

Unsere Erörterung erinnert an das, was C. G. Jung einst sagte: „Wer ist der Ehrfurcht gebietende Gast, der so Unheil verkündend an unserer Tür klopft?" Der Gast, der nicht aus unserem üblichen Speicher an Bildern hervortritt, klopft mit der Kraft des Schicksals. Dieser Gast ist nicht nach dem Bilde unserer Eltern gemacht. Dieser Gast ist nicht eine Projektion des Ego-Wunsches, zu beherrschen oder zu bestrafen. Dieser Gast ist keine Übertragung von einem oder auf irgendeinen Menschen, einen Ort oder eine Sache. Dieser Gast grüßt vielmehr aus der transpersonalen Welt innerhalb von uns und um uns herum. Dieser Gast ist die Ehrfurcht, vor der wir uns verneigen können, das Klopfen, das zu hören wir uns gestatten, die Tür hin zu überraschenden Wegen und Vorahnungen, die wir letztlich öffnen.

Das Höhere Selbst ist eine solche Tür, wie es der Buddha-Geist, das Christusbewusstsein oder ein jeglicher religiöser Weg ist, der uns dazu verpflichtet, unserer Glückseligkeit zu folgen und in Liebe zu handeln. Es ist die Tür, von der Joseph Campbell sagte, dass sie „sich dort öffnet, wo wir keine Tür vermutet haben". Es war nur das begrenzte Ego mit seiner charakteristischen Angst und seinem Gefühl von Mangel, das die Vorstellung hervorbringen konnte, es gäbe „keine Tür". Jenseits solcher Gedanken und jenseits von Übertragungen liegt die Tür, die wir tatsächlich *sind,* die Öffnung zum göttlichen Herzen des Universums. Der Philosoph Martin Heidegger nennt uns unseren Namen: „Menschen sind keine Dinge oder Prozesse, sondern Öffnungen, durch die sich das Unendliche manifestiert."

Licht und Dunkelheit

In der hebräischen Bibel ist die Tatsache, dass David sich Hilfe suchend an Gott wendet, als er von anderen Menschen angegriffen wird (Ps. 22:2-3 und 38:23) eine Anerkennung der Tatsache, dass Böswilligkeit von anderen nicht nur als personal erfahren werden, sondern auch transpersonale Ausmaße haben kann. In unseren Interaktionen mit anderen haben wir es manchmal wie die Heldengestalten mit mythischen Kräften kosmischer Proportionen zu tun. Paulus scheint sich auf diesen archetypischen Schatten zu beziehen, wenn er schreibt: „Denn wir haben nicht mit Fleisch und Blut zu kämpfen, sondern mit Mächtigen und Gewaltigen, nämlich mit den Herren der Welt, die in dieser Finsternis herrschen, mit den bösen Geistern unter dem Himmel." (Eph 6:12) Die dunkle Seite der Menschheit wird oft als Teufel personifiziert. Er wird dafür gefürchtet, dass er uns in Versuchung führt und für uns einen Platz endloser Strafe im Reich seiner Hölle vorbereitet. Dies ist eine negative kollektive Übertragung, die noch immer die menschliche Vorstellungskraft zu fesseln und zu faszinieren scheint.

Kollektive Übertragung in der Religion besitzt auch eine positive Seite. Uns kann beispielsweise die Ähnlichkeit auffallen zwischen unserer Kindheitserfahrung und dem Archetyp des Göttlichen Kindes, das leidet und unwillkommen ist, aber nichtsdestoweniger dank göttlicher Hilfe überlebt. Das Thema des Helden als gefährdetes Kind ist in Jesus, Moses, Dionysos und Horus personifiziert, die alle eine ähnliche Geschichte haben. Auch wir sind in der ersten Zeit unseres Lebens verletzlich und nicht immer sicher oder willkommen. Doch uns begegnete Gnade in Form von Menschen, die uns auf eine Weise liebten, die uns half, reif zu werden.

Wenn wir von den Mythen fasziniert sind, übertragen wir dann nicht unsere eigene Geschichte auf die des Helden? Erkennen wir nicht, dass die Arbeit, die nötig ist, um ein gesunder Erwachsener zu werden, dieselbe sein kann wie die Heldenreise von Heiligen und Helden? Die göttlichen Archetypen können durch unsere positive Übertragung zu helfenden Kräften werden. Solche Projektionen sind nicht einfach Illusionen. Sie können zu gesunden Übertragungen führen, die uns einen Kontakt mit der Helferkraft der Gnade in dem Bild eines fürsorglichen Gottes, eines mitfühlenden Buddhas, eines Schutzengels und so weiter gewährleisten. Das Gefühl der Sicherheit, das dadurch in uns entsteht, führt uns zu einem erwachsenen Glauben, in dem wir für uns selbst sorgen und uns selbst beschützen und zugleich das Gefühl haben, dabei begleitet zu werden. Dann ist gesunde religiöse Übertragung eine Brücke und kein Hafen.

Mit der Hilfe göttlicher Kräfte ist unsere Arbeit deutlich nicht mehr rein psychologischer, sondern auch spiritueller Natur. Angst kann zum Beispiel kein rein weltliches Phänomen sein, weil sie uns letztlich zu Kräften hin treibt, die in der Lage und gewillt zu sein scheinen, uns mit einem Mut auszustatten, der uns über unsere gewöhnlichen Grenzen hinausträgt. Auf diese Weise werden die kollektiven Übertragungen durch den Zugang zu transzendentalen Kräften, die jenseits des Egos liegen, durchgearbeitet. Wir können verstehen, wie der Glaube an einen Himmel „da oben“ im menschlichen Herzen entstanden ist, da freundliche Kräfte so erhaben zu sein scheinen, dass sie in einem Bereich über unseren Köpfen leben müssen.

Übertragung in der Religion gedeiht auf dem Boden der Ähnlichkeit der Funktionen von Eltern und Kirche. Durch Rituale und Sakramente zeigt eine Kirche, dass sie uns wie wegweisende und nährende Eltern durch unser ganzes Leben begleitet. Rituale werden zu wichtigen Zeiten im Leben veranstaltet, wie etwa Geburt, Geschlechtsreife, Heirat und Tod – alles Zeiten, zu denen unsere Eltern und Partner ebenfalls bei uns sind. Zur Übertragung auf eine Kirche und ihre Autoritäten wird es dann gewiss in solchen Ritualen wie Begrüßung, Initiation, Eingehen einer Beziehung und Verabschiedung kommen. Das liegt daran, dass unsere wichtigsten Übergänge im Zusammenhang mit einer tragenden Gemeinschaft und in den Armen einer archetypischen Mutter Kirche in Erscheinung treten. Die Behaglichkeit und die Loyalität einer Religion erinnern uns auch an Tugenden, die wir in ähnlicher Form auch bei unseren eigenen Eltern oder Partnern finden.

Letztlich können wir auf ein vertrautes Beispiel aus der Kindheit zurückgreifen, um zu erkennen, wie eine allgemeine Kindheitsübertragung sich zu spiritueller Einsicht entwickeln kann. Der Weihnachtsmann ist ein Fantasiegebilde (auch wenn sich sein Bild auf einen wirklichen Menschen gründet, den Heiligen Nikolaus, einen russischen Bischof). Der Weihnachtsmann tut zwei Dinge: Er gibt uns Geschenke und er gelangt auf geheimnisvolle Weise in unser Haus. In dieser Hinsicht bildet er eine sowohl personale als auch kollektive Übertragungsfigur. Er repräsentiert unsere eigenen Eltern und unser Vertrauen auf einen übernatürlichen Elternteil, der, so glauben wir, sich darum kümmert, dass wir versorgt werden.

Anfangs, in der frühen Kindheit, glauben wir tatsächlich an den Weihnachtsmann. Wenn wir dann größer werden, begreifen wir, dass es unsere Eltern sind, die uns die Festtagsgeschenke geben, und dass es dabei keinerlei Magie bedarf. Auf einer anderen Ebene jedoch schätzen wir, dass diese Geschenke ein Ausdruck von Großzügigkeit sind und keine Verpflichtung. Wenn wir auf der spirituellen Ebene reifen, entdecken wir, dass dies eine Metapher für den religiösen Begriff der Gnade ist: ein

Geschenk, das aus Bereichen zu uns kommt, die jenseits des menschlichen Machens liegen, das aber glücklicherweise nicht davon abhängig ist, ob wir es verdienen oder nicht. Wir erkennen dann, dass Geschenke, besonders jene zu Weihnachten oder zu Geburtstagen, konkreter Ausdruck des Archetyps des Geschenks des Lebens sind. Wir sehen auch, dass der Archetyp der Gnade, wie ihn der Weihnachtsmann repräsentiert, tatsächlich auf geheimnisvolle Weise in unser Haus – das heißt in uns – gelangt. Auf diese Weise schließt sich der Kreis des Begreifens der tieferen Bedeutung des Archetyps vom Weihnachtsmann, der im Wesentlichen eine Personifizierung genau jener Wirklichkeit ist. Also lagen wir am Anfang gar nicht so falsch!

Rein rational gesehen ist der Weihnachtsmann eine Fantasiegestalt mit einem historischen Ursprung. Der Weihnachtsmann ist aber auch eine archetypische Wirklichkeit, deren historischer Ursprung keine Rolle spielt, denn ihre Kraft liegt in der Wahrheit und dem Mysterium von Gnade, die uns täglich gewährt wird. Der Weihnachtsmann personifiziert eine wichtige spirituelle Lehre: Weder der Tod, noch das Leben, noch Fürstentümer, noch Mächte können uns von einer Liebe trennen, die uns von einem freundlichen Universum gewährt wird.

Die Welt der Berge und Flüsse, von Brot und Wein, von Freunden und Feinden, ist in der universalen Monstranz enthalten und dargestellt, dem Zeigen, der Phänomenalisierung des Absoluten. Dies ist es, was uns die Mysterien, so weit ich sehen kann, in ihren vielfältigen mythischen Formen und Traditionen zu erzählen versuchen.

–Beatrice Bruteau–

EPILOG

EIN JUNGIANISCHER BLICK AUF UNSER VOLLES LEBEN

In *Die Psychologie der Übertragung* zeigt C. G. Jung, dass die Merkmale der Übertragungs-/Gegenübertragungs-Dynamik eine alchemistische Verbindung offenbarer Gegensätze darzustellen scheinen: Ego und Selbst, wir und die anderen, Leben und Tod, Liebe und Aggression. *Alchemistisch* bezieht sich auf die Transformation gewöhnlicher Elemente in eine spirituelle Wirklichkeit oder eines Egos in ein Höheres Selbst. Übertragung und Gegenübertragung können unser Versuch sein, diese alchemistische Arbeit durchzuführen, denn innerhalb einer Dyade von Übertragung erfahren die Menschen Gegensätze ineinander als Ähnlichkeiten. Gegensätze *ziehen* sich tatsächlich *an.*

Eine erfolgreiche Beziehung ist eine Beziehung, in der beide Partner lernen, mit der Spannung zwischen den Gegensätzen umzugehen, indem sie dabei bleiben und sie sich bewusst machen, so dass ein gemeinsamer Bund gebildet oder gestärkt werden kann. Die Spannung zwischen Gegensätzen ist der Ursprung unserer Lebensenergie. Wir setzen uns mit Widersprüchen auseinander, um den Weg in eine seelenvolle Intimität zu finden, sowohl in uns als auch in der Beziehung. Auf der alchemistischen/spirituellen Ebene mögen wir in Konflikt geraten, *um* uns verbinden zu können. Dies kann ein schmerzlicher Prozess sein, aber man kann durch ihn wachsen und zu einer immer weiter zunehmenden Klarheit über den anderen gelangen. Es mutet in diesem Zusammenhang ironisch an, dass das Wort *kompatibel* von einem lateinischen Wort herkommt, das „zusammen leiden" bedeutet. In dem Maße, in dem wir die gegenseitigen Übertragungen aushalten, beginnt sich Kompatibilität in jedem Sinne des Wortes einzustellen.

Übertragung bildet auch ein *temenos,* ein Transformationsfeld, einen heiligen Raum, in dem wir uns selbst erkennen und uns aus unserem tiefen Innern entwickeln. Der Raum, in dem wir uns mit unserem Freund, Partner oder Arbeitskollegen befinden, ist wie eine rituelle Umfriedung, ein Tempel der Kontemplation. Überlebensgroße Bilder und Wirklichkeiten kommen bei unserer Interaktion ins Spiel, die sich dem Anschein nach nur zwischen Individuen vollzieht. In Wahrheit starren uns durch die Gesichter gewöhnlicher Menschen archetypische Kräfte an. Übertragungen durchzuarbeiten heißt, die mächtige archetypische Kraft hinter den Erscheinungen zu dekonstruieren. Beinahe jeder Mensch, der für uns Bedeutung erlangt hat, stellt letztlich irgendwie ein archetypisches Thema dar. Wenn wir diese Bedeutungen dekonstruieren, reduzieren wir die Menschen auf Lebensgröße, anstatt sie auf Gottgröße aufzublähen, und wir können mit mehr Leichtigkeit beisammen sein.

In diesem Sinne bedeutet das Durcharbeiten unserer kollektiven Übertragungen, die Göttlichkeit von den Göttern zurückzugewinnen, den Buddha als Personifizierung unserer eigenen Erleuchtung anzusehen und jede große Persönlichkeit als einen Spiegel unserer selbst zu erkennen, sowohl der lichten als auch der dunklen Seite. Dann sind wir zu dem Gefühl der Verbundenheit zurückgekehrt, nach dem wir uns gesehnt haben, seit unsere ersten Eltern aus dem Paradies der unkomplizierten Liebe vertrieben wurden.

Unser Gefühl der Erfüllung ist nicht mehr an die enge Ego-Befriedigung gebunden, sondern an die sich immer mehr ausweitende Sehnsucht der Seele, das Licht auszustrahlen, das wir sind. Dann gehen wir mit einem ständigen Lächeln und gabenreichen Händen in unser Leben und unsere Beziehungen.

> *Du bist nicht weniger ein Kind des Universums als die Bäume und die Sterne; du hast das Recht, hier zu sein. Ob es dir nun klar ist oder nicht, das Universum entfaltet sich, wie es soll … Mit all seinem Trug, all der Plackerei und den zerbrochenen Träumen ist es immer noch eine schöne Welt.*
>
> –Max Ehrmann–

Anmerkungen

1 Brief an Magda von Hattingberg, 17. Feb. 1914.

2 Übersetzung Werner von Koppenfels.

3 Übersetzung Dietrich H. Fischer.

4 Übersetzung (Gunhild Kübler, S. 181/183)

5 William Shakespeare, *Liebes Leid und Lust,* übersetzt von Wolf Graf Baudissin.

6 Der Autor benutzt hier Bilder aus dem Baseball. Das Schlagmal, an dem das Spiel für den einzelnen Schlagmann beginnt, ist auch die *„home base“,* das „“, in das der Spieler über die erste, zweite und dritte „Base“ zurückkehren muss, um einen Punkt für seine Mannschaft zu machen. (Anm. d. Übers.)

7 Übersetzung Hans Feist in *Englische und amerikanische Dichtung,* Bd. 1, München 2001.

8 Dies ist ein Wortspiel mit dem englischen Begriff *enlightenment* = „Erleuchtung“, den man auch im Sinne von *en-lightenment* = „Erleichterung“ verstehen kann.

9 Übersetzung H. W. Häusermann.

DER AUTOR

David Richo, PH.D., M.F.T., Psychotherapeut, Lehrer und Autor. Seine Arbeit gründet besonders auf den Jung'schen Transpersonalen und spirituellen Sichtweisen. Er bietet Seminare am Esalen Institut an. David Richo lebt und arbeitet in Santa Barbara und San Francisco, Kalifornien. www.davericho.com.

Folgende Bücher von ihm sind bereits in deutscher Übersetzung erschienen bzw. in Vorbereitung:

Fünf Dinge, die wir nicht verändern können, Windpferd 2008
Reif werden füreinander, Windpferd 2009
Vertrauen wagen, Windpferd 2012
Der gute Kern in uns, Windpferd 2013